DETHOLIAD O YSGRIFAU J(

J. E. Daniel, c. 1943
(trwy garedigrwydd Coleg Unedig yr Annibynwyr)

'Torri'r Seiliau Sicr'

Detholiad o ysgrifau John Edward Daniel

gyda Rhagymadrodd gan
D. Densil Morgan

Argraffiad cyntaf—1993

ISBN 1 85902 042 9

(h) D. Densil Morgan

Cedwir pob hawl. Ni chaniateir atgynhyrchu unrhyw ran o'r cyhoeddiad hwn na'i gadw mewn cyfundrefn adferadwy na'i drosglwyddo mewn unrhyw ddull na thrwy unrhyw gyfrwng electronig, electrostatig, tâp magnetig, mecanyddol, ffotogopïo, recordio, nac fel arall, heb ganiatâd ymlaen llaw gan y cyhoeddwyr, Gwasg Gomer, Llandysul.

Dymuna'r cyhoeddwyr gydnabod cymorth Adrannau'r Cyngor Llyfrau Cymraeg.

Argraffwyd gan J. D. Lewis a'i Feibion Cyf., Gwasg Gomer, Llandysul, Dyfed

I
R. Tudur Jones,
Disgybl ac Athro

Adeilad tair ystafell oedd yr adeilad a gododd efe,
Ond cyn codi hwnnw yr oedd yn rhaid cwympo'r hen.
Gan Sant Awstin y cafodd efe ei ordd
I chwalu seiliau anwadal Hawen a Schleiermacher,
A dryllio muriau meddal y Morganiaid modern.
Gan Galfin a Luther y cafodd efe ei gaib
I dorri'r seiliau sicr, lle y bu eu seiliau hwy,
A chodi arnynt furiau ei adeilad cadarn, cydwaith.

> 'John Edward Daniel',
> gan Gwenallt,
> *Y Coed*
> (Gwasg Gomer), tt. 20-22

Cynnwys

	tudalen
Rhagair	8
Rhagymadrodd	9
Ymddiddanion Malines, 1921-25	93
Gair Duw a Gair Dyn	105
Diwinyddiaeth Cymru	111
Eglwys Crist yn Hanfodol i Efengyl Crist	128
Cenedlaetholdeb a'r Wladwriaeth	135
Llythyr Agored at yr Athro W. J. Gruffydd	143
Pwyslais Diwinyddiaeth Heddiw	148
Y Syniad Seciwlar am Ddyn	158
Gwaed y Teulu	165
Karl Barth	170
John Morgan Jones: Teyrnged	175
Gwyrthiau	177
Duw a'r Anymwybod	182
Llyfryddiaeth Ddethol	187

Rhagair

Hoffwn ddiolch i'r canlynol am bob caredigrwydd wrth baratoi'r gyfrol hon: Dr J. Gwyn Davies, Dr Dyfed Elis-Gruffydd a Gwasg Gomer, y Parchg Ddr Noel A. Gibbard, Dr Bruce Griffiths, y Parchg John Gwilym Jones, y Prifathro W. Eifion Powell a Mr Tomos Roberts. Benthycwyd lluniau gan Mr J. I. Daniel, Mrs Anna Elwyn Jones, Mrs Mair Saunders a Choleg yr Annibynwyr Cymraeg. Darllenwyd y Rhagymadrodd, neu rannau ohono, gan yr Athrawon R. Geraint Gruffydd ac R. Tudur Jones, Mr i John I. Daniel a John Emyr, tra gofalodd yr Athro Euros Wyn Jones am y proflenni. Elwais yn fawr o awgrymiadau a chynghorion y darllenwyr. Nid hwynt-hwy ond myfi sy'n gyfrifol am bob gwall a gwendid sydd ar ôl.

Rhagymadrodd

Cyn trafod cyfraniad John Edward Daniel i fywyd crefyddol a gwleidyddol Cymru, dyma grynhoad o'i yrfa.

Fe'i ganed yn fab i'r Parchg Morgan Daniel ac Anna ei wraig, ym Mangor, Arfon, ar 26 Mehefin 1902. Gweinidog eglwys Annibynnol Salem, Hirael, oedd y tad, yn frodor o Gwmaman yn yr hen Sir Gaerfyrddin, ac yn ŵr gradd o Brifysgol Iâl. Ar wahân i wasanaethu yn Hirael rhwng 1897 a 1914, treuliodd chwe blynedd yn y Wladfa cyn dychwelyd i Fangor i fugeilio eglwys Salem ynghyd â Biwla, Penrhosgarnedd. Ymddeolodd ym 1926 i'r Rowen yn Nyffryn Conwy a bu farw ym 1941. Gorwyres oedd Mrs Daniel i'r pregethwr nodedig John Davies (1807-86), Cwmaman, felly 'roedd John Edward ac Eirwyn, ei frawd iau, yn etifeddion traddodiad Ymneilltuol hen a chyfoethog a'i wreiddiau'n ddwfn yn nhir Dyffryn Aman.[1]

Ond ym Mangor yr oedd gwreiddiau'r plant. Yn dilyn o'u haddysg elfennol mynychent Ysgol Friars, lle yr enillodd John, yn ddwy ar bymtheg oed, ysgoloriaeth agored i Goleg Iesu, Rhydychen. Cafodd rawd ddisglair yno gan ennill dosbarth cyntaf yn arholiad y *Classical Honour Moderations* yn ei bumed tymor, dosbarth cyntaf drachefn mewn *Litterae Humaniores* ymhen dwy flynedd wedyn, a dosbarth cyntaf eto, am y trydydd tro, mewn Diwinyddiaeth erbyn 1925. Peth cwbl naturiol fyddai iddo ddewis gyrfa academaidd, ond pan ddaeth cais iddo ddychwelyd i Fangor i gynorthwyo yn y gwaith o hyfforddi darpar-weinidogion yr Annibynwyr yng Ngholeg Bala-Bangor, dyna a wnaeth. Bu ar staff Bala-Bangor, yn Gymrawd ac yn Athro, am 21 mlynedd a threuliodd dymor ym 1931 ym Mhrifysgol Marburg pan oedd y diwinydd Rudolf Bultmann yn denu myfyrwyr yno o'r Almaen ac ymhell y tu hwnt. Fe'i penodwyd, ym 1946, yn Arolygwr Ysgolion ei Fawrhydi gyda chyfrifoldeb arbennig am Addysg Grefyddol a'r Clasuron. Ymsefydlodd ym Modfari, Clwyd. Tra oedd ym Mangor, ymbriododd â Miss Catherine Hughes (1911-71), merch y Parchg Rowland Hughes, gweinidog eglwys Minny Street, Caerdydd. Er ei bod hi, fel ei gŵr, yn hanu o hen gyff Annibynnol, bu'n aelod o'r Eglwys

Gatholig Rufeinig er 1932.[2] Ym Mangor y maged tri o'u pum plentyn, sef John, Huw, ac Anna, tra ganed Gwenllïan ac Iestyn, yr efeilliaid iau, yng Nghlwyd. Ysigwyd y teulu a chylch eu cydnabod gan y newyddion athrist i J. E. Daniel gael ei ladd mewn damwain modur nid nepell o'i gartref ar nos Sul, 11 Chwefror 1962. Fe'i claddwyd ym Mangor a rhoddwyd ar ei garreg fedd y geiriau syml: 'Ysgolhaig, Gwladgarwr, Cristion'.

* * *

Penodwyd J. E. Daniel yn Gymrawd Coleg Bala-Bangor, coleg diwinyddol yr Annibynwyr, ym mis Hydref 1925, ac yntau'n 23 oed. Ymhen blwyddyn fe'i dyrchafwyd i gadair Athrawiaeth Gristionogol ac Athroniaeth Crefydd y coleg yn olynydd i'r Prifathro Thomas Rees tra cymerodd John Morgan Jones, Athro Hanes yr Eglwys, at y brifathrawiaeth. Er gwaethaf y gwahaniaethau dybryd mewn personoliaeth, syniadaeth wleidyddol ac argyhoeddiad diwinyddol a oedd rhyngddynt, ffynnodd parch mawr a chyfeillgarwch diffuant rhwng y ddau ac anodd osgoi'r casgliad mai Morgan Jones a fu'n gyfrifol am annog Daniel i ddechrau cyhoeddi. A phrifathro Bala-Bangor bellach yn olygydd *Yr Efrydydd*, y mwyaf blaengar o holl gylchgronau crefyddol Cymru ar y pryd, cyhoeddodd ym mis Ebrill 1928 y gyntaf o dair erthygl gan ei gyd-weithiwr iau ar 'Ymddiddanion Malines, 1921-25'.

Ymgais anffurfiol a gafwyd ym Malines, Gwlad Belg, i ddwyn cytgord rhwng Eglwys Loegr ac Eglwys Rufain yn y gobaith o balmantu'r ffordd at undeb cyflawn rhyngddynt.[3] Seithug ac aflwyddiannus ydoedd yn y pen draw, eto 'roedd yn bwysig o safbwynt cynhanes y mudiad ecwmenaidd modern. Er i'r drafodaeth ddechrau yn gwbl answyddogol ym 1921, erbyn 1923 *fe* gafwyd rhyw fath o sêl bendith arni gan Randall Davidson, Archesgob Caer-gaint, y Cardinal Bourne, Archesgob Catholig Westminster a phennaeth Catholigion Lloegr a Chymru, a hyd yn oed gan y Pab Pius XI ei hun. Ac ystyried hinsawdd grefyddol y dauddegau, 'roedd cymaint â hynny o lwyddiant yn syfrdanol, ond anorfod, mewn gwirionedd, oedd methiant y trafodaethau maes o law.

Annisgwyl, ar un olwg, oedd gweld J. E. D. yn ymddiddori yn y drafodaeth hon o gwbl. Nid oedd a wnelo hi ddim oll â Chymru fel y cyfryw nac, yn dilyn gweithredu mesur Datgysylltiad yr Eglwys

Wladol ym 1920, ag Anglicaniaeth Cymru ychwaith. Annibynnwr Cymraeg o ran magwraeth ac argyhoeddiad, gallem dybio, oedd Daniel erbyn hynny, ac er na allai fod wedi osgoi dylanwad Anglicaniaeth tra bu'n fyfyriwr yn Rhydychen, cyfeddyf na wyddai ond 'y nesaf peth i ddim am y mudiad Anglo-Catholig o'r tu mewn'. Gellid tybio fod apêl Rhufain ato, hyd yn oed mor gynnar â hyn, yn gryfach. 'Ni ellir llai nag edmygu cyfanrwydd cyson Pabyddiaeth a'r cadernid syml sy'n cynnal ei holl addurniadau', meddai, 'a chaled yw atal ias o ddymuniad na fai'r gyfundrefn hon yn ffaith'. O dderbyn ei chynseiliau cytunai fod y rhesymeg a ddeilliai ohonynt yn ddi-feth, sef 'bod [y] Crist dogmatig wedi sylfaenu Eglwys ddogmatig' gan ymddiried ei Efengyl, ar ffurf corff o athrawiaethau datguddiedig, trwy Pedr a'r Apostolion, i'w olynwyr, a'r Pab yn geidwad y datguddiad ac yn gynrychiolydd Crist ar y ddaear. Yn rhinwedd hyn ni allai ei awdurdod, fel awdurdod ei Eglwys oll, lai na bod yn anffaeledig. Y cwestiwn hollbwysig, wrth gwrs, oedd, ai dilys cynseiliau'r gyfundrefn hon? 'Dyma un o gampweithiau'r meddwl dynol', bid siŵr, ond 'yn y pen draw, condemniad y Babaeth yw nid egwyddor ond ffeithiau; nid yw y pethau hyn felly'. Ac ystyried y byddai'n priodi merch a oedd yn aelod o'r Eglwys Gatholig, a chael ei ddrwgdybio ar hyd ei oes o fod â gormod cydymdeimlad â chyfundrefn Rhufain, rhai pwysig yw'r sylwadau hyn. Beth bynnag oedd natur ei barch at Gatholigiaeth Rufeinig, oherwydd ei anghytundeb â rhai o'i phrif sylfeini, nid ystyriodd erioed, hyd y gwyddom, ymuno â hi. 'Ffeithiau', fel y dehonglai ef hwy, a'i cadwodd rhag derbyn ei honiadau ac ymostwng i'w hawdurdod.[3a]

Ond ni olygai hyn ei fod yn fodlon ym 1928 ar Brotestaniaeth. Gwendid Protestaniaeth, fel y gwelai ef hi ar y pryd, oedd iddi dderbyn y syniad o awdurdod gan gyfyngu hwnnw i'r Beibl eithr gwadai rym yr awdurdod hwnnw trwy wneud dehongliad pob unigolyn o'r Beibl yn gyfwerth â'i gilydd. 'Onid oes wrantu'r dehongliad o'r Beibl fel un cywir, yna nid oes synnwyr mewn gwneud gwrogaeth i ddehongliad arbennig ohono yn amod iach-awdwriaeth.' O dderbyn mai mater o ffydd ac felly o gredo yw'r iachawdwriaeth, 'roedd y gyfundrefn Rufeinig gyda'i phendant-rwydd diamwys yn effeithiolach lawer at sicrhau'r iachawdwriaeth honno na'r drefn Brotestannaidd gyda'i chymysgfa o anffaeledig-rwydd gwrthrychol a rhyddid barn goddrychol: 'Un ai Eglwys anffaeledig, fel Rhufain, neu ryddid y Crynwyr; y mae'r naill neu'r llall yn hunangyson. Eithr cyfuna'r syniad o lyfr anffaeledig wendidau'r ddau heb ddim o'u cryfder'.

Yn wyneb y cyfwng hwn, anwiredd Catholigiaeth ac aneffeithiolrwydd Protestaniaeth, a raid wrth y syniad o awdurdod gwrthrychol o gwbl? Onid 'ein hangen yw nid fformiwla ond tymer meddwl, nid credo ond ffydd a fo'n gyffredin i bawb oll'? Yr enw ar y math yma o bwyslais oedd Rhyddfrydiaeth neu, a defnyddio ymadrodd y cyfnod, 'Moderniaeth', pwyslais a oedd yn ennill tir yn gyflym ymhlith crefyddwyr Cymru gan dyfu rhwng y ddau Ryfel Byd yn 'fath o uniongrededd amryliw ymhlith llu o weinidogion yr Annibynwyr'.[4] Os hawliai Pabyddiaeth fod rhaid diffinio popeth, ac os ofnai Eingl-Gatholigiaeth ddiffinio'r cwbl rhag colli cyflawnder y gwirionedd, ac os mynnai Protestaniaeth adael y diffinio i'r gydwybod unigol, mynnai'r Moderniaid na ddylid diffinio dim byd am nad ffeithiau dogmatig na chytundeb athrawiaeth oedd hanfod Cristionogaeth ond mater o deimlad crefyddol neu brofiad ysbrydol a moesol: 'Diles gofyn a yw credo dyn yn uniongred, am mai nid credo ond bywyd sy'n anhepgor i iachawdwriaeth'. Yr hyn yw athrawiaeth yw ymgais ddynol i esbonio profiad. Gallai'r athrawiaethau newid o oes i oes yng ngoleuni cynnydd gwybodaeth neu'r ffasiwn athronyddol ddiweddaraf, ond erys profiad dilys yr un er gwaethaf pob cyfnewidiad mewn syniadaeth a barn.

Waeth pa mor resymol a goddefgar yr ymddangosai'r farn hon, gwyddai Daniel fod ei niwlogrwydd yn brwydro yn erbyn ei llwyddiant fel dehongliad boddhaol o ystyr y ffydd. 'Tybed a ellir gwahaniaethu'r profiad a'r esboniad mewn ffordd mor glir nes dywed, dyma'r profiad a dyma'r gwrthrych?' Hawliai eglurder meddwl, heb sôn am ragdybiaethau Cristionogaeth ei hun, fod rhaid wrth ryw gytundeb ynghylch gwrthrych y profiad crefyddol er mwyn diogelu ei ffeithiolrwydd: 'Ym mha ystyr y gellid dywedyd bod dau ddyn a wêl, y naill liw gwyrdd a'r llall liw coch, yn meddu'r un profiad neu'n gweld yr un peth?' Gwrthrych y profiad crefyddol oedd Crist, felly, er y gellid caniatáu, o bosibl, ryddid i ddehongli'r profiad ohono mewn gwahanol ffyrdd, 'roedd rhaid diogelu safle gwrthrychol Crist oddi mewn i bob system a hawliai fod yn Gristionogol: 'Rhaid', meddai, 'yw cael rhyw gymaint o gydgerdded mewn esboniad o berson Crist cyn y gellir galw dyn yn Gristion'. Ond ymhellach na hyn ni fynnai Daniel fynd. Mae'r gyffes sy'n cloi ei gyfres erthyglau gyntaf yn ddiddorol ac yn arwyddocaol:

I mi y cwbl sy raid i ddyn ei wneuthur i fod yn Gristion yw cydnabod penarglwyddiaeth *bersonol* Iesu Grist. Nid awdurdod ei syniadau yn unig ond ei awdurdod *byw*. Ond i ddyn gael hwn yn ffaith yn ei brofiad ac yn awdurdod ar ei fywyd, ni ofynnaf fi ddim yn amgen. Credaf y dygymydd y ffeithiau'n well â'r esboniad traddodiadol o berson Crist, seiliedig ar athrawiaeth uwchfodol o'r berthynas rhwng Duw a dyn, ond nid yw hynny namyn fy syniad personol i; ni charwn wneuthur pwynt athronyddol yn shiboleth grefyddol ... Na ddyweder bod esboniad a ymddengys i un yn anghyson â'r ffeithiau yn ddamnedigaeth ac yn esgymundeb i'r esboniwr; yn hytrach ceisiwn ei ddarbwyllo a ninnau hefyd yn gwybod pan ddelo'r hyn sydd berffaith, yna'r hyn sydd o ran a ddileir.

Er gwaethaf y nodyn ymchwilgar, onid petrusgar, a drewir yn yr olaf o'r ysgrifau hyn, mae llawer o bwysleisiadau a nodweddion diweddarach Daniel i'w gweld yma'n eglur. Y diddordeb yn athrawiaeth a natur yr Eglwys er enghraifft, yr ymgodymu â phroblem awdurdod a'i wrthrychedd, swyddogaeth profiad wrth ganfod realiti Duw, ynghyd â'r ymchwil am y modd gorau i ddiffinio hanfod yr Efengyl. Mae ef eisoes yn bur ochelgar o bob ymgais i greu cymod a synthesis rhwng elfennau diwinyddol sydd yn ei dyb ef yn gynhenid anghyson. 'Mae'r antithesis [rhwng y syniad dogmatig am undeb eglwysig a'r syniad goddrychol] mor glir a phendant â'r antithesis rhwng Duw a Mamon' meddai, ac mae'n medru canfod gwendidau rhesymegol pob cyfundrefn, boed Babyddol, Protestannaidd, neu Ryddfrydol, yn gwbl ddiymdrech. Mae'i feistrolaeth ar hanes a diwinyddiaeth y Tadau Eglwysig a'r Diwygwyr Protestannaidd eisoes yn amlwg, ac nid llai helaeth yw ei wybodaeth am hanes dogmateg yr oesoedd diweddarach, o gyfnod yr 'Aroleuo' Protestannaidd yn y ddeunawfed ganrif hyd at adwaith Pius X yn erbyn y 'Modernwyr Catholig' ar ddechrau'r ugeinfed ganrif. Trawiadol yw ei sylw: 'Na fedd hanes unrhyw ddiddordeb i mi ond fel ymgnawdoliad o egwyddorion', sy'n mynd ymhell i esbonio natur ei ymdriniaeth â chenedlaetholdeb Cymreig. Ac mae'r cwbl wedi'i fynegi mewn Cymraeg naturiol, croyw a chaboledig, peth lled drawiadol ac ystyried i Daniel adael Ysgol Friars am Rydychen Seisnigaidd yn llanc dwy ar bymtheg oed. Ond ni ddaethai eto o hyd i'w briod safbwynt ei hun. Nid tan iddo ddod i'r afael o ddifrif â'r hyn a alwodd maes o law yn 'Draddodiadaeth Newydd' y digwyddodd hyn, nac ychwaith tan iddo ymysgwyd yn gwbl rydd o gyfaredd y math o Ryddfrydiaeth yr oedd ef o hyd yn lled ymdeimlo â'i hapêl yn ysgrifau 1928.

Yr un gŵr, yn anad neb arall, a fu'n gyfrwng i'w sefydlogi yn ei farn oedd y diwinydd o'r Swistir, Karl Barth. Er 1919, pan ddisgynnodd ei esboniad ar Lythyr Paul at y Rhufeiniaid 'fel bom ar faes chwarae'r diwinyddion', efe, yn fwy na neb, a gynrychiolai adfywiad y ddiwinyddiaeth Brotestannaidd ar gyfandir Ewrop. Gydag ysgrifau Vernon Lewis arno yn *Yr Efrydydd* yng Ngorffennaf ac Awst 1927 y daeth enw Barth yn hysbys gyntaf i'r cyhoedd darllengar Cymraeg, ac nid bychan oedd y cyffro a grëwyd yn sgil hyn.[5] Nid tan 1928, gyda chyhoeddi cyfieithiad yr Annibynnwr Americanaidd Douglas Horton o gyfrol ysgrifau Barth o dan y teitl Saesneg *The Word of God and the Word of Man* y cafodd y rhelyw o ddarllenwyr Cymru'r cyfle i farnu ei waith trostynt eu hunain. Mae'r wefr a brofodd J. E. Daniel o ddarllen y diwinydd cyfandirol am y tro cyntaf i'w theimlo yng ngeiriau agoriadol ei adolygiad o'r gyfrol yn rhifyn Mehefin 1929 o'r *Efrydydd*: 'Dyma'r cyfieithiad cyntaf i Saesneg o ran o waith diwinydd enwocaf a mwyaf dylanwadol yr Almaen.[6] Amheuthun oedd ei gael a darllen drosom ein hunain yr hyn y darllenasom gymaint amdano'.

'Diwinyddiaeth Argyfwng' neu 'Ddiwinyddiaeth Ddilechdaidd', oedd yr enw a roed ar syniadaeth y Barth cynnar, diwinyddiaeth a bwysleisiai ddieithrwch Duw a'i arallrwydd affwysol neu'r gwahaniaeth ansoddol anfeidrol a fodolai rhwng Duw a dyn.[7] A'r elfen uwchfodol hon oedd y peth cyntaf a drawodd yr adolygydd. 'O bu neb yn frwysg ar Dduw erioed', meddai, 'Barth yn anad neb. Dyma alpha ac omega ei ddysgeidiaeth, ei safon i fesur pob cyfundrefn a'i neges i'n hoes ni.' Os mynnai diwinyddion Rhyddfrydol y Cyfandir, gan ddilyn Schleiermacher ac eraill o feddylwyr yr 'Aroleuo', mai trwy gyfrwng y profiad crefyddol yr oedd modd dod o hyd i Dduw, mynnai Barth mai Duw yn unig a feddai'r hawl i'w hysbysu ei hun i ddynion, gan gyhoeddi'r ffordd iddynt ddychwelyd ato Ef. 'Ni flina Barth â phwysleisio nad oes ffordd o ddyn at Dduw', meddai Daniel. 'Datguddiad o'i hunan gan Dduw yn unig a all roddi i ni wybodaeth ohono.' Pa werth bynnag sydd i gategorïau seicolegol er mwyn dadansoddi'r profiad crefyddol, diwerth ydynt yn yr ymgais i ddod o hyd i Dduw: 'Duw yn ymwneud â'r bersonoliaeth mewn modd nad oes gan eneideg unrhyw gategorïau i'w fynegi' yw Cristionogaeth, a'r ffaith yw 'Ni all profiad dyn oleuo'r *totaliter aliter*'. Trwy wneud profiad dyn neu ei grefyddolder, ei

Rhagymadrodd 15

Portread o'r teulu: y Parchg Morgan Daniel, Anna, John Edward ac Eirwyn, c. 1907
(trwy garedigrwydd Mr John I. Daniel)

John Edward yn blentyn dyflwydd
(trwy garedigrwydd Mr J. I. Daniel)

Jac Daniel
yn fyfyriwr Coleg yr Iesu, c. 1920
(trwy garedigrwydd Mr J. I. Daniel)

J. E. D. yn ei ugeiniau
(trwy garedigrwydd Mrs Anna Elwyn Jones)

foesoldeb neu ei athroniaeth yn fan cychwyn yr ymchwil am Dduw, fe drowyd y Ffydd Gristionogol wyneb i waered; daeth yn ateg i'r bywyd dynol yn hytrach na pharhau'n rhodd ac yn ddatguddiad oddi wrth Dduw ei hun: 'Nid gwirionedd dyn am Dduw ond gwirionedd Duw am ddyn yw cynnwys y Beibl', meddir. A'r canlyniad? 'Rhaid i ddyn *gael* ei achub. O ochr Duw yn gyfan gwbl y daw.'

Os oddi wrth y Duw tragwyddol y deuai'r achubiaeth hon, gan Iesu Grist y cyfryngwyd hi i ddynolryw. 'Nid maen-clo bwa ein meddwl ni' mo'r Crist hwn, 'nid rhyw ddigwyddiad y gallwn gymryd ein dewis i'w dderbyn neu i'w wrthod' ydyw, ac 'nid, beth bynnag, gwrthrych "profiad cyfriniol a chrefyddol"'. Ef, yn hytrach, oedd 'ymddangosiad y Cwbl Arall mewn hanes' ac oblegid hynny 'roedd yn ffigur rhyfedd a dieithr, mor wahanol i Iesu dof y Rhyddfrydwyr diwinyddol, *rabbi* cyfarwydd Galilea a gwrthrych serch plant yr Ysgol Sul. Cyfeiliorni'r Modernwyr oedd iddynt amddifadu Crist o dramgwydd ei ddwyfoldeb a cheisio'i ddeall yn unol â'u rhagdybiaethau naturiolaidd eu hunain. Y gwir yw 'Nid yw categorïau hanes ac eneideg, a luniwyd i esbonio dyn, yn gymwys iddo ef'. Arglwydd atgyfodedig yw Crist y Testament Newydd, yr hwn sy'n barhaus yn chwalu disgwyliadau rhesymolaidd dyn. Ofer, felly, yw rhoi unrhyw bwys ar ei adnabod ef 'yn ôl y cnawd'.

Er gwaethaf gwerthfawrogiad cyffredinol Daniel o'r gyfrol, prin y gellir honni i lith Barth ei ysgubo oddi ar ei draed. 'Roedd ynddi ormod o rethreg, gormod o ysbryd adwaith, 'roedd ei phrotest yn erbyn rheswm yn rhy eithafol ac yn rhy chwyrn. Ymarhous oedd y Cymro i ildio categori profiad o dan yr ymosodiad enbyd o du datguddiad, a'i obaith, fe ymddengys, oedd medru cyfuno'r naill beth a'r llall. Nid tan ei ymdriniaeth helaeth â *Bannau'r Ffydd* Miall Edwards ar ddiwedd y flwyddyn honno y sylweddolodd mai ofer fyddai tasg o'r fath. Y prif beth a yrrodd Barth i rysedd, yn nhyb Daniel, oedd iddo orbwysleisio trosgynnedd Duw, yn wir 'fe wnaeth Dduw mor transendent nes gwneuthur gwybodaeth ohono yn amhosibl'. Trwy nacáu hawl y profiad dynol i amgyffred y datguddiad—canys dyna a dybia i Barth ei wneud—tynghedir dyn yn anochel i gyflwr o agnostigiaeth: 'Ie, meddir, ond nid agnostig yw Barth. Gwir, ond nid oes ganddo hawl ar gynseiliau ei athrawiaeth i fod yn ddim arall'. Dim ond y *profiad* dynol a fedr ganfod datguddiad, sef yr union beth a warafunodd Barth i ddyn.

A bod yn deg â Karl Barth ac â J. E. Daniel fel ei gilydd, rhannol ac anorffen oedd y ddysgeidiaeth a gafwyd yn y gyfrol hon ac nid tan y tridegau, gyda chyhoeddi cyfrolau dechreuol y *Kirchliche Dogmatik* ('Y Ddogmateg Eglwysig'), y cafwyd gan Barth ymdriniaeth fanwl â natur y berthynas rhwng athrawiaeth datguddiad a phrofiad dyn. Ond mae'n amlwg, serch hynny, nad oedd a fynnai J. E. D. hyd yma â'r math o bwyslais ar hunanwireddu datguddiad trwy ffydd, 'yr hunan-braw a rydd Duw i'w dystion', ag a gafwyd yn *The Word of God and the Word of Man* ac a ddeuai'n rhan hanfodol o ddysgeidiaeth y Barth aeddfed maes o law. Goddrychedd afresymegol oedd hyn yn nhyb y Cymro ac nid oedd yn datrys problem sylfaenol swyddogaeth y profiad dynol mewn crefydd. A bwrw mai trwy ymyrraeth uniongyrchol yr Ysbryd Glân er cadarnhau tystiolaeth yr ysgrythur y gallai dyn ddod o hyd i adnabyddiaeth real o Dduw, ni fyddai hyn 'ond symud yr anhawster o'r Beibl i'm profiad i. Oni allaf fy hunan adnabod Duw yn y Beibl, pa fodd yr adnabyddaf Ef yn fy nghalon?' Ofnai hefyd y byddai agwedd gafalîr Barth at brofiad dyn yn tanseilio moesoldeb personol: 'fe ddiflanna'r ewyllys unigol yn y gyfundrefn foesol,' meddai, ac fe arweiniai at ddiystyru anghenion cymdeithasol, tra byddai gomedd hawl yr unigolyn i ymdeimlo trwy brofiad â sicrwydd ei gadwedigaeth ei hun yn arwain at hollgyffredinoliaeth: 'Os gwrthodir hyn fel sylfaen sicrwydd, yna methaf weled pa hawl sydd gan neb . . . i honni nad achubir pawb'. Anfoddhaol hefyd yw ei Gristoleg; 'roedd sawr Docetaidd arni am iddi unwaith eto ddibrisio'r elfen ddynol ym mherson Crist. Ond 'roedd chwilfrydedd Daniel wedi ei gyffroi. Pa beth bynnag oedd problem profiad *vis à vis* datguddiad, gwyddai mai osgoi cwestiwn awdurdod yn hytrach na'i ddatrys yr oedd mwyafrif y Modernwyr, a thrwy iddynt ganoli eu dealltwriaeth o grefydd ar brofiad y credadun yn hytrach nag ar Dduw ei hun fel Bod gwrthrychol ar wahân iddynt, aethai'r ymwybyddiaeth o'i sancteiddrwydd, ei drosgynnedd a'i arswydedd ar goll. 'Fel protest yn erbyn pob math o athrawiaeth datblygiad arwynebol, pob math o Belagiaeth, a Thitaniaeth, ac yn bennaf oll fel mynegiant ar ei waethaf o brofiad angerddol o Dduw, nid yn fuan yr â ei waith heibio.' Y gwir yw i arwyddocâd Karl Barth i Daniel ymhen amser ddod yn anhraethol bwysicach na hyn.

Os oedd J. E. D. yn sensitif i'r gwallau a ganfu yn nysgeidiaeth y Barth cynnar, cyrhaeddodd ei anghytundeb cynyddol â diwinyddiaeth profiad uchafbwynt yn y nesaf, ac o bosibl y mwyaf gorchestol, o'i holl draethodau crefyddol, sef 'Diwinyddiaeth Cymru', ei adolygiad manwl ar gyfrol D. Miall Edwards, *Bannau'r Ffydd*, a gyhoeddwyd yn rhifynnau Tachwedd 1929, Chwefror ac Ebrill 1930 o'r *Efrydydd*. Fel Daniel ei hun, athro Athrawiaeth Gristionogol ac Athroniaeth Crefydd yn un o golegau'r Annibynwyr, sef y Coleg Coffa, Aberhonddu, oedd Edwards, ac ynghyd â chyfaill a chydweithiwr Daniel ym Mala-Bangor draw, roedd yn brif ladmerydd y ddiwinyddiaeth Ryddfrydol ymhlith yr Annibynwyr Cymreig.[8] Cyfrol sylweddol o bron i bedwar can tudalen oedd y *Bannau*, yn astudiaeth fanwl a golau o holl rychwant y profiad Cristionogol yn ei berthynas ag athrawiaethau Iachawdwriaeth, Person Crist a Duw ei hun. Nid gor-ddweud a wnaeth yr adolygydd trwy haeru mai 'dyma, fe ddichon, y llyfr pwysicaf ar Ddiwinyddiaeth Gristnogol a ymddangosodd yng Nghymru er amser y Dr T. C. Edwards'. Yn gampwaith diamheuol, y mae'n ddogfen anhepgor i'r sawl a fyn ddeall apêl a chyfaredd y ddiwinyddiaeth Ryddfrydol i gynifer o Gymry ifainc meddylgar yn y cyfnod rhwng y ddau Ryfel Byd. 'Hyd yn hyn bu Moderniaeth yng Nghymru yn lledrith braidd', meddai, 'ond nid oes gan neb esgus bellach dros anwybodaeth o'r hyn yw Moderniaeth ysgolheigaidd a diwylliedig'.

Ymgais oedd *Bannau'r Ffydd*—ac efallai yr ymgais drylwyraf erioed yn y Gymraeg—i ailfynegi cynnwys y Ffydd Gristionogol yn unol â rhagdybiaethau naturiolaidd y dyn modern gan wneud profiad yn faen prawf i bob peth. Pennawd y bennod ddechreuol oedd 'Cristnogaeth a Meddwl yr Oes', ac ynddi mynnai Edwards fod i Gristionogaeth ddwy elfen, y geidwadol a'r gynyddol— 'Mewn ystyr *ni* lefarodd Iesu mo'i air olaf yn nyddiau ei gnawd'[9]— tra nodweddid meddwl yr oes gan amheuaeth ynghylch gwerth yr hen ddogmâu ar y naill law a chan ffydd fawr yn 'y meddwl gwyddonol' ar y llall. 'Y mae meddwl yr oes yn dra phetrusgar ac ansicr,' meddai, 'ysbryd aflonydd, ymchwilgar, yn ymbalfalu yn y niwl' ydoedd.[10] Yr un peth pendant a wnaeth ym mhroses ei ymchwil aflonydd oedd ymwrthod â phob awdurdod ar wahân i awdurdod ei brofiad ei hun, peth yr oedd yr awdur, at ei gilydd, yn ei gymeradwyo: 'Ar y cyfan credaf mai bendith oedd inni daflu ymaith ffyn baglau awdurdod, er mwyn inni ddysgu cerdded ar ein gwadnau ein hunain fel bodau ysbrydol rhydd'.[11] Yr angen bellach, meddai Miall Edwards, oedd 'nid credo anffaeledig, cyffordd us fel gobennydd i gysgu arno ... ond ffydd bersonol, anturiaethus, filwriaethus, sy'n barod i ddysgu yn ysgol profiad'.[12] Y ddeubeth pwysicaf ynghylch y meddwl gwyddonol oedd ei gred yn natur anghyfnewidiol deddfau'r greadigaeth a'i ffydd ddi-sigl yn y syniad o ddatblygiad. Ei berygl, wrth gwrs, o'r safbwynt Cristionogol, oedd iddo ddibrisio dyn a diorseddu Duw, felly tasg yr Eglwys oedd adfer y syniad o bwrpas a gwerth i'r byd modern trwy gymeradwyo Crist fel penllanw rhesymegol y proses esblygiadol: 'Dyna yw Cristnogaeth, y datguddiad terfynol o Dduw, nid mewn geiriau, athrawiaethau, seremonïau, ond mewn person, mewn bywyd dynol sy'n berffaith ddwyfol'.[13]

Cyfynga J. E. D. sylwadau erthygl Tachwedd 1929 i'r bennod hon, a hynny 'am y tery gyweirnod yr holl lyfr, ac am na ddeellir gweddill y llyfr oni ddeellir safbwynt y bennod hon'. Amhosibl, meddai, yw bod yn ddiduedd yn y materion hyn ac ystyried y dystiolaeth yn wrthrychol a thynnu casgliadau a fydd yn boddhau anghenion Cristionogaeth ar y naill law *a* meddwl yr oes ar y llaw arall, a hynny am eu bod, mewn gwirionedd, yn hanfodol anghymodlon â'i gilydd. O gymryd Cristionogaeth yn absoliwt fe fydd meddwl yr oes yn gorfod ildio'i sofraniaeth; ond o ystyried meddwl yr oes fel maen prawf, fe fydd natur Cristionogaeth hithau yn cael ei chwyldroi. 'Rhagrith', meddai, 'yw amhleidrwydd yr hanesydd'. Yr hyn a wnawn, bawb ohonom i wahanol raddau, yw cymhwyso'n syniad am y gwirionedd at y dystiolaeth hanesyddol er mwyn cael gweld pa mor gyson ydyw â'n rhagdybiaethau ein hunain. Yn achos Miall Edwards, rhagdybiaethau Modernaidd a fu ganddo, a'r hyn a wnaeth, trwy gydol y bennod a'r gyfrol achlân, oedd cymhwyso'r rhain at y dystiolaeth feiblaidd ac eglwysig a'u barnu yn eu goleuni. Nid oedd modd iddo osgoi, wedyn, orbwysleisio elfen gynyddol y ffydd ar draul ei helfen geidwadol, gorbwysleisio'r meddwl modern ar draul Cristionogaeth ei hun, ac yn olaf ddibrisio datguddiad trwy ddyrchafu profiad yn ei le.

Er i Edwards honni amharodrwydd i weld gwerth mewn arddel dogmâu, 'roedd ganddo, yn nhyb Daniel, gyfundrefn ddogmatig bur gyflawn ei hun. Ymhlith ei hanhepgorion 'roedd damcaniaeth esblygiad. 'Yn unol â'r Ddarwiniaeth hon,' meddai, 'ni all wadu'r posibilrwydd y ''daw rhywun ymlaen i ddatguddio gwerthoedd uwch a phwrpas gwell i fywyd nag a ddatguddiodd Iesu Grist''.' Trwy dderbyn y syniad am Gynnydd fel gwirionedd digamsyniol, a'i gymhwyso at fyd crefydd, cyll Cristionogaeth ei safle hithau fel awdurdod terfynol. Yr awdurdod bellach, neu'r maen prawf a ddefnyddir i farnu pob dim wrtho, yw'r syniad modern am Ddatblygiad: 'Ni esyd athrawiaeth Datblygiad unrhyw derfyn ar bosibiliadau'r ddynoliaeth, ac ni all diwinyddiaeth a'i choledd wneuthur hynny chwaith'.[14] Gwelwyd ail nodwedd cyfundrefn y *Bannau* yn awydd yr awdur i 'ddefnyddio categorïau yr oes a'u parchu, yn fwy o lawer . . . nag y dylid ei wneuthur'. Parai hyn i Gristionogaeth golli ei hawtonomi neu gael ei 'darostwng . . . dan wadn y gwyddon'. Yn ôl yr imperialaeth hon, gwyddoniaeth, bellach, biau cylch gwrthrychedd ffeithiol, tra trosglwyddir i ofal crefydd gylch moesoldeb a gwerth. Rhaid gwarafun i grefydd yr hawl i ymyrryd yng nghylch ffeithiau 'gwrthrychol' am fod y syniad caeth am reol a deddf yn ei gomedd rhag gwneud hynny. Trawslywodraeth annioddefol yw hyn i Daniel oherwydd mae 'ymostwng gerbron y syniad gwyddonol o ddeddf yn ein cau o fewn treigl amser ac yn ein gorfodi i esbonio popeth yn nhermau'r hyn a oedd o'i flaen'. Mewn geiriau eraill, dileir categori y newydd, categori sy'n angenrheidiol i'n galluogi i werthfawrogi Cristionogaeth yn ei phriod oleuni ei hun. Hyd yn oed pe ymwrthodir, fel y gwna'r awdur, ag elfennau newydd-deb megis y gwyrthiau natur, yr Enedigaeth o Forwyn a'r Atgyfodiad corfforol,[15] fe fyddai enigma person Crist yn aros ynghyd â'r cwestiwn ynghylch sut orau i'w esbonio, p'un ai mewn termau naturiolaidd neu mewn termau goruwchnaturiol? O ddewis y dull naturiolaidd, fel y gwna Edwards, mae popeth sy'n gwneud Crist yn ffenomen unigryw yn diflannu. Try Crist o fod yn Fab Duw i fod yn awdurdod ar y profiad crefyddol.[16] Ni all Daniel ganiatáu hyn, yn un peth am nad 'gan wyddoniaeth y mae'r hawl i benderfynu'r pwnc'. Parched y diwinydd sofraniaeth ei briod ddisgyblaeth ei hun. Ynghylch nodwedd olaf cyfundrefn y *Bannau*, sef y dyrchafu a geir ar brofiad ar draul datguddiad, 'effaith anorfod y gosodiad yma yw gwneuthur profiad y diwinydd ei hunan yn sylfaen, ac nid yn unig yn sylfaen ond hefyd yn safon y ddiwinyddiaeth.'.[17] I J. E. D. ni all hyn ond arwain at unigolyddiaeth eithafol a goddrychedd llwyr a'i ben draw anorfod yw 'sceptigiaeth'. Er mwyn osgoi'r perygl hwn nid oedd ganddo ddewis ond 'ymwrthod, gyda thraddodiad yr Eglwys yn ei grynswth, â'r syniad o brofiad ac ymlochesu yn y syniad o Ddatguddiad'.

'Roedd Miall Edwards eisoes wedi dweud yn ei ragymadrodd i *Bannau'r Ffydd*: 'Gwelir ein bod trwy'r cwbl yn symud ar yr egwyddor mai profiad yw'r allwedd i athrawiaeth'.[18] Mynegi profiadau'r Eglwys o oes i oes a wnaeth y gwahanol athrawiaethau ac oblegid hynny 'nid yw athrawiaeth o fawr gwerth . . . onid yw'n fynegiant o brofiad byw a dilys, neu'n ymgais i ddiogelu a lledaenu gwerthoedd sydd o bwys i fywyd a chymeriad'.[19] Mae'n ymhelaethu ar hyn yn ei ail bennod, sef 'Y Profiad Cristnogol yn y Testament Newydd'. Dechreuodd y pwyslais profiadol hwn yn y cyfnod beiblaidd ei hun ac os arwyddocâd pennaf y TN, 'clasur mawr y bywyd a'r ffydd Gristnogol',[20] oedd bod y 'mynegiant cyfoethocaf o'r profiad Cristnogol yn ei burdeb a'i rymuster' ag a feddwn,[21] arbenigrwydd Crist oedd iddo feddu ar y profiad hwn o Dduw mewn ffordd neilltuol. 'Y ffactor creadigol tu ôl i grefydd y TN', meddai Edwards, 'yw ymwybyddiaeth grefyddol Iesu ei hun, gyda'i ymdeimlad byw o'i berthynas fabol â Duw ac o'i uchel alwedigaeth ynglŷn â Theyrnas Dduw'.[22] Ef, mewn geiriau eraill, oedd 'y Cristion cyntaf',[23] ac ansawdd ei brofiad yn hytrach na hanfod ei berson a'i gwnaeth yn wahanol i bob Cristion arall. Craidd y profiad ysbrydol i eraill o Gristionogion y TN oedd yr ymdeimlad o ryddhad a gawsant trwy faddeuant pechodau. Wrth gredu yng Nghrist fe ddaeth y Cristionogion cynnar i ymdeimlo â rhin y maddeuant dwyfol gan weld Iesu fel cyfryngwr y maddeuant hwnnw: 'Yr oedd Crist i'r Eglwys Fore yn Iachawdwr dynion, yn eu hachub o'u pechodau a'u cymodi â Duw'.[24] Edifeirwch oedd yr amod o du dyn, ond rhodd rad oedd y maddeuant hwn o du Duw. Ymgais i esbonio'r profiad o ryddhad oedd yr athrawiaeth am yr Iawn a ddyfeisiwyd gan ddiwinyddion y TN, Paul yn neilltuol, ac eraill wedyn.

Fel cyfryngwr y profiad o ras, cariad, a maddeuant Duw, daeth Crist yntau yn destun myfyrdod gan aelodau'r Eglwys. Gan mor syfrdanol oedd eu profiad ohono, yr oedd hi'n naturiol iddynt ddehongli ei Berson mewn termau aruchel. A dyna wraidd yr athrawiaethau cosmolegol amdano, ei gynfodolaeth a'i waith yn creu ac yn cynnal y byd, sef ymgeisiadau ar ran awduron y TN i fynegi goblygiadau aruthrol eu profiad o Grist: 'Fel dynion oedd â phrofiad personol ganddynt o Grist fel Iachawdwr, ceisiai rhai o ysgrifenwyr y TN ddehongli tarddiad a chyrchnod y cread oll yng ngoleuni'r profiad hwnnw ... Ni allent lai na chredu mai'r cariad achubol a gorfforwyd yng Nghrist oedd egwyddor greadigol a phensaernïol yr hollfyd'.[25] Hyn hefyd, yn nhyb Miall Edwards, oedd tarddiad eraill o'r athrawiaethau 'goruwchnaturiol' megis yr Enedigaeth o Forwyn, y natur ddwyfol-ddynol a'r Atgyfodiad corfforol ac yn y blaen. Felly, yn nhyb y diwinydd o Aberhonddu, nid mynegiant ffeithiol o wirioneddau gwrthrychol oedd yr athrawiaethau hyn ond mynegiadau ffigurol o aruthredd profiadau ysbrydol eu llunwyr.

Erbyn ei ail erthygl feirniadol a gyhoeddwyd ym mis Chwefror 1930 mae J. E. Daniel yn ergydio'n ddidrugaredd yn erbyn y syniad goddrychol hwn am brofiad. Gan ddyfynnu, gyda chymeradwyaeth ddigwestiwn y tro hwn, o ymgais gyntaf Karl Barth i lunio diwinyddiaeth systematig, *Die christliche Dogmatik . . . Die Lehre vom Worte Gottes* (München, 1927), ('Y Ddogmateg Gristionogol . . . Athrawiaeth Gair Duw'), mae'n haeru mai 'rhy anaml y sylweddolir pa fodd y trowyd diwinyddiaeth wyneb i waered gan y syniad hwn'. Os symud locws awdurdod oddi wrth yr Eglwys at y Beibl a wnaeth Luther, yr hyn a wnaeth Schleiermacher, a phob diwinydd profiad ar ei ôl, oedd 'gwadu bod eisiau . . . unrhyw awdurdod gwrthrychol annibynnol ar brofiad yr unigolyn'. Ac yntau'n rhydd bellach i lunio athrawiaethau yn ôl ei fympwy, cyll profiad yr ymdeimlad o awdurdod gwrthrychol ac allanol iddo'i hun. Gwedd ddiwinyddol ar Ramantiaeth oedd hyn a 'chwyldro Copernicaidd', chwedl Barth, yn ein dealltwriaeth o Dduw. Cred Daniel bellach, gyda Barth, mai ei wireddu ei hunan yng nghalon y credadun trwy gyfrwng ffydd y mae Datguddiad, ac er i'r hunanwireddu hwn gynnwys profiad, fe ellid yn gyfreithlon wahaniaethu rhyngddynt: '. . . gwyrgam hollol fai casglu mai Profiad sy'n cadarnhau Datguddiad a'i brofi'n Ddatguddiad. Er i ddyn feddwi ar *gin* a *soda*, brandi a *soda*, whisgi a *soda*', meddai yn smala, 'nid y soda a'i meddwodd'! Mae i brofiad ei le, bid siŵr, yn y weithred o amgyffred Datguddiad, ond nid profiad sy'n achub. Duw sy'n achub trwy ei Air. Yr hyn a wnaeth y diwinyddion profiad oedd dyrchafu hawliau diymwad dyn a'i amddifadu o 'loches y graig sy *fwy* nag ef'; caiff dyn rodio bellach yn rhydd heb orfod defnyddio ffyn baglau awdurdod; 'dyn' felly, yn ôl yr athroniaeth hon, 'yw mesur popeth'. O ddwyfoli dyn a'i brofiad fel hyn, dad-ddwyfolwyd popeth arall, collwyd golwg ar wrthrychedd Duw fel yr Arall, yr Un gwrthrychol sy'n cyfarch, barnu, ac achub: 'Yr athrawiaeth gyntefig Brotestannaidd yw bod profiad pob dyn i'w farnu yn ôl safon a osodwyd ac a gynhwysir yn annibynnol hollol ar y dyn ei hun'. Perygl rhamantiaeth o hyd, medd Daniel, yw dwyfoli'r unigolyn a'i arwain i gors anobaith: 'Tybed na ddigwydd rhywbeth cyffelyb yn ei ddiwinyddiaeth?' Felly, er gwaethaf ei ddisgleirdeb a phraffter ei resymeg, 'teimlaf yn llwyr anfodlon ar safbwynt y llyfr,' meddai. A chyda'r erthygl hon yn fwy na'r un flaenorol, ymrestrodd J. E. Daniel yn ddigamsyniol y tu ôl i faner Barth a gweddill diwinyddion 'y Gair', gan honni fod safbwynt Miall a'i gyd-Ryddfrydwyr 'wedi arwain i fethdaliad diwinyddol a chrefyddol Protestaniaeth'.

Yn unol â phatrwm disgwyliedig y diwinyddion profiad, cychwyn gydag athrawiaeth Iachawdwriaeth a wnaeth Edwards (penodau 3-5) cyn troi at athrawiaeth Person Crist, cyfryngwr ac ymgnawdoliad y profiad hwnnw (penodau 6-7), a chwblhau'r *Bannau* trwy ymdrin â'r athrawiaeth am Dduw a'r Drindod (penodau 8-10). Er i hyn droi'r dull traddodiadol o ddiwinydda y tu chwith yn llwyr— cychwyn gyda Duw a datguddiad y byddai'r diwinyddion clasurol yn ddieithriad—'roedd hi'n gwbl gyson â rhagdybiaethau ei system ei hun. 'Roedd a wnelo iachawdwriaeth yng nghyfnod y TN ag athrawiaeth Iesu ynghylch Tadolaeth Duw a Theyrnas Nef. Hanfod Duw i Iesu oedd ei dadolaeth, a thrwy brofi'r dadolaeth honno trostynt eu hunain y daeth pobl yn ddeiliaid o'i Deyrnas. 'Bod yn gadwedig,' meddai, 'yw bod yn aelod o Deyrnas y Brenin, bod yn deyrngarol i Fab y Dyn fel sylfaenydd y Deyrnas, a meddu ar y teip o fywyd a chymeriad sy'n gweddu i blant y Deyrnas.'[26] Gan mai mater o brofi cariad Duw fel Tad ac arddel bywyd y Deyrnas oedd yr iachawdwriaeth, nid oedd a fynno hi nemor â'r syniad o ymddiried yng ngwaith aberthol Iesu Grist ar y groes. 'Ychydig iawn yw'r defnyddiau a geir yn yr Efengylau Synoptig', meddai, 'i ategu'r athrawiaeth uniongred am yr Iawn a weithiwyd allan gyda'r fath fanylder gan yr Eglwys yn ddiweddarach.'[27] Nid cyfeirio at Iawn, sef marwolaeth Crist fel aberth a offrymwyd i'r Tad er mwyn gwneud iachawdwriaeth dynion yn bosibl, a wnaeth cyfeiriadau 'aberthol' yr Efengylau Cyfolwg, Mathew 26:28 a Marc 10:45 er enghraifft, ond cyfeirio yn hytrach at ferthyrdod, aberth yn yr ystyr o ffrwyth y math fywyd dilychwin y bu Iesu yn ei fyw. Fel y Gwas Dioddefus gwyddai mai'r croesbren, yn ôl pob tebyg, fyddai'i dynged, ond marw yno fel merthyr dros y gwir a wnaeth yn hytrach nag fel aberth penodol i Dduw er ennill iachawdwriaeth dyn. Beth bynnag am ddysgeidiaeth iawnol yr Apostol Paul —'Dysg Paul fod angau'r groes mewn ystyr yn aberth a offrymwyd i Dduw . . . a'i fod yn angenrheidiol fel sail cyfiawnhau pechadur'[28] —myn Miall nad dyna oedd athrawiaeth Iesu ei hun. Fel Iesu'r Efengylau Synoptig, ni hawlia awdur Efengyl Ioan fod angen aberth gwrthrychol er mwyn cymodi dyn â Duw: 'Iechydwriaeth trwy ddatguddiad ac ymgnawdoliad o ochr Duw, a thrwy undeb cyfriniol a moesol y credadun â Duw yng Nghrist, yn hytrach na thrwy bridwerth neu gymod, yw syniad canol yr efengyl hon . . . Nid oes le rhesymegol i farwolaeth Crist fel Iawn yn y ddiwinydd- iaeth Iohannaidd'.[29] Mynegiant o ysbryd hunanaberthol y dyn Iesu oedd angau'r groes ac nid moddion bodloni anrhydedd na chosb ddirprwyol na thransacsiwn gwrthrychol rhwng Duw a dyn.

O ddehongli'r deunydd beiblaidd fel hyn, nid oedd rhyfedd i

awdur *Bannau'r Ffydd* honni bod y syniad am Iawn nid yn unig yn groes i farn Iesu ei hun ond yn gwbl anghydnaws â chwaeth ac anghenion yr oes fodern. Yr unig beth yr oedd ei angen ar y dyn cyfoes er mwyn derbyn maddeuant oedd, yn syml, edifeirwch: 'Y mae'n bwysig sylwi nad symud cosb neu ganlyniad allanol pechod yn gyntaf oll a wna maddeuant Duw, eithr symud yr euogrwydd mewnol sy'n rhwystr i'r pechadur ddyfod i mewn i gyfrinach y gymdeithas ddwyfol'.[30] Problem seicolegol a moesol oedd pechod yn hytrach na phroblem fetaffisegol neu ddiwinyddol. Peth goddrychol, felly, yw'r iachawdwriaeth, yn gywaith rhwng dyn a Duw gydag Iesu yn esiampl o'r hyn y dylem oll anelu ato: 'Proses rhwng personau moesol yw gwaith iechydwriaeth, ac nid proses peirianyddol fel gweithrediad deddfau anian . . . Mae Duw a dyn yn cydweithredu bob cam o'r ffordd'.[31] O arddel y syniad am Iawn o gwbl, byddai'n rhaid i unrhyw athrawiaeth iachawdwriaeth gyfoes ei ailddehongli'n drwyadl:

> Rhaid i mi ddywedyd yn hollol agored . . . ni allaf dderbyn y 'damcaniaethau gwrthrychol' am yr Iawn . . . sef yn yr ystyr bod Crist wedi talu ein dyled a thrwy hynny roddi 'bodlonrwydd' i Dduw neu i'r ddeddf neu i gyfiawnder, neu ei fod wedi dioddef cosb pechod yn ein lle ac felly symud rhyw rwystrau oedd ar ffordd Duw i faddau na ellid mo'u symud trwy edifeirwch yn unig. Ni allaf ddygymod â'r syniad o Iawn fel math o drafodaeth fargeiniol rhwng Crist a Duw yn annibynnol arnom ni, neu fel math o ddrama a actiwyd uwch ein pennau megis.[32]

Yr unig rwystr ar ffordd Duw i faddau pechodau, yn nhyb Miall Edwards, oedd amharodrwydd dyn i edifarhau. O gael edifeirwch, byddai Duw yn gweithredu fel y mae Duw wedi gweithredu erioed, sef mewn trugaredd, tosturi a maddeuant. I'r athro o Goleg Aberhonddu, peth hanfodol oddrychol oedd yr iachawdwriaeth.

Yn y drydedd a'r olaf o'i ysgrifau adolygiadol, yr un a ymddangosodd ym mis Ebrill 1933, â Daniel i'r afael â'r goddrychedd hwn yn ymdriniaeth Edwards ag athrawiaethau'r Iawn a Pherson Crist. Meddai yn ddifloesgni i gychwyn: 'Ni all Crist y Moderniaid gyflawni iachawdwriaeth wrthrychol, hyd yn oed pe cydnabyddent bosibilrwydd y peth'. Ar hyd y canrifoedd, meddai, ni fu ond dwy dybiaeth mewn gwirionedd ynghylch natur y cymod rhwng dyn a Duw, y naill yn oddrychol a'r llall yn wrthrychol. Yn ôl y naill, dyn, trwy ei ymdrechion ei hun, sy'n ymgymodi â Duw, tra yn ôl y llall,

Duw, trwy ei ras, sy'n adfer y berthynas rhyngddo'i hun a dyn. Enghraifft glasurol o'r dybiaeth gyntaf yw'r *Bannau*, ac yn rhinwedd hynny mae'n anfoddhaol ac yn gyfeiliornus. 'Rhagosodiad sylfaenol [ei awdur]', meddai, 'yw bod digon o adnoddau mewn dyn, ond eu deffro a'u datblygu dan ddylanwad Crist, i'w alluogi i fyw bywyd a fo'n rhyngu bodd i Dduw, ac felly i'w gyfiawnhau gerbron Ei frawdle Ef'. Fel Awstin yn ei ddadl â Phelagius a chan gofio, fe dybiwn, sylw enwog Anselm '*nondum considerasti quandi ponderis sit peccatum*', ymetyb J. E. D. i hyn trwy ddweud: 'Nid wyf yn credu bod gan neb, ohono ei hunan, gyfiawnder a ddeil wyneb Duw'. Ac ni wna'r syniad o gywaith, Duw ynom ni er ein cynorthwyo i ymgyfiawnhau megis, mo'r tro ychwaith: 'Gall Pawl ddywedyd, ''Gweithiwch allan eich iachawdwriaeth eich hunain,'' am mai nid chwi, ond Duw, sydd yn gweithio. Nid chwi a Duw, ond Duw, nid chwi'. Beth bynnag yw swyddogaeth yr ewyllys ddynol mewn iachawdwriaeth, o Dduw y daw'r iachawdwriaeth honno yn llwyr ac yn gyfan gwbl. Dyna hefyd sylfaen yr Iawn: 'I mi, rhywbeth a wneir trosom, uwch ein pennau, yw'r Iawn, ffynnon a agorwyd, *cyn* i ni yfed ohoni'. Er nad ymdrinia Daniel â deunydd yr Efengylau Cyfolwg fel y cyfryw, ymwrthyd yn llwyr â'r dehongliad modernaidd ohonynt. Nid rhywbeth a ysgarwyd oddi wrth aberth y groes mo'r Deyrnas ond rhywbeth sy'n llwyr ddibynnol arno. 'Iddo ef [sef Crist], ni ddeuai Teyrnas Nefoedd na maddeuant pechodau heb ei farwolaeth Ef . . . Effaith Ei farw yw'r amod cudd mewn llawer dameg, sydd fel petai yn sylfaenu maddeuant ar edifeirwch a dim arall. Yn unol hollol â hyn, yr oedd y ddysgeidiaeth ''i Grist farw dros ein pechodau ni'', yn rhan o'r gwirionedd a dderbyniodd Pawl.' Yr un a'r unrhyw, meddai Daniel, yw dysgeidiaeth y Gwaredwr a'r Apostol, gyda'r Iawn gwrthrychol yn sail i'r ddwy.[33]

Goddrychol eto yw dehongliad Edwards o berson Grist. Hanfod arbenigrwydd Iesu oedd ei fabolaeth, 'agosrwydd hynod Ei gymundeb personol â Duw fel tad' ynghyd ag absenoldeb trawiadol yr ymdeimlad o bechod.[34]

> Rhaid dwedyd nad oes yn yr Efengylau Synoptig un awgrym o'i raghanfodiad personol cyn y geni ym Methlehem, nac yn sicr un ymgais i esbonio'i fabolaeth mewn termau uwchanianol trwy ddywedyd, fel y gwnaed gan Gyngor Nicea, Ei fod o'r un sylwedd â'r Tad er tragwyddoldeb. Nid oes un awgrym bod meddwl Crist yn symud o gwbl ar y llinellau hyn . . .[35]

Diwinyddion y TN, nid Paul yn unig ond awduron yr Epistol at yr Hebreaid ac Efengyl Ioan yn ogystal, oedd yn gyfrifol am droi pwyslais cyntefig Crist ar Dduw y Tad yn bwyslais newydd ar Grist yntau fel Arglwydd ac felly yn wrthrych addoliad ei hun. Ac ystyried aruthredd eu profiadau ysbrydol wedi cyfnod y Pentecost, ni welai Edwards fai arnynt am wneud hyn. Ond o ddyrchafu Crist yn y modd yma, a'i ystyried yn gyfochrog â Duw, 'roedd datblygiad diweddarach yr athrawiaethau Cristolegol uniongred yn anorfod. Dylid talu pob parch i'r gorffennol ond, medd Edwards:

> Ni welaf reswm yn y byd dros inni ystyried ein hunain yn gaeth i ddedfryd Cyngor Nicea (325 O.C.), Cyngor Chalcedon (451 O.C.), a Chyngor Caergystennin (680 O.C.), ar y mater pwysig hwn, er iddynt honni llefaru'r gair terfynol yn enw'r holl Eglwys.[36]

Yr angen, yn hytrach, oedd ailddehongli'r athrawiaeth am Grist nid mewn termau ontolegol trwy sôn am Grist o'r un sylwedd â'r Tad ac yn y blaen, ond yn unol â'r syniad o brofiad ac o werth: 'Y camgymeriad mwyaf a wnaeth yr Eglwys oedd gosod athrawiaeth unffurf *am* Grist yn lle teyrngarwch personol *iddo* yn safon a maen praw crefydd'.[37]

Trwy ganoli fel hyn ar fywyd y dyn Iesu ac ymwrthod â'r athrawiaeth glasurol, a fynegwyd yng Nghyngor Nicea, ynghylch yr *homoousios*, fod Crist o'r un sylwedd â'r Tad, ni allod Edwards lai nag arddel y syniad mai 'damwain, o safbwynt hanesyddol, oedd y croeshoelio'. 'Er ceisio o'r Athro gywiro'r hen fai o osod pwyslais gormodol ar farw Iesu ar draul Ei fywyd, fe syrth ei hunan i'r pydew arall, a gosod holl *werth* Iesu yn ei fywyd.' 'Roedd goblygiadau ei farn yn anorfod. Gan mai 'teuluol' megis, a siarad yn drosiadol, yn hytrach na hanfodol oedd natur y berthynas rhwng Crist a'r Tad ganddo, ni allai lai na bod hollt fetaffisegol rhwng y Tad a'r Mab. Oherwydd yr hollt hon ni allai marw Iesu fod yn amgenach na merthyrdod ac amhosibl dweud fod *Duw* yng Nghrist wedi cymodi'r byd ag ef ei hun. 'Ond', meddai Daniel, 'os cymerir Duw o ddifrif fel Bod a'i hanfod ynddo'i Hun, yna ni all Iesu fod yn ddatguddiad o *gariad* Duw heb fod yn Dduw, ag arfer "Duw" fel *predicate* cyffredin i "bersonau" y Duwdod.' Neu, mewn geiriau eraill, o wneud gwir gyfiawnder â Duw, dyn, a'r cariad achubol y tystia'r TN iddo, nid mor hawdd fyddai ymwadu â'r athrawiaethau uniongred fel y Drindod a dwy natur Person Crist. 'Roedd yr athrawiaethau clasurol yn angenrheidiol o hyd er mwyn sicrhau gwrthrychedd yr iachawdwriaeth. 'Chwarae ffon ddwybig' a wna Edwards trwy briodoli 'dwyfoldeb' i Grist ac, ar y llaw arall, lawn ddyndod, tra ydyw ar yr un pryd yn dehongli'r dwyfoldeb fel gradd eithaf o ddyndod. Colled yw hyn ac nid ennill i ddealltwriaeth eglur ynghylch person Iesu.

Nid hwyrach y gyfran fwyaf dadleuol yn nadansoddiad disglair J. E. Daniel o gyfrol Miall Edwards yw'r hon sy'n cloi'r cwbl: 'Yn gyffredin iawn heddiw ... fe geisir gwneuthur ffeithiau hanes bywyd Iesu yn glorian i athrawiaeth Ei Berson, a dyna'r safon a fabwysiedir gan *Bannau'r Ffydd*'. Fel y rhelyw o'r Modernwyr, 'roedd gan Miall Edwards ffydd fawr yng ngallu'r method beirniadol i dreiddio y tu ôl i dystiolaeth athrawiaethol y TN a dod o hyd i ffeithiau gwrthrychol ynghylch Iesu hanes. Ond ers degawd a mwy bu'r ffydd hon dan warchae ar gyfandir Ewrop, ar y naill law gan gatrawd y 'beirniaid ffurf' a Rudolf Bultmann o Marburg yn prysur ennill ei safle fel eu cadlywydd,[38] ac ar y llaw arall gan ladmeryddion y ddiwinyddiaeth 'argyfwng' neu 'gerugmatig'— pwysleisient hwy'r 'cerugma' neu neges achubol y TN yn hytrach na'i fanylion hanesyddol—a Karl Barth yn eu harwain hwy. Byth er pan gyhoeddodd Wilhelm Wrede ei gyfrol *Das Messiasgeheimnis in den Evangelien* ('Y Gyfrinach Feseianaidd yn yr Efengylau') ym 1901[39] ac Albert Schweitzer ei gyfrol yntau *Eine Geschichte der Leben-Jesu-Forschung* ('Hanes yr Ymchwil i Fywyd Iesu') ym 1906 wedyn,[40] lledodd yr ymdeimlad mai dogfennau hanfodol ddiwinyddol yn hytrach na rhai gwrthrychol a hanesyddol oedd yr Efengylau Synoptig, a bod Iesu yn ffigur ganwaith dirgelach nag y tybiasai'r Moderniaid gynt. Gydag ymddangosiad *magnum opus* Bultmann *Die Geschichte der synoptischen Tradition* ('Hanes y Traddodiad Synoptig') ym 1921[41]—gwaith na chrybwyllir mohono gan Edwards—sefydlwyd y farn hon yn bur eang yn y cylchoedd academaidd blaengar. Am fod y Modernwyr wedi ymddiried gymaint yn 'Iesu hanes', sef ffrwyth eu hymchwil dybiedig ddiduedd am sylfaenydd y ffydd, nid oedd ganddynt ffordd i'w hamddiffyn eu hunain rhag ymosodiadau diweddaraf y beirniaid. Rhagdybia cred y Modernwyr 'ein bod yn adnabod Iesu hanes yn weddol drylwyr, [ac] yn gallu dywedyd gyda rhyw radd o fanylder pa fath un oedd Efe', medd Daniel. 'Ond atolwg, pwy a ddichon honni ei allu i wneuthur hynny, ag yntau yn gyfyngedig i ddata prin y tair Efengyl gyntaf?' Cwestiwn oedd hwn a anesmwythai'r Modernydd a'r ceidwadwr diwinyddol fel ei gilydd, y naill am iddo gredu yn nilysrwydd hanesyddol yr Efengylau Synoptig o'u dehongli'n naturiolaidd, a'r llall am iddo gredu yn anffaeledigrwydd ffeithiol y TN yn rhinwedd ei ddwyfol ysbrydoliaeth. Ond ni fynnai Daniel arddel y naill safbwynt na'r llall: 'Nid wyf yn credu y cyrhaeddir byth trwy ymchwil hanesyddol wybodaeth na ellir ei hamau am ei fywyd'. Ei ddymuniad, yn hytrach, yw ymddiried yn y Crist hwnnw y tystiolaethodd *yr Eglwys* iddo, trwy ei phregethu, ar hyd y canrifoedd: 'O ddyddiau Pawl, a wrthododd adnabod Iesu yn ôl y cnawd, arweiniodd greddf ddiogel yr Eglwys i beidio gosod pwyslais ar fanylion hanesyddol bywyd yr Iesu, ac eithrio'r rhai a geir yng Nghredo'r Apostolion. Ei eni, Ei farw, Ei atgyfodiad'. O arddel y syniad cerugmatig hwn am y Crist hanesyddol, gorfodir diwinyddiaeth i ddychwelyd, medd Daniel, at y categorïau uniongred. 'Mabwyser athrawiaeth uniongred yr Ymgnawdoliad', meddai, 'a cheir sicrwydd ar y pethau hanfodol.' Yn ôl yr athrawiaeth honno, ymddangosodd cariad Duw yn gyflawn ym mherson Crist, yr hwn oedd yn wir Dduw ac yn wir ddyn. Ni raid *profi* ei ddibechadurusrwydd trwy'r method hanesyddol; yn hytrach gellir ei arddel ar sail tystiolaeth ffydd. Mae datguddiad, y tystia'r Eglwys iddo yn ei phregethu a'i chredoau, yn ei wireddu ei hun: 'O sicrwydd y wybodaeth hon, gallwn fforddio anwybyddu anawsterau sydd yn farwol i'r sawl a gais sylfaenu eu cred yn Iesu ar *induction* o'i fywyd, a chydnabod anallu ein harfau i dreiddio i gyfrinach sancteiddiol Ei Natur'. 'Dyna'r unig ffordd', medd J. E. D., 'i gael sicrwydd terfynol am Dduw.'

'Roedd y safbwynt hwn yn gwbl newydd ym mywyd diwinyddol Cymru ar y pryd. Nid aeth neb o edmygwyr cynharaf Barth—Vernon Lewis a Keri Evans, er enghraifft—mor bell ag arddel y syniad am hunanwireddiad datguddiad mor eofn. I feirniad o'r chwith Fodernaidd ac o'r dde uniongred, buasai ei safbwynt yn beryglus, onid yn farwol. Trwy geisio diogelu gwrthrychedd datguddiad yn wyneb goddrychedd profiad, oni ellid cyhuddo Daniel o golli *pob* gwrthrychedd trwy ymddiried mewn neges hanfodol anhanesyddol ynghylch Crist a'i berson? Sut y gellid profi nad oedd y cerugma yn ddim namyn rhith? Dyma'r math o feirniadaeth a fyddai'n rhwym o godi, fel y gwyddai J. E. D. yn burion. Ond o sylfaenu ei syniad am wrthrychedd ar y cysyniad o ddatguddiad, tybiai y gallai gyfarfod â'r feirniadaeth yn llwyddiannus. Dim ond datguddiad, yn ei farn ef, a fedrai arwain y credadun at y gwir Grist, y Crist y ceir tystiolaeth ddilys iddo ar dudalennau'r TN ac yng nghredoau clasurol yr Eglwys. Gwendid angheuol Moderniaeth, fel y pwysleisiai o hyd, oedd 'gwneuthur Duw yn afraid i'r profiad crefyddol'. Cryfder y ddiwinyddiaeth gerugmatig, o'i gwrthgyferbynnu â hi, oedd gorseddu Duw a'i ddatguddiad trwy ganiatáu adnabyddiaeth ohono trwy ffydd: 'Ymdrechu yr ydym i ddiogelu awdurdod Iesu fel awdurdod Duw, ac i sicrhau ein cred ein bod ynddo Ef mewn cymundeb nid â'r gorau y gwyddom amdano, pa mor ddyrchafedig y bo . . . ond â'r hyn na ddichon bod ei well i dragwyddoldeb, h.y., â Duw Ei Hun'. A chan fod Iesu, yn ôl y ddealltwriaeth gerugmatig glasurol, yn Fab Duw yn ôl ei hanfod, ac nid yn ddyn a brofasai Dduw i raddau neilltuol, uniongrededd, i Daniel, oedd yr unig ffordd gyfrifol o'i iawn ddeall:

> Os Iesu yw ein Duw ni, ac os ydym hefyd am gyflwyno Duw Rialiti, yna rhaid rywsut neu'i gilydd eu hunaniaethu . . . Golyga derbyn ein syniad ni dderbyn hefyd gyn-hanfodiad Iesu, ac nid caled fyddai dangos mai dyna gred Iesu amdano'i hunan.

Un trwyadl oruwchnaturiol oedd y Crist hwn, wrth reswm, 'yn wir Dduw o wir Dduw', yn Un a fu gyda'r Tad o'r dechreuad, a aned o groth y Forwyn ac a atgyfododd ar fore'r trydydd dydd. Ond nid oedd hyn yn nacáu am funud ei wir ddyndod. Yn wahanol i Edwards, a roes ei holl bwyslais ar ddyndod Crist a thrwy hynny fethu canfod nemor ddim gwahanol rhwng y dyn Iesu a gweddill plant Adda, mynnai Daniel fod unigrywiaeth Crist yn gyfryw fel na allai lai na chael ei hadlewyrchu yn ei ddyndod. Ar wahân i'w ddibechadurusrwydd hyd yn oed, 'roedd dyndod Crist yn amgenach na dyndod pawb arall am iddo darddu nid o brosesau cyffredinol esblygiad yr hil ond, trwy foddion dirgel, oddi wrth Dduw ei hun. Felly er iddo, yn ôl y dystiolaeth apostolaidd, gael ei brofi ym mhob peth yn yr un modd â ni ac eto heb bechu (Hebreaid 4:15), 'roedd natur ei demtasiynau rywsut yn wahanol i'r math o demtasiynau a flinai pawb arall. Ond dyn ydoedd serch iddo fyw 'o'r dechrau ar lefel uwch na lefel ein temtasiwn ni'. Dyndod cyflawn oedd ganddo ond dyndod amgenach na'r hyn a feddai teulu'r codwm: 'A dyna yw dyndod Iesu, dyndod wedi ei wreiddio yn Nuw, math newydd ar fywyd, heb ei ail mewn unrhyw ymwybyddiaeth ddynol normal'.

A chyda hynny y terfynodd J. E. Daniel ei ymdriniaeth â *Bannau'r Ffydd* D. Miall Edwards. Er cyfaddef iddo cael llawer o fwynhad o'i ddarllen a budd o'i adolygu, mynnai fod ei gydymdeimlad ef 'yn fwy â'r hen ddulliau' o ddiwinydda na'r newydd. Ond gwyddai, serch hynny, nad trwy ailadrodd yr hen wirioneddau yn yr un ffordd ag o'r blaen y gallai diwinyddiaeth gyfarfod â her unigryw y byd modern. Ac yn y fan honno yr oedd ei ddilema. 'Roedd ef eisoes wedi dweud yn ei ail erthygl adolygiadol:

> Yn yr ornest rhwng crefyddau awdurdod, megis Pabyddiaeth a Phrotestaniaeth ym mhriod ystyr y gair, a chrefyddau profiad neu'r ysbryd, nid oes gennyf ronyn o amheuaeth mai nid gyda Schleiermacher yr ymrestraf. Ond yn yr ornest rhwng gwahanol ymhonwyr yr awdurdod hon, ni wn pa beth i'w wneuthur. Ni welaf y cyfiawnheir honiadau Rhufain. Ond ni welaf chwaith y cadarnheir Beibl anffaeledig. Dyna broblem a thasg fawr Protestaniaeth heddiw, sef edfryd rywfodd allu a glorianno brofiadau a'u cyhoeddi'n brin. Fe ddichon mai mewn rhyw athrawiaeth newydd o'r Beibl, fel yr eiddo Barth, y ceir ein dymuniad; ni wn, eithr gwn mai dirym a fyddwn hyd onis caffom.

Er i'r genhedlaeth gynharaf o ysgolheigion beibliadd Cymraeg gyfuno, orau a fedrent, feirniadaeth gymedrol o'r Ysgrythur â'r hen bwyslais efengylaidd ar ddatguddiad,[42] 'roedd yr ymchwydd Modernaidd erbyn 1930 yn prysur ysgubo'r cyfuniad anesmwyth hwn ymaith. Nid oedd modd gwadu fod yr amser yn aeddfed ar gyfer dehongliad cyfoes o athrawiaeth datguddiad. Ymbalfalu yr oedd Barth yntau ynghylch y pwnc hwn ym 1930, er gwaethaf ei bwyslais cyson ar ddatguddiad ac er gwaethaf cymeradwyaeth Daniel ohono. Nid tan ymddangosiad ail ran cyfrol gyntaf y *Kirchliche Dogmatik* ('Y Ddogmateg Eglwysig') ym 1938 y cafwyd ganddo ei ymdriniaeth derfynol ar natur y berthynas rhwng Datguddiad, yr Ysbryd Glân a'r Ysgrythur Sanctaidd. Ond bid a fo am hynny, 'roedd J. E. D. eisoes wedi mynegi ei fwriad. Ni waeth beth oedd y problemau, o hynny allan 'ymwrthod, gyda thraddodiad yr Eglwys yn ei grynswth, y syniad o brofiad' y byddai, 'ac ymlochesu yn y syniad o ddatguddiad'. Cymwynas fawr y *Bannau* yn yr achos hwn oedd peri i'w adolygydd fwrw pob rhithyn o'i swildod Barthaidd cynharach ac arddel 'crefydd awdurdod', yn ei gwedd Brotestannaidd gysefin, gyda hyder diball.

Amlygwyd yr hyder hwn yn y nesaf o'r traethodau crefyddol, sef papur Daniel 'Eglwys Crist yn Hanfodol i Efengyl Crist' a draddodwyd yng nghyfarfodydd Undeb yr Annibynwyr Cymraeg yng Nghaernarfon ym mis Mai 1930. A'r olaf o'i ysgrifau ar Miall Edwards newydd ymddangos, cafodd gymhwyso'i weledigaeth ddatguddiadol at bwnc y bu'n meddwl amdano er pan gyhoeddwyd ei ysgrif gyntaf ar Ymddiddanion Malines ddwy flynedd ynghynt, sef yr athrawiaeth am yr Eglwys. 'Nid dyma'r waith gyntaf yn y blynyddoedd diwethaf i'r Undeb wahodd trafodaeth ar yr Eglwys', meddai. 'Y pryd hwnnw lleygwr oedd yn traethu, heddiw ymhonnwr proffesedig.' Y lleygwr oedd yr Athro W. J. Gruffydd, Anghydffurfiwr digymrodedd, golygydd *Y Llenor*, ac un o'r ffigurau amlycaf ym mywyd diwylliannol Cymru'r tridegau. O ran ei ddiwinyddiaeth, Modernydd diedifar ydoedd.[43] Teitl anerchiad Gruffydd yn Undeb Machynlleth ym Mai 1928 oedd 'Syniadau Lleygwr am Natur Eglwys'. Gwedd ar y gymdeithas ehangach oedd yr Eglwys yn ei dyb ef: 'Yr Eglwys yw offeryn y rhan honno o'r greadigaeth a weithredir drwy act dyn'. 'Roedd Duw eisoes ar waith oddi mewn i'w greadigaeth yn tywys y ddynoliaeth tuag at gyflawnder ei bwrpas. Caniatawyd i'r Eglwys gipolwg ar y pwrpas hwn yn rhinwedd ei hymrwymiad wrth Grist, yr Hwn a'i hymgorfforodd. Ei thasg bellach oedd lefeinio'r byd â dylanwad y Deyrnas er mwyn iddo ymgyrraedd â'i nod dwyfol yn ddiymdroi. Cymdeithas ddethol, fechan o wir ddilynwyr Crist oedd yr Eglwys ac nid sefydliad nac enwad: 'Nid oedd Iesu yn meddwl o gwbl y byddai'r byd i gyd yn Eglwys, na hyd yn oed ran fawr o'r byd, na hyd yn oed ran fechan ohono. Ffordd creadigaeth Duw, yn ôl Iesu, o gadw y byd oedd drwy ychydig bach halen yr Eglwys'. Ergydiai'n galed, yn ôl ei arfer, yn erbyn ei gasbethau diwinyddol: yr athrawiaeth Galfinaidd ynghylch etholedigaeth, er enghraifft; y syniad Pabyddol am iachawdwriaeth trwy eglwys a sacrament; natur orboblogaidd Annibyniaeth y cyfnod, phariseaeth foesol Ymneilltuaeth yn gyffredinol—'Onid wyf yn camgymryd yn fawr, agwedd yr Arglwydd yn ei ddysgeidiaeth, ag arfer ymadrodd cyffredin, oedd agwedd cwnsler y diffynnydd. Ond agwedd cwnsler yr erlyniad ydyw agwedd gyffredin Cristnogaeth Cymru heddiw'—yn ogystal â'r syniad mai 'arch i gadw dyn' oedd Eglwys Iesu Grist: 'Yr wyf yn gwbl argyhoeddedig nad yw edrych ar yr Eglwys fel arch yn debyg i syniad Iesu, nac ychwaith yn ddim help i fywyd yn y blynyddoedd presennol'. Yr angen oedd treiddio y tu ôl i'r ddiwinyddiaeth Bawlaidd boblogaidd, a fu'n rhannol gyfrifol am arwain yr Eglwys ar ddisberod, ac ailddarganfod syniad gwreiddiol

J. E. Daniel yn athro
Coleg Bala-Bangor, c. 1930
(trwy garedigrwydd Coleg Unedig yr Annibynwyr)

D. Miall Edwards (1873-1941)

Rudolf Bultmann (1884-1976); mynychai J. E. D. ei ddarlithiau ym
Marburg am dymor yn 1931

Karl Barth (1886-1968)

W. J. Gruffydd
(1881-1954)

yr Iesu am yr Eglwys fel cwmni o bobl ymroddgar, yn un nid mewn athrawiaeth yn gymaint eithr mewn profiad o'r cariad dwyfol, a oedd yn mynnu dylanwadu er lles oddi mewn i'r byd: 'Yr wyf yn credu am yr Eglwys ... ei bod yn rhan organig o ddatblygiad bywyd', medd Gruffydd. 'Trwyddi hi y mae cymdeithas dyn, ac efallai'r holl greadigaeth, yn symud ymlaen ar lwybr cynnydd.' Trwy ei chynhorthwy hi y mae'r byd 'yn myned rhagddo at unoliaeth â Duw ... yn myned rhagddo at adnabyddiaeth gynyddol ohono'i hun ac o Dduw'. Nid oedd syndod iddo haeru, felly, fod 'rhaid bwrw heibio am byth y gred mai moddion i achub unigolion ydyw'r Eglwys: ei gwaith hi yw achub y byd'. A meddai wedyn: 'Rhaid hefyd fwrw heibio y syniad am y byd fel rhywbeth hanfodol ddrwg, a gelyn i'r Eglwys'.[44] 'Roedd y gymeradwyaeth a gafodd Gruffydd gan y cynadleddwyr[45] yn dyst o boblogrwydd y dehongliad Modernaidd hwn, er mor annisgwyl optimistig ydoedd, ar ryw olwg, ac atgofion pobl am alanas y Rhyfel Mawr o hyd mor fyw. Felly, am yr eilwaith yn olynol, dyma J. E. Daniel, yr 'ymhonnwr proffesedig', benben â'r uniongrededd Modernaidd ffasiynol fel y'i mynegwyd ef y tro hwn gan un o'i ladmeryddion lleyg mwyaf poblogaidd a dylanwadol.

Yn gwbl groes i Gruffydd, fe gychwyn Daniel gyda gwedd arallfydol yr Efengyl. Fel y dosbarth o ysgolheigion beiblaidd megis Weiss a Schweitzer a bwysleisiai realiti eschatolegol y TN, mynnai fod Teyrnas Dduw, yn hytrach na bod yn ffenomen a berthynai i'r byd hwn, wedi ei haddo gan Dduw ar gyfer terfyn hanes. *Duw* a fyddai'n dirwyn hanes i ben a sylfaenu ei Deyrnas ar y ddaear heb gymorth na chydweithrediad neb. 'I'r Iesu, ffaith yn y dyfodol yw'r Deyrnas ... Nid uchafbwynt cyrraedd y ddynoliaeth, ond catastroffe dwyfol' ydyw. Gwaith yr Eglwys, felly, oedd nid ymdrechu tuag at greu'r Deyrnas ond yn syml ymbaratoi ar gyfer ei derbyn. Nid nad oedd iddi agwedd bresennol. I'r graddau y byddai dynion yn ymateb i alwad yr Efengyl, caent fynediad i mewn i'r Deyrnas gan brofi ernes o'i bywyd ar hyn o bryd. Ond beth bynnag am y ddau bwyslais hyn, 'nid yw'r Iesu byth yn hunaniaethu'r ddau'. Golyga hyn nad gwedd ar y gymdeithas ehangach oedd yr Eglwys ac nid creu gwelliannau tymhorol oedd ei diben: 'Hanfod yr Eglwys yw ei bod yn dwyn perthynas i raddfa arall o fodolaeth na'r un ddaearol, a hanfod yr Efengyl yw ei bod yn galw pawb i'r berthynas honno', meddai. '... Digon yn awr yw cofio, *pace* Mr W. J. Gruffydd, mai "arch i gadw dyn" yw'r Efengyl.' Gan mai neges ddiamheuol bersonol ydyw, nid mor rhwydd y gellid bwrw heibio'r syniad unigol am achubiaeth: 'I gymdeithas y genir baban, ond ni ddyfeisiodd gwyddoniaeth eto ffordd gymdeithasol iddo *gael* ei eni iddi'. Wedi nodi syniadaeth Catholigiaeth, Calfin, a Luther ynghylch yr Eglwys, caiff Daniel ei hun yn cynhesu at bwyslais yr olaf: 'I Luther, felly, y mae'r Eglwys weledig yn hanfodol i'r Efengyl, am mai ynddi hi y pregethir y Gair, ac y cedwir ef yn ei burdeb'. Gan mai'r Gair, i Luther, oedd cyfrwng iachawdwriaeth, priod waith yr Eglwys oedd cyhoeddi'r Gair hwnnw yn ffyddlon: 'Rhaid i'r Efengyl wrth sefydliad, fel y mae'n rhaid i'r enaid wrth gorff, a dim ond hunan-dwyll neu ragrith sydd o dan y broffes gyffredin heddiw fod llawn cymaint o grefydd ar y *golf links* ag yn y capel'. Mewn traethiad o tua hanner awr, heriodd bob un o gynseiliau papur W. J. Gruffydd yn egnïol a phendant. Ni allai'r gwrthgyferbyniad rhwng sylwedd y naill anerchiad a'r llall fod wedi bod yn eglurach. 'Roedd J. E. Daniel yn prysur ennill yr enw o fod yn bennaf heriwr y *status quo* diwinyddol oddi mewn i'w Gyfundeb ei hun.

'Roedd y drafodaeth a sbardunwyd oddi mewn i'r cylchoedd Annibynnol gan araith Caernarfon yn helaeth ac yn bwysig. Am dri mis o'r bron cyhoeddodd Dyfnallt, golygydd *Y Tyst*, amrywiaeth o ymatebion, rhai yn ffafriol, eraill yn feirniadol. Y gwresocaf o gefnogwyr Daniel oedd Arthur Jones, gweinidog eglwys Pantteg, Ystalyfera, a'i canmolodd ar gyfrif ei ddehongliad diwethafol o natur y Deyrnas, ei bwyslais ar wedd ysbrydol gweinidogaeth yr Eglwys—'Y mae greddf calon llawer ohonom, o dan ddysgeidiaeth bendant bore oes, wedi mynnu dal mai yn y fan yna y dylai'r pwyslais fod'—ac am haeru fod gan yr Eglwys gyfrifoldeb i ddiogelu purdeb ei hathrawiaeth. 'Gwna'r papur wasanaeth gwerthfawr pe na bai ond arafu tipyn ar ein hymdaith ar hyd rhai llwybrau eithafol a pheryglus y mae tueddiadau diweddar wedi bod braidd yn ei brysio ar hyd-ddynt', meddai.[46] Gwerthfawrogol, ar y cyfan, oedd D. Eurof Walters a T. Llynfi Davies hefyd, er iddynt geisio rhagor o oleuni ar rai pwyntiau, Walters ar fater natur yr Eglwys[47] a Davies ar gwestiwn y Deyrnas ac ar union gynnwys y 'Gair'. 'Beth yw'r Deyrnas?', gofynnodd, 'ai Crist i deyrnasu ar y ddaear?'; ac eto 'Beth yw'r Gair?', ai Gair yr Ysgrythur fel yr oedd yn sefyll, ynteu'r Gair fel y'i dehonglwyd gan ysgolheictod diweddar, neu'r Gair yn yr ystyr o gynnwys athrawiaethol y Beibl, neu beth? Ond bid a fo am y cwestiynau, cymwynas fawr yr Athro

oedd 'clirio'r awyr yn effeithiol drwy ein galw yn ôl o'n crwydriadau at ddysgeidiaeth yr Ysgrythur' oherwydd, trwy arddel y ddiwinyddiaeth Ryddfrydol a'i hefengyl gymdeithasol, 'aethom ar grwydr nid ychydig' o lwybrau diogel 'yr hen etifeddiaeth'.[48]
Ond dim ond hanner yr ymateb oedd hynny. 'Roedd y beirniaid, at ei gilydd, yn fwy llafar ac yn fwy llym. Er i T. Eurig Davies honni 'nad beirniadu yw fy lle, na phwyso a mesur, ond ceisio deall hyd y mae ynof yr hyn a draethwyd', 'roedd yn ddigon parod i gollfarnu Daniel am orbwysleisio gwedd ddyfodolaethol y Deyrnas, am beidio â chrybwyll Tadolaeth Duw—'a hwyrach bod y Dadolaeth ddwyfol yn llawer mwy llywodraethol ym mhrofiad a dysgeidiaeth Crist na syniad y Deyrnas', am synied am genhadaeth yr Eglwys mewn termau rhy arallfydol, am arddel syniad rhy gaeth am werth uniongrededd ac am ymwrthod â'r dull cydweithredol o ddehongli gwaith Duw yn y byd. Credai i'r TN ddysgu fod 'rhoddiad [y Deyrnas] gan Dduw yn dibynnu ar amodau moesol' a theimlai 'rywfodd y gwneir cam mawr ag un ochr i ddysgeidiaeth Crist wrth bwysleisio'r ochr arall yn ormodol'.[49] Nid trafferth i ddeall safbwynt Daniel a gafodd Eirug ond trafferth i'w dderbyn, ond 'roedd y peth mor newydd i W. O. Jones, Lerpwl, fel na allai mo'i ddirnad yn iawn. 'Yr oedd yn rhywbeth newydd sbon,' meddai, ac 'er gwrando gyda phob astudrwydd, methais â ffurfio dirnadaeth glir am ei gynnwys.' Cafodd Jones gyfle yng nghyfarfod diwinyddol Undeb Machynlleth ym 1928, ar yr un diwrnod â W. J. Gruffydd, i fynegi ei weledigaeth yntau ynghylch hanfodion y Ffydd. Yn ôl yr adroddiad yn *Y Tyst* ar y pryd:

> Cydnabu mai gan Iesu, ac oddi wrth Iesu, y ceid 'yr Efengyl'. Nid oddi wrtho Ef y daeth hanes y Babandod a'r 'geni o forwyn', ac amheus ai oddi wrtho Ef y daeth 'efengyl' y 'pethau diwethaf'. Nid oddi wrtho Ef, chwaith, y daw hanes y gwyrthiau, na hanes y 'marw' na'r 'atgyfodi' na'r 'esgyn' . . .
> Gwelai'r Iesu â llygad treiddgar i ddyfnderoedd pechod y byd. Eto ni soniodd ddim fod rhaid gwneud 'Iawn dros Bechod y Byd'. Oddi wrth ei ddisgyblion y daw'r syniad o 'Iawn' a 'rhinwedd y Gwaed' ac o 'Rym y Groes', ac oddi wrth Paul y daw'r syniad o 'Etholedigaeth', 'pechod gwreiddiol' a 'cyfiawnhad trwy ffydd' . . .[50]

Ac ystyried mai hon oedd ei farn ynghylch sylwedd yr Efengyl, prin y gallasai neb ddisgwyl iddo ymateb yn gadarnhaol i lith Daniel, ond gyda chwrteisi a lledneisrwydd mawr mynegodd ei anghytundeb. Beth bynnag am ddiwethafiaeth y dehongliad newydd, 'beth am . . . y Bregeth ar y Mynydd a Luc XV?' gofynnodd, ac 'oni ddysgir meddwl Crist yn Efengyl Ioan?' Onid tyfu yn araf a wna'r Deyrnas yn ôl dysgeidiaeth y damhegion? Ac er priodoli i Iesu 'aml ddywediad sy'n ymddangos yn anghyson â'r ddysgeidiaeth hon, ac yn fwy cydnaws â'r athrawiaeth ddiwethafol . . . i mi, beth bynnag, y llall ydyw tenor amlycaf ei Efengyl Ef'. Pa her bynnag a oedd gan yr uniongrededd newydd i'w chynnig i Ymneilltuaeth yr oes, byddai ef, beth bynnag, yn 'dal i gredu y daw'r Deyrnas yn raddol, trwy ddylanwad moesol, ac o fewn olyniaeth hanes'.[51] Yna, gyda phum erthygl James Evans, Saundersfoot, y daeth y drafodaeth i ben. Er nodi ei edmygedd o'r Athro Daniel, dywedodd ei fod 'yn anghytuno yn hollol â'i safbwynt ac â phob un o'i brif osodiadau . . . Os bwriadwyd y papur hwn i fod yn *counterblast* i Araith Machynlleth, rhaid dweud ei fod yn fethiant hollol', meddai. Â i'r afael â J. E. D. yn ei erthygl gyntaf ar 21 Awst am anwybyddu dysgeidiaeth yr Efengylau yn llwyr trwy ei or-sêl dros athrawiaethau yr Apostol Paul; yna, ar 28 Awst, fe'i beirniada am honni nad uniaethodd Iesu ddwy wedd y Deyrnas yn ei weinidogaeth ei hun; canola ar 4 Medi ar y duedd a wêl yn yr araith tuag at ddibrisio dyndod Crist—'Fel y Docetiaid ers llawer dydd, tybia ei fod yn gogoneddu'r dwyfol wrth wadu'r dynol'—tra canola ar auddysgeidiaeth Daniel ynghylch yr Eglwys yn yr erthyglau ar 11 a 18 Medi: 'Nid i'r Efengyl, gan hynny, y mae'r Eglwys yn hanfodol, ond i'r Deyrnas'.[52] Er y gellid honni bod rhywfaint o degwch yn sylwadau pob un o'r beirniaid, nid oedd cytundeb rhyngddynt a Daniel yn bosibl yn syml am fod eu rhagdybiaethau mor groes i'w gilydd. Nid mater o wahaniaeth pwyslais ydoedd ond mater o wahaniaeth argyhoeddiad sylfaenol. Y dasg a wynebodd J. E. Daniel yn ystod y tridegau oedd sefydlu'r argyhoeddiad hwn fel opsiwn diwinyddol byw ymhlith ei gyd-Annibynwyr, a thrwy ei bregethu cyson yn yr eglwysi a'i ddarlithio ym Mala-Bangor, cychwynnodd ar y gwaith.

Gwelodd 1933 gyhoeddi unig gyfrol J. E. Daniel ar destun diwinyddol. Fe'i gwahoddwyd mor gynnar â 1928 i lunio gwerslyfr ar ddysgeidiaeth yr Apostol Paul ar gyfer dosbarthiadau uchaf Ysgolion Sul yr Annibynwyr.[53] Ymddangosodd y gyfrol wythblyg o 122 tudalen o dan y teitl *Dysgeidiaeth yr Apostol Paul* o swyddfa'r enwad yn Northampton Place, Abertawe, tua chanol y flwyddyn honno. Ac ystyried y brychau argraffu dirifedi a oedd ynddi, mae'n amlwg iddi gael ei chynhyrchu ar frys.[54] Ond er gwaethaf ei natur arbennig fel gwerslyfr ar gyfer ieuenctid, rhydd syniad lled eglur o'r math o safbwynt diwinyddol y daethai Daniel i'w goleddu erbyn hynny. 'Meddwl diwinyddol oedd meddwl yr Apostol, ac nid yw diwinyddiaeth byth yn hawdd'[55] oedd ei rybudd i'w ddarllenwyr, ond llwyddodd, at ei gilydd, i gyflwyno'i fater yn bur eglur. Er iddo gynghori'r athrawon i ddarllen erthygl John Morgan Jones ar Paul yn *Y Geiriadur Beiblaidd*, 'safbwynt y Draddodiadaeth Newydd', meddai, 'a gymerir yn y llawlyfr hwn'.[56]

Tair rhan sydd i'r ymdriniaeth: y gyntaf ar gefndir meddwl yr Apostol, yr ail, a'r hwyaf, ar gynnwys ei feddwl gan ganoli ar athrawiaeth iachawdwriaeth, a'r olaf ar werth a phwysigrwydd cyfraniad yr Apostol. Gesyd ei farn ei hun yn ddifloesgni o'r dechrau. Wrth drafod cefndir Groegaidd yr Epistolau yn rhan gyntaf y llyfr, er enghraifft, dywed hyn: 'Myn rhai ysgolheigion mai dyna a fu tynged Cristnogaeth, cydymffurfio â chrefydd y byd cenhedlig a cholli ei gwreiddiau mewn Iddewiaeth. Ond, tu hwnt i bob amheuaeth y maent yn rong'.[57] Golygai hyn fod John Morgan Jones a phob disgybl arall i Adolf Harnack yn rong! Ond ta waeth am hynny, mynnu glynu wrth ei farn ei hun a wnaeth Daniel trwy gydol y gyfrol. Yng nghorff yr ail ran gofyn bedwar cwestiwn ynghylch yr iachawdwriaeth: pa beth a wna?, pa bryd y daw?, pa fodd y daw? a pha fodd y'i meddiennir? Yn y fan hyn y ceir mêr ei ddehongliad o athrawiaeth yr Apostol. Cyfystyron iddo yw iachawdwriaeth Paul—neu Pawl fel y geilw ef trwy gydol y llyfryn[58]—a'r 'Deyrnas' yn nysgeidiaeth Crist: 'Y mae Duw wedi ymddangos mewn hanes yn Iesu Grist, a chyn bo hir fe sefydla Ei Deyrnas ar y ddaear ... Dyna yw iachawdwriaeth i'r Apostol, dyn yn derbyn cynnig Duw i fyned i mewn i'w Deyrnas Ef'.[59] Yr hyn a wna'r iachawdwriaeth, meddai, yw gwaredu dynion oddi wrth ofynion y ddeddf a'i chosb a'u rhyddau oddi wrth ormes y cnawd trwy eu gwneud, yng Nghrist, yn greaduriaid newydd: 'Nid yw Ysbryd Crist yn neb llai na Christ ei hun, wedi'i ryddhau o gaethiwed y corff ac yn awr yn abl i ddyfod i gymundeb uniongyrchol â phob Cristion'.[60] Ynghylch yr ail ofyniad, 'pa bryd y daw?', dywed hyn: 'heb amheuaeth yn y byd' yn ôl Paul, yn y dyfodol, a hynny yn ôl 'program fanwl a chlir'.[61] Fel rhan o'r rhaglen byddai Ailddyfodiad Crist yn arwain at ei deyrnasiad Ef ar y ddaear; byddai pob gelyn, gan gynnwys angau, y gelyn diwethaf, yn cael ei orchfygu; byddai'r greadigaeth oll yn cael ei gogoneddu; caiff y Deyrnas ei throsglwyddo gan y Mab i'r Tad ac yna byddai Duw oll yn oll. Disgwyliai Paul i'r cyfan ddigwydd yn fuan; 'nid ffydd ymofyn oedd gan Pawl ond ffydd ddisgwyl', ac yn bendifaddau gwaith Duw fyddai'r cwbl; 'ni chredai Pawl yng ngallu dyn i sefydlu Teyrnas Dduw; gwaith Duw oedd hynny'.[62] Ni wêl Daniel reswm i ddadfythu'r syniadaeth hon, chwaethach fyth ymddiheuro amdani:

> O lenyddiaeth apocalyptig neu ddadlennol Iddewiaeth y cafodd lawer o'i syniadau am ddyfodiad y Deyrnas. Nid ef ei hun a'u creodd. Fe'u ceir yn nysgeidiaeth Iesu Grist lawn cymaint. Sŵn dieithr sydd ynddynt i'n cenhedlaeth ni. Hoffwn feddwl amdanom ein hunain yn helpu Duw gyda'i waith, a thueddwn i feddwl am hanes fel datblygiad a gwelliant cyson. Nid ydym yn hoff o synied am Dduw yn dirwyn hanes i ben heb ymgynghori â ni, a chynnig i ni rywbeth i'w dderbyn, yn lle rhywbeth i'w wneuthur. Ond fel arall y meddyliai yr Iddewon a'r Eglwys Fore.[63]

Ond wrth gwrs ni ddigwyddodd y Diwedd yn ddiymdroi yn ôl disgwyliad Paul a'r Eglwys, a'r gohirio hwn a roes gyfle, medd Daniel, i Gristionogion diweddarach arfer eu cyfrifoldebau moesol: 'Gan na wyddom pa bryd y daw Mab y Dyn, onid ein gwaith yw cyflawni ein dyletswydd, pa beth bynnag y bo. Credwn yn Nuw a dyfodiad Ei Deyrnas, ond ar yr un pryd, gwnawn ein gwaith. Ni ddylai disgwyl wrth Dduw wneuthur i neb laesu dwylo; os yw peth yn iawn, yna ei wneuthur a gadael i Dduw drefnu fel y mynno ynglŷn â'r diwedd'.[64]

Wrth ateb y cwestiwn 'pa fodd y daw?', cafodd Daniel gyfle i esbonio athrawiaeth Datguddiad: 'Ni pheidiodd [Cristionogaeth] o'r dechrau cyntaf â sôn am Iesu Grist a'r Efengyl fel datguddiad Duw'.[65] Pa beth bynnag yw lle dyn yn nhrefn yr iachawdwriaeth, ni ddylid caniatáu iddo amddifadu Duw o'i sofraniaeth. Oddi wrth Dduw a Duw yn unig y deuai'r iachawdwriaeth a hynny yn ôl ei ewyllys ei hun. Ni feddai'r dyn anianol mo'r gallu i fedru canfod Duw heb sôn am ymgyrraedd ato mewn ffydd: 'Nid rhywbeth, meddai Pawl, yw adnabyddiaeth o Dduw y gall doethineb dynion ei chyrraedd, rhaid i Dduw ei rhoddi'.[66] 'Roedd y gwahaniaeth rhwng Duw a dyn, yn ôl dehongliad Daniel, yn absoliwt: 'Chwilied meddwl yr athronydd a'r gwyddonydd i ddirgelion eu henaid eu hunain neu i gyfrinachau'r cread, ni ddônt byth ar draws Duw. Nid oes unrhyw rwyd dynol digon mân ei we i ddal Duw'.[67] Unig ffynhonnell gwir wybodaeth o Dduw oedd Duw ei hun:

Rhagymadrodd 41

Yr unig ffordd y gall ei gael yw trwy i Dduw ei ddatguddio ... Meddyliwch am gastell, cryfach hyd yn oed na chastell Harlech, castell a wnaeth fwy hyd yn oed na dal allan i'r eithaf, castell na lwyddodd un ymosodwr erioed i'w ddarostwng. Yr ydych am fynediad i'r castell. O'i amgylch y mae ffos ddofn, yn golchi'i odreon y mae tonnau'r môr, a saif yntau ar binacl o graig. Pa fodd yr enillwch eich dymuniad? Rhaid i chwi gael cydsyniad preswylwyr y castell, rhaid iddynt hwy ollwng y bont i lawr fel y gellwch groesi'r ffos a myned i mewn i'r castell ...[68]

A dyna a ddigwyddodd yng Nghrist. Ynddo Ef y gollyngodd Duw y bont i lawr: 'Dyna, ynteu, yw'r Iachawdwriaeth i Bawl, datguddiad Duw ohono'i hun mewn gweithred arbennig, sef bywyd, marw ac atgyfodiad Iesu Grist fel Duw graslon'.[69] Ar wahân iddo a'r tu allan iddo nid oes iachawdwriaeth. Sffêr digofaint Duw ydyw honno: 'Ar wahân i Iesu Grist ... yr unig ddatguddiad dwyfol sydd yw datguddiad digofaint Duw'.[70] Ond, yn llwyr annibynnol ar ddyn, fe welodd Duw yn dda fynegi ei ras a'i gariad a'i faddeuant: 'Cyn i neb glywed "gair y cymod" yr oedd y cymod yna, wedi'i wneuthur'.[71] Nid oedd yn dibynnu ar gydsyniad dyn nac ar ei gydweithrediad: ' "Ie, diolchwch am hynny," medd Pawl, "oblegid pa obaith oedd gennych, a chwithau yn FEIRW mewn pechod, o allu ennill iachawdwriaeth?" '[72] Felly er bod yr Apostol yn llwyr besimistaidd ynghylch cyflwr a chyraeddiadau dyn, 'roedd yn gwbl obeithiol am ei dynged yn yr Iesu:

> Fe gewch rai pobl i ddywedyd mai'r hyn a wna Iesu Grist yw ein symbylu i fyw bywyd da, bod rhyw ddylanwad yn esiampl ei fywyd ef sydd yn galw allan orau ein natur, ac y gallwn wedyn bob un sylweddoli ei wir hunan; y mae digon o dda ym mhob un ohonom, y gamp yw dyfod o hyd iddo, symud y tomennydd rwbel a charthion sydd dros y da cynhenid. Y mae ysbrydiaeth Iesu Grist yn ein galluogi i wneuthur hynny. Yn y pen draw felly, yn ôl y ddysgeidiaeth hon, ein galluogi i'n hachub ein hunain y mae Iesu Grist.
>
> Nid dyna athrawiaeth Pawl. Cred ef yn bendant bod agendor amhontadwy (sic) rhwng y gorau y gall dyn ei wneuthur ei hunan a bywyd derbyniol gan Dduw. Symbylwch faint a fynnoch, ni fyddwch elwach oni fydd yna rywbeth a all ymateb i'r symbyliad. Nid yw corff marw yn ymateb i drydan, pa [mor] gryf bynnag a fo'r llif, ac os yw un wedi boddi, yna ofer fydd ceisio adfer ei anadliad. Ac i ddibenion Iachawdwriaeth, fel meirwon y golygai Pawl ddynion. Gallent wneuthur llawer o bethau, llawer dyfais a llawer darganfyddiad, ond un peth na allent ei wneuthur yw eu hachub eu hunain. A phe bai Pawl yn fyw heddiw, ni welai unrhyw reswm i newid ei farn.[73]

Fel disgybl i Paul yntau, ni welodd J. E. Daniel reswm dros anghytuno â'i athro ychwaith, er i hynny fod yn groes i farn y dehonglwyr Modernaidd megis Miall Edwards a John Morgan Jones. Er na ddyfynna Daniel yn uniongyrchol ohonynt, y mae eu gweithiau yn ei feddwl ar hyd yr adeg. Ymwrthyd yn llwyr â phob un o ragdybiaethau'r Modernwyr: eu hoptimistiaeth ynghylch dyn, eu dehongliad o'r iachawdwriaeth fel cywaith rhwng dyn a Duw, eu cred yng ngallu'r meddwl dynol i ganfod realiti Duw a medr yr ewyllys ddynol i gynnal cymundeb ag Ef, ac, wrth gwrs, y syniad o gynnydd. 'Roedd gwaith Duw yng Nghrist yn derfynol: 'Paham? Am i'r Groes wneuthur yr unig beth yr oedd eisiau ei wneuthur yn nhrefn cadwedigaeth, "cymodi'r byd â Duw" . . . Ni ellir hyd yn oed ddychmygu am ddim perffeithiach na gwaith Iesu Grist. Y mae yn gwbl addas i'w bwrpas, sef gwneuthur dyn yn gyfaill i Dduw'.[74] Felly gallai Daniel uno gyda Phaul i ganu pennill Morgan Rhys:

> ' "Byth ni wêl tylwythau'r ddaear,
> Geidwad arall ond Efe,

canys—

> "Mae E'n ddigon,"

a mwy na digon, ni all neb na'i ddymuno na'i gael'.[75]

Os canolodd y Rhyddfrydwyr diwinyddol ar fywyd Crist a'i esiampl fel moddion iachawdwriaeth, myn Daniel ddilyn Paul trwy sôn am ei farwolaeth fel sail yr iachawdwriaeth. Nid dyfais o eiddo'r Apostol oedd hyn: 'Y mae rhai pobl yn siarad fel pe bai Pawl wedi gweu Cristnogaeth, fel gwe pry' copyn, o'i fol ei hun, ond ni honnodd erioed ddim o'r fath', meddai.[76] Traddodi i eraill yr hyn a dderbyniodd a wnaeth, sef i Grist farw dros ein pechodau yn ôl yr Ysgrythurau: 'Fe gafodd Pawl felly athrawiaeth maddeuant trwy farwolaeth Iesu Grist yn yr Eglwys yn barod, a hynny am na fu'r Eglwys mewn gwirionedd erioed hebddi'.[77] 'Roedd a wnelo'r farwolaeth, medd Daniel, â phroblem cosb. Rhaid oedd i Dduw gosbi pechod er mwyn gwneud cyfiawnder â'i natur ei hun:

Pa fodd y gall Duw faddau yn wyneb y Ddeddf Foesol a osododd Ef Ei Hun? Os yw yn maddau, yna y mae'n torri'r Ddeddf sy'n cyhoeddi 'cyflog pechod yw marwolaeth': ac os yw am fyned yn ôl cysondeb y ddeddf, ni all faddau o gwbl. Ateb Pawl i'r dilema yma yw y Groes. Trwy y Groes y cysonwyd dwy egwyddor, gras a chyfiawnder. Fe gafodd y Ddeddf ei hawliau, ond achubwyd dynion rhagddi, oblegid fe ddygodd Iesu Grist y gosb y dylasem ni ei dwyn.[78]

Marw fel aberth a wnaeth Iesu a thrwy hynny ddyhuddo Duw neu dawelu'i ddicter sanctaidd, y digofaint moesol sy'n gondemniad ar bechod. 'Ni all [tystiolaeth yr Epistolau] ... olygu ond un peth', medd Daniel, 'sef bod Iesu Grist ar y Groes wedi dioddef cosb y Ddeddf a dorrwyd ... Er gwaethaf [ymgais] llawer dysgawdwr i gael gwared o'r syniad o Grist yn cael ei gosbi drosom, y mae yn eglur ddigon ym Mhawl.'[79] Fel dirprwy dyn yn dioddef cosb y ddeddf a dorrwyd ac fel cynrychiolydd y ddynoliaeth newydd yn gorchfygu cnawd a byd yr enillodd Iesu Grist iachawdwriaeth i ddynion. Gwaith dyn yn syml yw ymddiried yn yr Iesu hwn a chredu yn ei addewidion.

Ac yntau bellach wedi terfynu ei ymdriniaeth â'r iachawdwriaeth, mae J. E. D. yn dirwyn ail ran ei gyfrol i ben trwy drafod yn fyr athrawiaeth Person Crist ac yna yr Eglwys. Yma eto mae cryn hollt rhwng ei ddealltwriaeth o'r Iesu a dehongliad y Modernwyr. Nid cychwyn gyda dyndod Crist a wna ond gyda dirgelwch ei ddwyfoldeb: 'Person nefol, wedi dod yn ffurf dyn, er mwyn dirwyn hanes i ben yn ei ail-ddyfodiad—dyna yw Crist Pawl', meddai.[80] Ef oedd y Meseia, yr Arglwydd ac yn bennaf dim Fab Duw. 'Gwir nad yw yn unman yn galw Iesu Grist yn Dduw: ni adai ei etifeddiaeth Iddewig iddo wneuthur hynny, ond fe ddywed yn ddiamwys mai ar ochr Duw i'r llinell sy'n gwahanu Duw a dyn yr oedd Iesu Grist yn hanfod ei Berson.'[81] 'Roedd Crist, felly, yn un â Duw ond yn wahanol rywsut iddo. Ni weithiodd Paul erioed natur y tebygrwydd a'r gwahaniaeth hwn allan yn fanwl. Gwaith yr Eglwys yn y canrifoedd dilynol oedd hynny a dyna a wnaeth yn ei hathrawiaethau am yr Ymgnawdoliad ac am y Drindod Sanctaidd. Am yr Eglwys ei hun, 'roedd hi'n fwy na chasgliad hwylus o unigolion crefyddol; corff Crist ydoedd ac yn anhepgor ar gyfer byw y bywyd Cristionogol: 'I Bawl nid yw'n bosibl i ddyn fod yn Gristion ar ei ben ei hunan, bod yn Gristion yw perthyn i'r Eglwys'.[82] 'Coinonia' neu gymdeithas newydd yn yr Ysbryd oedd yr Eglwys, gyda'r ddau sacrament o Fedydd a Swper yr Arglwydd yn arwyddion ei bywyd. Ac yntau eisoes wedi dehongli'r Eglwys mewn termau cynulleidfaol —'Ein cred ni fel Annibynwyr yw bod yr Eglwys Fawr yn byw ym mhob eglwys fach'[83]—ymwrthyd â'r dehongliad Catholig o'r sacramentau yn llwyr:

> Ym mha ystyr y tybia [Paul] bod Bord yr Arglwydd yn gymun corff a gwaed Iesu Grist? Nid o leiaf yn yr ystyr bod yr elfennau yn troi o fod yn fara a gwin i fod yn gorff llythrennol Iesu Grist. Cymuno â'r Arglwydd trwy'r elfennau, nid cyfranogi ohono ynddynt y mae'r Cristion . . .
> Ac felly, nid peth mecanyddol yn ei effaith yw y sacrament yma. Nid yw'n annibynnol ar gyflwr meddwl y rhai sy'n cymryd rhan ynddo.[84]

Felly er gwaethaf awydd parhaus Daniel i ddiogelu natur wrthrychol Gwaith Crist, gŵyr mai peth deinamig a gweithredol yw ffydd ac ni fedr ddygymod â'r syniad o ras yn cael ei gyfrannu *ex opere operato*.

Diweddglo cwta iawn sydd i'r gyfrol, pedwar tudalen ar berthynas dysgeidiaeth Paul yn yr Epistolau â dysgeidiaeth Iesu yn yr Efengylau, dau dudalen ar ddylanwad Paul yn yr Eglwys ac yn y byd, a dau dudalen a hanner ar werth arhosol gwaith yr Apostol. Cadarnhau a chymeradwyo'r gwaith hwnnw a wna Daniel o'i gwr. Ni fyn ei osod ei hunan i fyny yn farnwr arno, yn hytrach ymostwng i'w awdurdod yw ei ddymuniad o hyd. Ond mewn dau beth mae'i ddehongliad yn gwyro peth oddi wrth safonau'r uniongrededd Protestannaidd traddodiadol. Ym maes moeseg y ceir yr eithriad cyntaf. Trwy ryddhau dynion oddi wrth ofynion y Ddeddf, myn Daniel fod yr Efengyl yn eu rhyddhau hefyd oddi wrth lythyren y gorchmynion:

> Rhaid i bob un, yn ei wahanol amgylchiadau ei hun, benderfynu drosto'i hun beth . . . yw ewyllys Duw iddo ef. Ni all neb osod i lawr reol allanol ymlaen llaw, ac wrth ddywedyd hynny fe ddinistriodd Iesu Grist yr holl syniad o awdurdod allanol mewn moesoldeb.[85]

Yn lle ufudd-dod i'r Ddeddf, 'roedd Crist, yn ôl y dehongliad hwn, wedi rhyddhau pobl i ufudd-dod yr Ysbryd, ond er yr holl beryglon sydd ymhlyg yn hyn, y mae ganddynt bellach 'feddwl Crist', sef rhyddid moesol ynddo Ef: 'Y mae gennym yr hawl a'r fraint o'n trwytho'n hunain â'i ysbryd ef, ac yna y cyfrifoldeb o'i gymhwyso i amgylchiadau ein bywyd ni heddiw'.[86] Nid esbonia Daniel beth i'w wneud os bydd 'meddwl Crist' trwy'r Ysbryd yn arwain unigolyn i goleddu barn sy'n groes i 'reol allanol' a osodwyd i lawr 'ymlaen llaw' yn yr Ysgrythur: 'Nid yr un efallai a fydd ein cymhwysiad ni heddiw ag mewn oesau o'r blaen', meddai, 'y mae amgylchiadau yn newid, ac yn wyneb sefyllfa neu achlysur arbennig y mae pob dewis moesol yn cael ei wneuthur'.[87] Hwyrach fod hyn yn wir, ond nid yw'n amlwg o ddarllen cynghorion moesegol Paul yn ei Epistolau heb sôn am ddysgeidiaeth foesol Crist yn yr Efengylau, fod gennym ryddid i'w cymhwyso yn groes i'w hystyron llythrennol ac eglur. Trwy ganiatáu rhyddid i'r Cristion yn yr Ysbryd, gadawodd Daniel ei hun yn agored i'r cyhuddiad o hybu goddrychedd moesol, ac o ystyried ei sêl dros wrthrychedd yr Efengyl, mae hyn yn annisgwyl.

Mae'r ail eithriad yn ymwneud ag athrawiaeth Person Crist. Ymddengys fod J. E. Daniel wedi cael peth anhawster i ddehongli union natur dyndod Crist ac i gysoni'r dyndod hwnnw â'i Dduwdod. Nid yw'n gwadu'r angen i ysgolheictod beiblaidd wneud popeth o fewn ei gyrraedd i ddod o hyd i dystiolaeth ddigonol ar gyfer adnabod y dyn Iesu, 'Ni all y Cristion hepgor "Iesu Hanes",' meddai.[88] Ond eisoes, yn ei adolygiad o *Bannau'r Ffydd* Miall Edwards, taflodd amheuaeth ar allu ysgolheictod i ddod o hyd i ffeithiau diymwad amdano, a myn wedyn nad ar y sail honno y dylai neb adeiladu'i ffydd. Tynnodd Paul yntau wahaniaeth rhwng adnabod Crist yn ôl y cnawd, neu â defnyddio termau eraill, yn ôl prosesau naturiol hanes, a'i adnabod 'yn ôl yr Ysbryd'. Sylfaen yr adnabyddiaeth honno oedd tystiolaeth yr Eglwys i'w waith, ffrwyth ffydd ydoedd yn hytrach na ffrwyth y math o ymchwil ffeithiol a oedd yn annibynnol ar ffydd: 'Yn yr Efengyl fe ddatguddir "cyfiawnder Duw o ffydd i ffydd". Ni ŵyr y sawl nad yw'n credu ddim am y Crist hwn, y Crist yn ôl yr Ysbryd'.[89] Yn wahanol i Rudolf Bultmann, y gŵr y treuliodd Daniel dymor yn ei gwmni ym Mhrifysgol Marburg ddwy flynedd ynghynt, nid ymroi i sgeptigiaeth ynghylch y posibilrwydd o wybod nemor ddim am Iesu hanes a wnaeth. Amau, yn hytrach, werth y math yma o wybodaeth fel sylfaen ffydd:

> Yn fyr, yr oedd agwedd Pawl at Iesu Hanes yn bur wahanol i'n hagwedd ni heddiw. Yr ydym ni yn meddwl mai i'r graddau y llwyddwn i chwilota gwybodaeth fwyfwy manwl am Iesu Grist fel yr oedd yn nyddiau'i gnawd y deuwn i gredu ynddo ac i'w garu. Nid felly Pawl, cychwynnai Pawl trwy gredu ynddo, ac yna croesawai bob gwybodaeth ychwanegol fel enghraifft bellach o'r hyn y credodd ynddo, ond nid ar wybodaeth felly sylfaenai ei gred . . . Y gwahaniaeth mawr rhwng Pawl a'r meddwl modern yw mai trwy ffydd y credai ef yr

oedd adnabod Iesu Grist, tra deil y meddwl modern mai trwy ymchwil.[90]

'Roedd i hyn oblygiadau pellgyrhaeddol yn nealltwriaeth Daniel o Berson Crist. 'Ni thrafferthasai Pawl â natur a chymeriad Iesu o Nasaraeth', meddai drachefn. 'Nid oedd ganddo ef ein diddordeb modern ni yn nigwyddiadau bywyd Iesu Grist, ac nid ar ei gyraeddiadau moesol na chrefyddol y seiliodd Pawl ei ffydd ynddo, ond ar ei natur dragwyddol.'[91] Ond sut y gallai'r natur dragwyddol hon ymuniaethu â pherson dynol? A beth yn union oedd statws y person dynol hwn? Beth bynnag arall yw dyndod Iesu o Nasareth, nid yr un math ydyw â dyndod pawb arall. Ac nid ymuniaethu â dyn 'perffaith', yn ystyr arferol y gair, a wnaeth y Mab tragwyddol yn ôl y dehongliad naturiol o Effesiaid 4:13 a Philipiaid 2:6-8, meddai, ond yn syml i Dduw ddod atom 'mewn cyffelybiaeth dynion'. Sut bynnag yr ystyriwyd statws Iesu yn rhestr y ddynolryw, neu y deallwyd gradd ei berffeithrwydd yn ôl trefn natur, dyfarniad yr Eglwys fod Crist yn ddigymysg yn wir Dduw ac yn wir ddyn sy'n bwysig ar gyfer ein ffydd, medd Daniel. Nid yw'r diffiniad eglwysig yn gallu osgoi dirgelwch ac nid yw J. E. D. yntau yn glir yn ei farn ynghylch y dirgelwch hwnnw. 'Duw sydd yma yn dyfod yn ddyn', meddai. 'Nid oes ffordd i symleiddio'r broblem. Nis datryswyd gan Bawl, ac fe gymerodd yr Eglwys bedair canrif i ddeall y broblem, nid yw eto wedi ei datrys.'[92] Trwy arddel y dybiaeth batristig ynghylch yr *anhypostasia*, sef y syniad mai dynoliaeth amhersonol a feddai Crist a hynny'n amgenach na dyndod pawb arall, perygl Daniel yw gwadu dyndod Crist yn ei gyflawnder. Daeth hyn i'r golwg eisoes yn ei ymdriniaeth â chyfrol Miall Edwards ac nid oedd eto wedi sefydlu ei farn yn eglur ar y pwnc. Ni phetrusai J. E. Daniel arddel ei ffydd yn Nuwdod Crist. Daw'r petruster i'r golwg yn ei ymgais i ddeall perthynas y Duwdod hwnnw â dyndod cyflawn Iesu o Nasareth.

Prin iawn oedd yr argraff a wnaed gan *Dysgeidiaeth yr Apostol Paul* ar y cyhoedd darllengar ar y pryd. Fe'i hadolygwyd yn ddigon canmoladwy gan Arthur Jones, Pant-teg, un o gefnogwyr Daniel adeg ei araith yn Undeb Caernarfon, ond er gwaethaf y ganmoliaeth i'r gyfrol ni chrybwyllodd na'i phwysigrwydd fel dehongliad newydd o feddwl yr Apostol na'i harwyddocâd fel y gyfrol gyflawn gyntaf i herio prif fannau Moderniaeth y cyfnod.[93] Hyd y gwyddys, dyma'r unig adolygiad a gafodd. Pur isel oedd ei gwerthiant.[94] Ac am weddill y tridegau ni chafwyd dim o natur grefyddol na diwinyddol o law'r awdur. Er gwaethaf ei ddyfalwch gyda'i gyfrifoldebau dysgu, ynghyd â'i bregethu cyson ar y Suliau, o hynny ymlaen prysurdeb gwleidyddol a aeth â'i fryd. Daeth yn adnabyddus o hynny ymlaen nid fel diwinydd yn unig ond fel lladmerydd y cenedlaetholdeb newydd a gynrychiolwyd gan fudiad a ffurfiwyd mewn caffi ym Mhwllheli ym mis Awst 1925, sef Plaid Genedlaethol Cymru.[95] Ef, ynghyd â Saunders Lewis, Ambrose Bebb, Lewis Valentine ac eraill, a fyddai'n bennaf gyfrifol am hyrwyddo buddiannau'r Blaid a hysbysu'i pholisïau am o leiaf ddegawd i ddod, a'r cyfrifoldeb o arwain y mudiad yn syrthio ar ei ysgwyddau ef, Daniel, erbyn blynyddoedd yr Ail Ryfel Byd. Meddai J. E. Jones, Ysgrifennydd Cyffredinol Plaid Cymru yn ddiweddarach, amdano: 'Ei bennaf cymwynas, mi gredaf fi, oedd arwain yn llwyddiannus y Blaid yn y cyfnod anosaf'.[96]

*   *   *

Yn ôl y cofnod yn *Y Ddraig Goch*, ymunodd 'yr ysgolhaig ieuanc disglair yr Athro J. E. Daniel' â'r Blaid Genedlaethol ym mis Chwefror 1928.[97] Dechreuodd chwarae rhan flaenllaw yn y mudiad ar unwaith, yn lleol ac yn genedlaethol, gan gytuno erbyn 1930 i weithredu fel ei is-lywydd. Buasai ei gynnydd yng nghyfrinion athroniaeth y cenedlaetholwyr yn amlwg ac meddai'r *Ddraig Goch* amdano ym 1930: 'Y mae Mr Daniel ar ei ben ei hun fel dadleuydd a dehonglydd cenedlaetholdeb llawn, yn athronydd clir ac yn feddyliwr treiddgar'.[98] Rhwng Tachwedd 1932 a Chwefror 1938 lluniodd bedair ar hugain o ysgrifau bywiog a diddorol ar faterion cydwladol ar gyfer y golofn 'Trwy'r Sbienddrych' yn *Y Ddraig Goch*, ac ynddynt hwy, yn ogystal ag yn ei lyfryn *Welsh Nationalism; What It Stands For*, 1937, ei ysgrifau achlysurol ar faterion economaidd a'i golofn 'Nodiadau'r Mis' eto yn *Y Ddraig Goch* rhwng 1939 a 1942, ynghŷd â degau o ysgrifau yn y *Welsh Nationalist* ar yr un pryd, y gellir olrhain yn egluraf drywydd ei syniadaeth wleidyddol. Ymladdodd etholiadau cyffredinol yn enw'r Blaid ym 1931, 1935 ac eto ym 1945, bu'n llywydd gweithredol arni tra oedd Saunders Lewis yn y carchar yn dilyn helynt yr Ysgol Fomio, fe'i dyrchafwyd yn llywydd arni ar drothwy'r Rhyfel ym 1939 gan barhau felly tan 1943, ac arno ef y syrthiodd y cyfrifoldeb o olygu'r *Ddraig Goch*, newyddiadur y mudiad, rhwng 1939 a 1941. Os oedd ei ddwy weledigaeth, y ddiwinyddol a'r wleidyddol, weithiau'n gorgyffwrdd, 'roeddynt yn amlach na heb yn rhedeg ar wahân. Yn wahanol i Saunders Lewis, nid oedd goblygiadau pendant Gatholig, na rhai arbennig grefyddol ychwaith, i genedlaetholdeb Daniel ar y cychwyn. Awydd i warchod gwareiddiad y gorffennol a chynnal y traddodiad Cymraeg a enillodd ei fryd yn hytrach nag ymdeimlad â chyfaredd yr oesoedd Catholig, ac yn deillio o hynny awydd i sicrhau ar gyfer y Gymru fodern ryddid politicaidd cyflawn. Ceidwadwr radical ydoedd fel Saunders Lewis yntau, ond yn fwy democrataidd ei bwyslais, yn llai crefyddol ei naws, heb fod ychwaith mor gyfannol ei rychwant ag ef. Nid tan ganol y tridegau ac wedyn, gyda'r beirniadu cynyddol ar y Blaid Genedlaethol am dueddiadau Ffasgaidd a hynny gan Ymneilltuwyr Protestannaidd fynychaf, y gorfodwyd Daniel i ddiffinio'i safbwynt o du Cristionogol pendant, a bu rhaid aros tan 1944 a'i ysgrif enwog 'Gwaed y Teulu' i weld cymathu effeithiol rhwng y ddiwinyddiaeth Farthaidd a chenedlaetholdeb Cymreig. Ond am yn hir cyn hynny, deubeth ar wahân yn hytrach na dwy wedd ar yr un weledigaeth iddo oedd diwinyddiaeth a gwleidyddiaeth.

Byth oddi ar 1925 'roedd Saunders Lewis, yn anad neb arall, wedi llunio a datblygu athroniaeth neilltuol ar gyfer ei blaid.[99] Gan dynnu ysbrydiaeth oddi wrth Thomistiaeth Jacques Maritain ar y Cyfandir, rhamantiaeth ganoloesol G. K. Chesterton a Hilaire Belloc a'u cyfeillion yn Lloegr, ynghyd ag athrawiaeth gymdeithasol y Pab Leo XIII yn y cylchlythyr *Rerum Novarum* yn neilltuol, creodd Lewis weledigaeth am Gymru bendefigaidd a gwâr, yn Gymraeg ei hiaith, yn rhan gynhenid o'r hen Ewrop Gristionogol ac yn rhydd oddi wrth ormes cyfalafiaeth ryngwladol ar y naill law a sosialaeth wladwriaethol ar y llall. Yn ei ysgrif ar Ddafydd Nanmor yn *Y Llenor*, Hydref 1925, a'i ddarlith ar 'Egwyddorion Cenedlaetholdeb' a draddodwyd yn Ysgol Haf y Blaid ym 1926 a'i chyhoeddi yn yr un flwyddyn, cynigiodd ei ddehongliad o hanes y genedl yn nyddiau'i blodau cyn i fuddugoliaeth alaethus y Tuduriaid ei gwanhau, gan alw hefyd am adfer ar fyrder, o dan amodau'r ugeinfed ganrif, gymaint fyth ag oedd bosibl o ogoniant yr hen drefn. Craidd gwareiddiad iddo oedd y syniad am draddodiad, fel y trosglwyddid o'r naill genhedlaeth i'r llall olud y gorffennol mewn cadwyn ddidor. Cyfrwng y traddodi hwn yng Nghymru oedd y Gymraeg; hi oedd costrel cyfoeth yr oesoedd, a phennaf dasg y Blaid Genedlaethol fyddai sicrhau mai hi, maes o law, a ddeuai'n brif, onid unig, iaith

Rhagymadrodd

John Morgan Jones (1873-1946)

Saunders Lewis, Catherine a Jac Daniel ym 1942
(trwy garedigrwydd Mrs Mair Saunders)

Catherine Daniel
(trwy garedigrwydd Mr J. I. Daniel)

Eirwyn Daniel (1904-1982); wedi'i addysgu yng Ngholeg Annibynnol Sir Gaerhirfryn bu'n weinidog yn Lloegr ar hyd ei yrfa.
(trwy garedigrwydd Mr J. I. Daniel)

y wlad. Mudiad diwylliannol ac ieithyddol oedd y Blaid Genedlaethol i ddechrau, ond ni fu'n hir cyn i'w arweinwyr sylweddoli'r angen am greu polisïau gwleidyddol a chymdeithasol a fyddai'n hyrwyddo'r amcanion hyn. Pan ymunodd J. E. Daniel â rhengoedd y Blaid ym Mis Bach 1928 'roedd y syniadau hyn eisoes yn dod yn rhan o gynhysgaeth y mudiad.

Er gwaethaf rhywfaint o wahaniaeth mewn pwyslais, adeiladu ar sail athroniaeth Saunders Lewis a wnaeth Daniel yn hytrach na dyfeisio'i athroniaeth genedlaethol ei hun. 'Roedd y syniad o hanes a thraddodiad yn allweddol iddo. 'Nid problemau twt fel problemau Euclid, problemau yn yr awyr megis, yw problemau byw', meddai unwaith, 'ond problemau â'u gwreiddiau yn ddwfn yn y gorffennol.'[100] Ni ellid deall heddiw, chwaethach gynllunio'n gall ar gyfer yfory, heb yn gyntaf ymgodymu â gwir ystyr ddoe. 'It is not the things that happened yesterday that explain the state of things today,' meddai eto, 'but "old, unhappy, far-off things, and battles long ago".'[101] Hanes y cwymp a'r adferiad oedd hanes y Gymru ddiweddar iddo, gyda'r oes aur yn ei ragflaenu. Dechreuodd'yr oes honno gyda genedigaeth y genedl yn y chweched ganrif tra estynnodd ei mabinogi ymlaen trwy gydol yr Oesoedd Canol. 'Wales had', meddai, 'in the house of Cunedda, a royal dynasty, which, for sustained ability over a period to be reckoned in centuries, is unique in the history of Europe.'[102] Y bendefigaeth hon a sicrhaodd fuddiannau'r werin diriog, berchentyol am fwy na phum cant o flynyddoedd: 'The Welsh laws of Hywel Dda ... depict a society based on the family, a community of freeman and equals, totally different from the feudal system with its class and status organisation'.[103] Dyna wraidd yr ymdeimlad Cymreig o degwch diddosbarth: 'Welsh Wales', meddai, 'is to this day a society of equals',[104] ond yn nyddiau gwâr ein hannibyniaeth y ffynnodd y cyfanrwydd a'r sefydlogrwydd hwn orau.

I ganol yr Eden hon y sleifiodd sarff cyfalafiaeth Seisnig fodern. Goresgynnwyd Cymru gan Loegr ym 1282, ond nid tan Ddeddfau Uno'r Tuduriaid ym 1536 y bygythiwyd hunaniaeth Cymru o ddifrif, nid yn unig o ran iaith ond o ran ei chymdeithas a'i heconomi. Fel yr ildiodd ffiwdaliaeth yr Oesoedd Canol i gyfalafiaeth y cyfnod modern, felly yr ildiodd hawliau ac eiddo mân dyddynwyr Cymru i wanc ariannol yr oruchwyliaeth Duduraidd. Datblygodd rhwyg rhwng y werin diriog a'u hysweiniaid gan greu dau ddosbarth anghymodlawn. Troes yr ysweiniaid yn landlordiaid gan hawlio tâl am eu tir tra aeth y rhydd-ddeiliaid yn weithwyr hur. 'The controlling motive was commercial and capitalistic', medd Daniel,[105] a hyn ymhell bell cyn dyddiau diwydiannu. Yn dilyn y Goresgyniad a'r Uno, cafwyd trydydd alaeth y genedl, sef y Chwyldro Diwydiannol. A Chymru bellach yn druenus ddiamddiffyn, nid oedd modd ymgadw rhag rhaib didostur y farchnad rydd. Trafodwyd dynion fel pethau, daeth gwneud elw yn unig gymhelliad byw, a sathrwyd dan draed ddeuparth o hen wareiddiad y genedl. A dyna'n fras oedd cyflwr Cymru hyd at dridegau'r ugeinfed ganrif.

Cyfrwng dadwneud y llwgr gwreiddiol hwn fyddai polisïau'r Blaid Genedlaethol. 'Roedd Cymru mewn sefyllfa o ddarostyngiad a 'the fundamental cause of that position is her political dependence upon England and its inevitable corollary, her economic dependence upon English capitalism'.[106] Yn wahanol i Saunders Lewis yn *Egwyddorion Cenedlaetholdeb*, ni fynnai Daniel bwysleisio rôl ganolog yr Eglwys yn gwarchod unoliaeth Ewrop trwy arddel athrawiaeth y ddeddf naturiol, ac nid Luther a gafodd y bai ganddo am chwalu unoliaeth cred. Nid oedd crefydd agos mor bwysig yn ei ddadansoddiad o wynfyd y genedl na'i gwae ag ydoedd ym mhamffled y Llywydd. Nid absoliwtiaeth newydd cenhedloedd annibynnol y bymthegfed ganrif a fygythiodd fywyd Cymru ond, yn syml, wanc ymerodrol y Tuduriaid a'r drefn gyfalafol a ddisodlodd ffiwdaliaeth a pherchentyaeth fel ei gilydd. Er gwaethaf ei gyfeiriadau mynych at ysblander diwylliannol Cymru'r oes aur—'her greatest poets [are] the poets of a settled civilization ... Taliesin, Ab yr Ynad Coch, Iolo Goch, Dafydd Nanmor', er enghraifft[107]— crybwylla Daniel wedd economaidd darostyngiad y genedl yn fwy nag a wnaeth Saunders Lewis ym 1926. Ni fu mor fwriadus aristocrataidd yn ei ysgrifau â Lewis ychwaith. Ond gwahaniaeth mewn pwyslais oedd y pethau hyn yn hytrach nag anghytundeb mewn athroniaeth sylfaenol. Catholigiaeth *oedd* crefydd Cymru gynt, wrth reswm, ac *fe* ddarfu'r cwymp tuag adeg y Diwygiad Protestannaidd, ac ni fyddai modd ychwaith osgoi rhyw lun ar hierarchiaeth gymdeithasol wrth geisio adfer gwarineb i Gymru drachefn. Ond yn bwysicach na dim 'roedd Daniel a Saunders Lewis yn un yn eu cymeradwyaeth o ddulliau'r Blaid o gynnig ymwared i'r genedl Gymreig.

Erbyn cyhoeddi llyfryn Daniel *Welsh Nationalism* ym 1937, 'roedd polisïau'r Blaid wedi'u hen sefydlu. Cafwyd crynhoad hwylus ohonynt gan Saunders Lewis yn *Y Ddraig Goch* ym mis

Mawrth 1934.[108] Ar wahân i'r angen am adfer y Gymraeg a'i sefydlu fel prif, onid unig, iaith y wlad, cynhwysent y syniad o natur iswasanaethgar yn hytrach na goruwchlywodraethol y wladwriaeth, yr angen am hunangynhaliaeth neu 'genedlaetholdeb economaidd',[109] ymwrthodiad â chyfalafiaeth y farchnad rydd, yr alwad i warchod buddiannau'r teulu, hawl y werin ar ei thiroedd ei hun, pwysigrwydd amaethyddiaeth fel sylfaen ar gyfer economi'r genedl, ynghyd â'r delfryd o ddad-ddiwydiannu'r Deheubarth. 'Roedd ar y polisïau hyn ôl syniadaeth mor amrywiol â sosialaeth gild gwŷr fel G. D. H. Cole, 'gwasgaraeth' Chesterton a Belloc, sef yr angen i wasgaru cyfoeth i ddwylo cynifer o bobl ag oedd yn bosibl yn hytrach na chanoli golud yn nwylo'r ychydig, hyd at athrawiaeth y Pab Leo XIII ynghylch safle'r teulu a hawl y person unigol ar eiddo preifat.[110] Pa mor eclectig bynnag oedd y syniadau hyn, camp Saunders Lewis oedd eu cymhwyso at Gymru a chreu ohonynt athroniaeth cenedlaetholdeb gyflawn ac enillgar. Meddai Daniel amdanynt: 'Here we have expressed, in a coherent and articulated body of economic doctrine, the traditional Welsh social philosophy'.[111] Prif gyfraniad J. E. Daniel yn ystod y tridegau oedd perffeithio'r athroniaeth dybiedig draddodiadol hon ac mewn ysgrif, anerchiad a llyfr, ei phoblogeiddio.

Tra oedd hyn ar droed 'roedd y sefyllfa gydwladol yn gwaethygu'n enbyd. Dangosai ysgrifau mynych Daniel yn y golofn 'Trwy'r Sbienddrych' yn *Y Ddraig Goch* natur ei ddiddordeb yn nigwyddiadau aruthr y dydd. Diarfogi ac ailarfogi, rhyfel a heddwch, imperialaeth Lloegr a niwtraliaeth gydwladol America, bygythiad Comiwnyddiaeth a chynnydd Ffasgaeth oedd deunydd ei fater, yn enwedig fel yr oedd y pethau hyn yn dylanwadu ar Gymru. Yng nghanol ei drafodaethau ar faterion megis Manchuria,[112] gormes barhaol Lloegr ar ei threfedigaethau,[113] llesgedd cynyddol Cynghrair y Cenhedloedd,[114] a pholisi tramor ymwahanol yr Unol Daleithiau,[115] trafodai hefyd dwf Ffasgaeth yn yr Eidal, Sbaen, ac nid lleiaf yn yr Almaen. Byddai'r ysgrifau hyn yn profi'n bur ddadleuol maes o law.

Ni ddangosai Daniel, na neb arall o arweinwyr y Blaid hyd y gellir barnu, y rhithyn lleiaf o gydymdeimlad ag athroniaeth y Ffasgiaid. Ond oherwydd eu gwrthwynebiad digyfaddawd i Gomiwnyddiaeth—'archelyn gwareiddiad Ewrop' oedd Rwsia yn nhyb J. E. D.[116]—a'u drwgdybiaeth reddfol o gymhellion Lloegr, buont yn ymarhous i feirniadu Mussolini, Franco, a Hitler gydag unrhyw fesur digonol o sêl.[116a] Er i Daniel gollfarnu'r Eidal am oresgyn Abysinia yn yr hydref 1935, er enghraifft, eto ni fynnai ystyried imperialaeth Mussolini fymryn yn waeth nag imperialaeth Lloegr: 'Nid oes angen gor-dynerwch at Abysinia', meddai.[117] 'Roedd helynt Sbaen wedyn 'yn simbol o frwydr bwysicaf ein hoes ni, sef yw honno, y frwydr rhwng Comiwnyddiaeth a thraddodiad Ewrop'.[118] Ped enillai Franco'r rhyfel cartref, rhagwelai sefydlu gwladwriaeth Ffasgaidd o dan ddylanwad yr Eidal, ac er na chroesawai hynny byddai'r dewis arall, os rhywbeth, yn enbytach: 'Os mai'r Comiwnyddion a ennill', meddai, 'fe ddinistrir hen wareiddiad Sbaen', ac i genedlaetholwr trychineb anaele fyddai hynny. 'Beth bynnag yw'r elyniaeth rhwng Ffasgaeth a Democrat- iaeth', meddai, 'try'n gyfeillgarwch yng ngŵydd y gelyn mawr, Comiwnyddiaeth.'[119] Ac yna, er iddo feirniadu'r elfennau rhyfelgar a ddaeth i'r brig yn yr Almaen yn enwedig ar ôl sefydlu Hitler fel Canghellor y wlad yn gynharach yn y flwyddyn—dyma genedl, meddai, 'gymaint arall ei phoblogaeth â hi [sef Ffrainc], yn annog ei mamau i godi bechgyn i faes y gad'[120]—bu'n amharod i ladd yn ddiarbed hyd yn oed ar y Natsïaid. Yn ei lith ar 'Genedlaetholdeb Economaidd: Polisi Amaethyddol yr Almaen Heddiw' ym mis Mawrth 1935, canmolodd ymdrechion Hitler i adfywio economi gwledig ei wlad. Yn union fel yr oedd y Blaid Genedlaethol yn argymell troi Cymru'n hunangynhaliol trwy wneud amaethyddiaeth yn brif ddiwydiant iddi, dyma lywodraeth yr Almaen yn anelu at yr un peth. 'Pa beth bynnag a feddyliwn am bolisi Hitler mewn cyfeiriadau eraill', meddai, 'ni ellir gwadu bod yn ei bolisi amaeth- yddol bethau y talai i ni yng Nghymru eu hefelychu.' Ac yna ychwanegodd y cymal dadleuol: 'odid na ddengys polisi y Natsi lwybr ymwared i ninnau hefyd'.[121] Pa mor ddiniwed bynnag oedd y sylw hwn yn ei gyd-destun, prin y gellid disgwyl iddo beidio â chythruddo rhywrai. Ychwanegodd at y ddrwgdybiaeth mai plaid wrthwerinol, wrthddemocrataidd a Ffasgaidd ei naws oedd y Blaid Genedlaethol.

Mewn trafodaeth ar dudalennau'r *Ddraig Goch* yng ngwanwyn 1938, mynegwyd yr ofnau hyn yn hyglyw iawn. Drwgdybiodd un o 'garedigion cenedlaetholdeb Cymreig', sef y Parchg R. H. Hughes, Salford, duedd arweinwyr y Blaid i ddelfrydu'r Oesoedd Canol a'u syniad o'r 'ddeddf foesol' yn fawr a gweld ynddi ddylanwad Ffasgaeth. O ddarllen gwaith 'Musolini [*sic*], neu lenyddiaeth gynnar Hitler ym Munich' meddai, gwelir mai dyma'r union bethau a wnaethant hwy. Ymgais i sicrhau unffurfiaeth wleidyddol a mygu barn yr unigolyn oedd dymuniad yr arweinwyr cyfandirol i ddychwelyd, trwy drais neu drwy deg, at y Cyfnod Canol, tra nad oedd yr apêl at awdurdod deddf 'uwch' namyn esgus i sarnu democratiaeth ac ymwrthod â dymuniadau gwleidyddol gwerin gwlad. 'Yn fras iawn, dyma ydyw egwyddorion sylfaenol Ffasgaeth' meddai R. H. Hughes, a gellid eu cymharu'n ddigon hawdd ag 'athroniaeth rhai o wŷr y Blaid'. Onid oedd pwyslais cyson Saunders Lewis ar 'draddodiad Ewrop' a 'thraddodiad Rhufain', y delfrydu parhaus ynghylch ysblanderau'r oesoedd gynt, yr islais gwrthwerinol a glywid mor aml, yn ôl rhai, gan selogion y mudiad, a 'c[h]ydymdeimlad J. E. D. â Franco' yn brawf diamheuol o Ffasgaeth yn eu plith? Ac onid oedd y ffasiwn Gatholig hithau yn agwedd ar yr un peth? 'Tipyn o benbleth i genedlaetholwr Cymreig yw gweled rhai o arweinwyr y Blaid yn troi o eglwys Gymraeg i eglwys na chlywir ynddi yr un gair o'r iaith a gâr, ac na wnaeth ddim i feithrin bywyd ysbrydol y genedl, nac i ddiogelu ei hiaith na'i diwylliant ers canrifoedd.'[122] Ond fel mai eglwys hierarchaidd, anwerinol ac unbenaethol oedd yr unig gartref cysurus ar gyfer Ffasgiaid y Cyfandir, cytunai mai Rhufain oedd yr unig le gweddus ar gyfer y Cymry hyn. 'Gadewch i ni gael Plaid Genedlaethol ar bob cyfrif', meddai, 'eithr rhaid iddi gyd-fynd yn ei pholisi â thraddodiad Cristnogol a gwerinol Cymru cyn y gall gynrychioli'r genedl.'[123]

Yn wyneb cyhuddiadau megis y rhain, 'roedd rhai o arweinwyr y Blaid eisoes wedi datgan y gwahaniaeth rhwng eu dysgeidiaeth hwy ac athroniaeth y Ffasgiaid.[124] 'Roedd Daniel yntau wedi gwneud yr un peth fwy nag unwaith. 'Cydnabyddwn yn rhwydd—nid am y tro cyntaf—eudeb athroniaeth y Natsïaid', meddai ym Mawrth 1935,[125] tra mynnai, ddwy flynedd yn ddiweddarach, fod cenedlaetholdeb cydweithredol y Blaid yn anghydnaws â Ffasgaeth ac â Chomiwnyddiaeth fel ei gilydd: 'Co-operative nationalism is at the opposite pole from the state-idolatry of Fascism and Socialism'.[126] Ond yn ei ateb i'r Parchg R. H. Hughes cafodd y cyfle cyntaf i fynd i'r afael â'r pwnc o ddifrif. Ffolineb, meddai, yw diffinio Ffasgaeth mewn termau simplistig fel ymgais i orddyrchafu gwerth yr Oesoedd Canol ac ymostwng yn ddigwestiwn i ryw ddeddf foesol naturiol. A ffolach byth yw cyhuddo cenedlaetholwyr Cymreig, ar y sail hon, o fod yn Ffasgiaid. 'Roedd hi'n wir fod gwŷr fel Mussolini yn dymuno adfer ysblanderau'r traddodiad Rhufeinig, ond nid traddodiad eglwysig yr Oesoedd Canol a olygent ond traddodiad ymerodrol yr hen oesoedd paganaidd: '*Anffyddiwr* yw Mussolini, ac y mae'n hen bryd rhoi'r gorau i'r syniad fod ganddo unrhyw ddiddordeb mewn Cristnogaeth fel y cyfryw'.[127] O ran ei hathroniaeth, 'perthyn i syniadaeth Machiavelli y mae'r wladwriaeth Ffasgaidd, ac nid i unrhyw ffurf ar Gristnogaeth, boed Gatholig neu Brotestanaidd [*sic*]'. Tywyllu cyngor, yn ôl Daniel, oedd dwyn i mewn ystyriaethau crefyddol pan oedd Ffasgaeth yn fudiad anghrefyddol yn ei hanfod, 'Ac fe ŵyr pawb fod *pob* eglwys yn cael ei herlid gan y Natsïaid yn yr Almaen'. 'Roedd yr un peth yn wir yn achos y ddeddf foesol. 'Pan yw gwledydd Ffasgaidd yn sôn am ddeddf foesol, nid deddf Duw sydd yn eu meddwl ond eu mympwy eu hunain', meddai. 'Ni allant fyth wneuthur deddf Duw yn sail i'w gwrthddemocratiaeth, am na chydnabyddant unrhyw awdurdod uwch na'u buddiannau eu hunain.'

A bwrw bod yr uchod yn wir, ar ba dir y gellid haeru mai Ffasgiaid oedd arweinwyr y Blaid? Cwbl weddus i Daniel oedd i genedlaetholwr Cymreig droi yn ôl i'r oesoedd gynt am ddeunydd ar gyfer ei hathroniaeth wleidyddol: 'Yn enw pob rheswm, o b'le arall y mae *cenedlaetholwr* o Gymro i dynnu'i ysbrydiaeth?' Nid Catholigiaeth yr Oesoedd Canol a fyddai'n hollbwysig iddo ond y drefn gymdeithasol a oedd yn bod y pryd hynny. 'Diau ei bod yn anffodus mai Cymru Gatholig oedd Cymru yn nyddiau ei rhyddid, ond fel yna yr oedd hi', meddai. Bid a fo am eglwysyddiaeth yr Oesoedd Canol Cymreig a'i Hewropeaeth, dylid cofio un peth, 'mai cyfundrefn gymdeithasol gwbl Gymreig oedd y gyfundrefn a ddarlunnir yng nghyfreithiau Hywel Dda, ac a fu yn sylfaen bywyd Cymru am bum canrif—nid Ewropeaidd, ond Cymreig. Ffiwdaliaeth oedd cyfundrefn Ewrop; perchentyaeth oedd cyfundrefn Cymru'. Am y cyhuddiad ei fod ef, Daniel, mewn cydymdeimlad â Franco, gwadodd hyn yn bendant. Ymgais i ddisgrifio helynt Sbaen oedd ganddo yn ei erthygl yn *Y Ddraig Goch*, meddai, a chynnig rhesymau amdano, yn hytrach na phleidio hawl y naill ochr na'r llall: 'Os darllen Mr Hughes fy erthygl, fe wêl mai ymdrech un o'r tu allan i edrych ar *ffeithiau*, ac nid i fynegi barn ar *werth* ffeithiau ydyw'. Nid oedd rhithyn o wirionedd ychwaith yn yr haeriad o wrthweriniaeth: 'Celwydd noeth ydyw i'r Blaid erioed, nac yn ei chynadleddau na thrwy enau Mr Lewis na neb arall o'i harweinwyr cyfrifol, ddangos unrhyw ddiffyg teyrngarwch i werin

Cymru'. Terfynodd Daniel ei lith trwy gyfeirio at apêl Catholigiaeth gyfoes at rai o'i gyd-Bleidwyr a chyhuddo R. H. Hughes o 'ddwyn rhagfarn grefyddol i mewn i blaid na feddyliodd erioed, mwy na rhyw blaid arall, am gytuno ar grefydd, ond ar bolisi'n unig'.[128]

Er mor ddifloesgni oedd *apologia* J. E. D. dros gywirdeb ei safbwynt, deuai'r un cyhuddiad o wrthddemocratiaeth adweithiol a gorgydymdeimlad â Ffasgaeth yn ôl i'w blagio yn gyson. Fe'i dwysawyd gan ymateb ei wrthwynebwyr i'r polisi o niwtraliaeth a arddelwyd gan y Blaid Genedlaethol yn wyneb y rhyfel â'r Almaen.[129] Dyna'r union adeg y trosglwyddwyd llywyddiaeth y Blaid oddi wrth Saunders Lewis i Daniel ei hun. 'Un o'r cymeriadau mwyaf didwyll, un o'r calonnau mwyaf eangfrydig, ac un o'r meddyliau mwyaf miniog a gafodd Cymru erioed' oedd y cynlywydd yn nhyb ei olynydd.[130] Ond er ei edmygedd ohono, prin y gallai Daniel fod wedi peidio ag ymdeimlo â phwysau enbyd y cyfrifoldeb a fyddai bellach yn cael ei roi ar ei ysgwyddau ei hun. Gydag arwahanrwydd Cymru bellach dan warchae ychwanegol, dechreuodd J. E. D. ar dasg anoddaf ei yrfa hyd yma, sef amddiffyn hawliau'i fudiad tra rhyfelai Prydain a'r Almaen â'i gilydd.

Cafodd gyfle i amlinellu ei athroniaeth fel llywydd yn ei bapur ar 'Genedlaetholdeb a'r Wladwriaeth' a draddodwyd gerbron Ysgol Haf Bangor ym 1939. Ac yntau'n ymwybodol o'r beirniadu a fu arno, mynnai bwysleisio pwysigrwydd hanfodol yr egwyddor ddemocrataidd i bolisïau'r Blaid. Dechreuodd trwy wahaniaethu rhwng unigolyddiaeth ac athroniaeth y person. 'Nid oes gan "yr unigolyn" na rhyw, nac iaith, na diwylliant, na delfrydau, na chrefydd', meddai, tra bo'r genedl yn gymdeithas amryliw ac amrywiol o bersonau. Dyletswydd y wladwriaeth yw gwarchod y genedl a'r patrwm cyfoethog o gysylltiadau personol a gynhwyswyd ynddi, ond ei phechod parod oedd gostwng y cysylltiadau hynny i'w dibenion ei hun: 'Pa hawl sydd gan y wladwriaeth i ddywedyd wrth bob un o'i deiliaid, "Anghofiwch eich bod yn ffermwyr, yn wŷr busnes, yn wyddonwyr, yn wragedd ac yn famau, a chofio'n unig eich bod yn ddinasyddion i Mi"?' Yr unig rym effeithiol er atal hyn oedd democratiaeth, sef awdurdod wedi'i wasgaru gymaint fyth ymhlith y bobl ag yr oedd modd: 'nid digon ei fod oddi isod; rhaid iddo hefyd gael ei weinyddu gan y bobl trwy eu cymdeithasau a'u sefydliadau, ac nid gan fiwrocratiaeth ganolog, er i honno gael ei hapwyntio gan gynrychiolwyr y bobl'. Nid gormes gwladwriaethol, boed Ffasgaidd neu Gomiwnyddol, oedd y nod, na grym canolog llywodraeth ddemocrataidd fel yr eiddo Lloegr. 'Our aim', meddai ddwy flynedd ynghynt, 'is to make Wales self-governing, in the most literal sense, not by substituting a capitalist Welsh system for a capitalist English system or by substituting a centralised Welsh government, Fascist or Socialist, for a centralised English Government, but by so diffusing property that Welshmen rule themselves.'[131] 'Roedd rhaid gwasgaru cyfalaf mor eang â phosibl er mwyn i ddemocratiaeth wleidyddol gydgordio â democratiaeth economaidd. Y delfryd oedd uno meddiant a rheolaeth yn yr un dwylo trwy greu rhwydwaith cenedlaethol o fân-ddiwydiannau a dulliau cydweithredol o gynhyrchu. Tymherai bolisi Saunders Lewis ynghylch dad-ddiwydiannu'r Deheudir: 'Mewn diwydiannau trymion, [y] nod a ddylai fod, yn gyntaf, rhoddi i'r gweithwyr trwy ei [sic] sefydliadau lais pendant yn rheolaeth y diwydiant, ac yn ail, fel nod i ymgyrraedd ato, eu gwneuthur yn gyd-berchnogion o'r diwydiant'. Gwas, felly, fyddai'r wladwriaeth o dan drefn o'r fath, gyda chyfalaf gwlad yn nwylo'i phobl yn hytrach nag yn nwylo ychydig gyfalafwyr ar y naill du neu yng nghoffrau'r Llywodraeth ar y llall. 'Yn erbyn y Mamon hwn', meddai, 'y mae brwydr Plaid Genedlaethol Cymru.'

Un o effeithiau'r rhyfel oedd creu rhaniad ymhlith cenedlgarwyr Cymreig. Er gwaethaf ei pholisi swyddogol o niwtraliaeth, cafwyd anghytundeb ynghylch pa agwedd a fyddai fwyaf priodol i aelodau'r Blaid Genedlaethol ei gymryd tuag at yr ymladd, tra dyfarnodd eraill, y tu allan i'w rhengoedd, naill ai o blaid y rhyfel neu yn ei erbyn. Un o gyn-aelodau amlycaf y Blaid a ddatganodd ei gefnogaeth i'r ymgyrch ryfel oedd yr Athro W. J. Gruffydd. Gelyn pennaf gwareiddiad oedd Hitler yn ei farn ef, a hwnnw â'i fryd ar sarnu holl enillion cymdeithasol y Gorllewin er yr Aroleuo. 'Fe gollir *popeth* a fu'n werthfawr erioed gennym ni yng Nghymru os â Hitler ymlaen i ychwanegu eto at y galanastra a wnaed ganddo'n barod', meddai yn 'Nodiadau' golygydd *Y Llenor*, Haf 1940. 'Ni buasai'n bosibl i mi nac i tithau, gyfaill, a fagwyd yn nhraddodiadau rhyddfrydig a dyngarol Cymru, fyw o gwbl mewn unrhyw wlad a orchfygwyd ganddo ef na chan Mussolini lwfr na chan Franco grefyddus.'[132] Enynnodd hyn sylw J. E. Daniel, ac yn 'Nodiadu'r Mis' *Y Ddraig Goch* ar gyfer Awst 1940, ymatebodd iddo. Er yn cytuno â difrifoldeb y sefyllfa, anghytunai ag awydd Gruffydd i ddilyn Lloegr i ryfel heb yn gyntaf sicrhau caniatâd y bobl Gymreig. 'Credwn y gellid dangos mai o unigolyddiaeth hanfodol Mr Gruffydd y tardd y syniadau hyn [am ryddfrydigrwydd a dyngarwch], a'u bod yn anghyson ag unrhyw ymdeimlad o Gymru fel cenedl', meddai. Dyletswydd Cymru oedd ei dyfarnu ei hun o blaid neu yn erbyn y rhyfel cyn ymostwng i ddymuniadau Lloegr. Os sicrhau rhyddfrydigrwydd a dyngarwch deued a ddelai oedd angen pennaf y foment yn nhyb Gruffydd, creu'r amodau lle gallai'r genedl wneud ei dyfarniad ei hun o blaid y rhinweddau hyn oedd y brif alwad ym marn Daniel. 'Ni chredwn fod gwir ryddfrydigrwydd a dyngarwch yn bosibl ar draul yr hawl i ryddid,' meddai. Gan hynny, dyletswydd gyntaf Cymro yw maentumio hawl Cymru i'w rhyddid o flaen popeth arall'.[132a]

Dychwelyd at yr un pwnc a wnaeth Gruffydd yng ngolygyddol *Y Llenor*, Gaeaf 1940. Ac yntau eisoes wedi llunio ysgrif rymus ar gefndir hanesyddol twf unbennaeth ar y Cyfandir,[133] a rhybuddio'i gyd-wladwyr ynghylch peryglon cymrodeddu â Ffasgaeth, mynnodd fynd i'r afael â'r rheini, o'r heddychwyr digyfaddawd ar yr aswy at y cenedlaetholwyr digymrodedd ar y ddeau, na fynnent godi arfau yn erbyn Hitler. Dau gynrychiolydd y dosbarth olaf oedd Prosser Rhys, golygydd *Y Faner*, a J. E. Daniel. 'Yn *Y Ddraig Goch* am Awst 1940, fe synna Mr. Daniel ataf am fy mod, yn ôl ei ddadansoddiad ef o'm dadl, yn dal pedwar opiniwn cyfeiliornus, ac â ati yn bur ddeheuig i'w dileu.' Y trydydd cyfeiliornad oedd yr unig un i Gruffydd ymateb iddo, 'ac am fod hwn yn gollwng cath mor anferth o'r cwd, yr wyf am *italeiddio'r* gath—yr hyn a ddylai fod yn dderbyniol gan Mr Daniel, trueni na allwn ei halmaeneiddio hefyd!—a'i gosod i sefyll mewn paragraff gwahanedig'. Dyma oedd y cyfeiliornad:

'[*Dadl Mr Gruffydd yw*] *fod rhyddfrydigrwydd a dyngarwch yn bethau pwysicach na hawl cenedl i'w rhyddid.*
Hynny yw, cred Mr Daniel y gwrthwyneb:
Mae hawl cenedl i'w rhyddid yn bethau pwysicach na rhyddfrydigrwydd a dyngarwch.'

Ar ôl dyfynnu brawddeg Daniel a chynnig ei wrtheb ei hun iddi, mynegodd Gruffydd ei farn derfynol arni: 'Nid oes ond un peth y gellir ei ddweud am hyn: *dyma athrawiaeth eithaf Hitler yn ei eiriau ef ei hun*. Dyma ddidwyll laeth efengyl y Natsi a'r Ffasgist, heb ei sgaldian na'i ddyfrhau na'i wanychu mewn un modd. Yn wir, ni allaf ond ailofyn cwestiwn Morys Kyffin: 'A alle ddiawl ei hun ddoedud yn amgenach?" '.¹³⁴ Ac ystyried yr ymateb a fu iddo, mae'n werth dyfynnu'r paragraff clo yn gyflawn:

> Mr Daniel, a gaf i eich atgoffa eich bod yn eistedd yn y gadair lle yr eisteddodd Michael D. Jones a'ch bod yn cael y fraint anrhydeddus o gyfeirio meddyliau cenedlaethau o wŷr ieuainc a fydd rywdro yn gwasanaethu Cymru ym mhulpudau'r Annibynwyr a'r Bedyddwyr? Gwn eich bod yn wlatgarwr mor bybyr â Michael D. Jones ei hun, ac nid oes neb yn eich edmygu yn hynny yn fwy na myfi; gwn eich bod yn credu yn ddiysgog yn yr egwyddorion a gyhoeddir gennych, gwn fod eich dylanwad ar feddyliau'r ieuenctid yn haeddiannol fawr, oherwydd eich personoliaeth hoffus a'ch unplygrwydd amlwg; gwn fod gagendor aruthrol rhwng eich cymeriad chwi a chymeriad llawer o'r rhai sydd mewn gwleidyddiaeth yn ceisio eu heiddo eu hunain ac nid lles y wlad, gwn nad oes gennych yr un fwyell bersonol i'w hogi ac nid oes na job nac elw a all eich prynu. Ond os cyhoeddi Cenedlaetholdeb . . . yn bwysicach na Rhyddid a Dyngarwch fydd neges Annibynwyr a Bedyddwyr y dyfodol, ac os chwi fydd yn gyfrifol am hynny, byddwch wedi llwyddo i ddadwneud canrifoedd o waith y Tadau Ymneilltuol mewn ychydig o flynyddoedd, a gorau po gyntaf, er mwyn cadw rhyw fath o grefydd yn y wlad, y gwêl yr Annibynwyr a'r Bedyddwyr Natsiedig hyn eu ffordd yn glir i Eglwys Rufain. Ni allaf dybio nad ydych wedi meddwl yn ddwys uwchben sefyllfa'r wlad, ond a ydych chwi'n credu yng nghanlyniad rhesymegol eich dadl,—y buasai Cymru heb ryddid barn a llafar, heb yr argyhoeddiadau dyngarol a fagasom yn ein crefydd a'n diwylliant, yn Gymru rydd? Ai ynteu a ydych mor gaeth i lythyren y fformiwla â chredu y buasai caethwasiaeth boliticaidd a phersonol dan y Natsi yn haws ei dioddef na dybyniad politicaidd ar y Sais?¹³⁵

Mae'n anodd cyfleu pa mor enbyd y cythruddwyd Daniel gan y sylwadau hyn ac yn ei 'Lythyr Agored at W. J. Gruffydd' a gyhoeddwyd yn *Y Faner* ar 5 Mawrth 1941, ymatebodd iddynt yn chwyrn. Ni allai faddau i Gruffydd am drafod nid egwyddorion ond personau. 'Roedd yr awgrym nad oedd yn gymwys i ddysgu Athrawiaeth Gristionogol i ddarpar-weinidogion Ymneilltuol, 'a hynny, sylwer, nid oherwydd unrhyw ddiffygion cyhoeddus yn fy nghymeriad, na chwaith oherwydd unrhyw afiechyd athrawiaeth, ond oherwydd fy syniadau gwleidyddol', wedi'i ffyrnigo'n ddychrynllyd. Nid oedd ymosodiad Gruffydd o ddiogelwch esmwyth ei gadair brifysgol—mor wahanol i'w safle anodd yntau fel athro mewn coleg enwadol—ond wedi gwaethygu'r cam. Ac 'roedd y cyhuddiadau gwleidyddol o 'natsïeiddio'r Annibynwyr a'r Bedyddwyr' trwy gyhoeddi 'athrawiaeth eithaf Hitler yn ei eiriau ef ei hun', a'r cyhuddiad crefyddol tybiedig gyfatebol o 'gychwyn [ei ddisgyblion] ar y ffordd i Eglwys Rufain' yn amhosibl eu hanwybyddu. Ac yntau'n hen gyfarwydd ag amddiffyn polisïau, digon amhoblogaidd ysywaeth, ei Blaid, peth newydd a chwbl annymunol iddo oedd gorfod amddiffyn ei anrhydedd ei hun. 'Heddiw, amddiffyn fy ngalwedigaeth a'm buchedd fel un o athrawon Coleg Bala-Bangor sydd raid', ac yn y mwyaf difloesgni o'i holl gyhoeddiadau, dyna'n union a wnaeth.

Cymysgfa o deimladau eirias a rhesymeg ddeifiol oedd amddiffyniad Daniel. Yn hytrach na gwrando'i eiriau a chwilio'i gyhoeddiadau am ddeunydd a fyddai'n cynnal dilysrwydd ei farn, roedd 'dull Mr Gruffydd yn llawer symlach a mwy gwreiddiol na hynny', meddai, sef priodoli iddo eiriau na ddywedodd mohonynt erioed. Trwy i Gruffydd drawsosod un o frawddegau J. E. D., 'fod rhyddfrydigrwydd a dyngarwch yn bethau pwysicach na hawl cenedl i'w rhyddid' gan frawddeg wrthgyferbyniol o'i wneuthuriad ei hun, sef fod 'hawl cenedl i'w rhyddid yn bethau pwysicach na rhyddfrydigrwydd a dyngarwch', ac yna ei phriodoli i Daniel, llwyddodd i wyrdroi'r cwbl a fwriadai ei ddweud. 'Aethoch heibio i'r hyn a ddywedais er mwyn priodoli i mi . . . yr hyn na ddywedais', meddai. 'Roedd coegni Daniel yn ddeifiol: 'Twt, twt, Mr Gruffydd. I ble'r aeth y trefnusrwydd a'r rhesymu'n glir? Oni ddysgasoch fod *dwy* ffordd resymegol o wadu gosodiad fel eich un chwi, sef trwy faentumio'r croes-wyneb ('contrary') neu'r traws-wyneb ('contradictory')? (Gweler Joseph, *Introduction to Logic*, tud. 229). Paham y mynasoch briodoli i mi'r croes-wyneb pan oedd gan y traws-wyneb gystal hawl resymegol? Ai o anwybodaeth o resymeg, neu am mai'r traws-wyneb yn unig a gynhaliai faich enfawr eich cyhuddiad i'm herbyn?' Yr hyn a ddywedwyd mewn gwirionedd meddai Daniel, ar ôl dysgu Gruffydd, yr athro prifysgol, y wers fach hon mewn rhesymeg, oedd hyn: 'Ni chredwn [gan ddyfynnu o'i erthygl yn *Y Ddraig Goch* o'r mis Awst cynt] fod gwir ryddfrydigrwydd a dyngarwch yn bosibl ar draul yr hawl i ryddid. A fo hael, bid gyfiawn yn gyntaf. Ni cheir Cymru rydd fyth yn ôl o ryddfrydigrwydd a dyngarwch . . . 'Roedd hyn yn tanseilio cyhuddiad Gruffydd yn llwyr yn ei dyb a chredai fod rheswm digonol iddo wrthymosod yn ddidrugaredd. Dyma a ddywedodd ym mharagraff mwyaf digyfaddawd y llythyr:

Dyma'r hyn a ddywedais i, a dyma'r hyn y mynasoch ei anwybyddu er mwyn gosod yn fy ngenau, trwy dwyll-resymu a rhagfarn ddiesgus, eiriau y credasoch a fyddai'n sail ddigonol i'ch cyhuddiadau enbyd. Gosodasoch yn fy ngenau neges o'ch gwaith eich hun, a chychwyn yn enw 'canrifoedd o waith y Tadau Ymneilltuol' grwsâd purdeb yn erbyn y 'bersonoliaeth hoffus a'r unplygrwydd amlwg' sy'n prysur arloesi natsieiddio gweinidogaeth pulpud yr Annibynwyr a'r Bedyddwyr a pheri bod Rhufain yn noddfa i'w chyrchu 'er mwyn cadw rhyw fath o grefydd yn y wlad'. Dadleuodd ysgolwyr yr Oesau Canol—o ddifyrrwch, ond odid—faint o angylion a allai sefyll ar flaen nodwydd ddur; dangosasoch chwi—o anwybodaeth neu o ragfarn— faint o ysbrydion aflan a fedr sefyll ar *ddim*.

Er mor finiog yr ensyniadau personol a fynegwyd yn yr ohebiaeth hon, 'roedd gwir gynnen athronyddol yn bod rhwng y ddau athro a'i gilydd. Daeth hynny i'r golwg ym mharagraff clo llythyr Daniel. I Gruffydd eilbeth oedd Cymru, eilbeth unigryw, anghymharol, a neilltuol werthfawr, ond eilbeth serch hynny. Arwydd o safle eilradd y genedl yn ei drefn oedd iddi orfod ildio yn nydd y prawf i deyrngarwch uwch, sef y syniad am ddyngarwch a rhyddfrydigrwydd fel egwyddorion absoliwt. Ond i Daniel yr unig egwyddor absoliwt, ar wahân i ffydd grefyddol, oedd teyrngarwch i'r genedl. '*A siarad yn ddynol*', meddai ym 1934, '*y peth pwysicaf a fedd dyn yw ei genedl.*'[136] Hyhi oedd piau'r hawl eithaf ar fywyd dyn. Gofid politicaidd Daniel yn sgil yr anghytundeb chwerw hwn oedd i 'Mr Gruffydd ymosod arnaf am na chytunaf i osod achos Lloegr o flaen achos Cymru'. Llai na phum mlynedd ynghynt, roedd Gruffydd wedi bod ymhlith prif gefnogwyr Saunders Lewis yn helynt yr Ysgol Fomio, yn is-lywydd y Blaid Genedlaethol ac yn lladmerydd blaenllaw yr ymdrech er sichrau hawliau gwleidyddol cyflawn i'r genedl Gymreig. 'Mwy trist na thristwch' i Daniel oedd gweld ei *volte-face*, brad a ddug ar gof hanes yr ymerawdwr o Gristion hwnnw o'r bedwaredd ganrif a gefnodd ar y Ffydd ac ailsefydlu paganiaeth yn Rhufain: 'Tybiaf na fradychwyd achos yn llwyrach nag yn y geiriau hyn er adeg Julian y Gwrthgiliwr', meddai. (Aeth gwrthgiliad Gruffydd yng ngolwg y cenedlaetholwyr hyd yn oed ymhellach na hynny pan safodd fel ymgeisydd Rhyddfrydol yn erbyn Saunders Lewis yn etholiad 1943.[137]) 'Roedd ei ddirmyg at W. J. Gruffydd erbyn hyn yn llwyr, Gruffydd y Protestant pybyr, yr Ymneilltuwr digyfaddawd, yr Annibynnwr brwd: 'Apeliasoch i'm herbyn at Michael D. Jones,' meddai. 'Yr wyf yn gwbl fodlon. Boed felly', a hynny gan ddyn y tybiwyd gan rai ei fod yn fwy o Ffasgydd nag o ddemocrat ac yn fwy o Babydd nag o Annibynnwr. I'r gwrthwyneb, 'roedd J. E. Daniel mae'n amlwg yn ymfalchïo yn y cyfle unigryw hwn i arddel ei dras.

Fel y gellid disgwyl, esgorodd sylwadau Gruffydd ac ymateb Daniel ar drafodaeth frwd. 'Roedd llythyrwr a arddelai'r ffugenw 'Pendew' eisoes wedi collfarnu Gruffydd yn *Y Faner* am wneud 'gelynion o'i gyfeillion a chyfeillion o'i elynion'[138] ac ymhen yr wythnos ymatebodd 'Euroswydd', sef Prosser Rhys, i'r ymosodiad a wnaed arno ef.[139] Cafwyd llythyr o blaid Daniel gan ei fyfyrwyr a lofnodwyd gan H. Rhys Hughes ar ran yr Annibynwyr, Herbert Roberts ar ran y Bedyddwyr ac Emyr Roberts, llywydd myfyrwyr diwinyddol y Methodistiaid Calfinaidd: 'Ni fu i ni erioed . . . weled yn narlithiau Mr Daniel unrhyw arlliw o duedd at Babyddiaeth na Natsïaeth na chwaith glywed unrhyw sôn am genedlaetholdeb Cymreig'.[140] Caed ymateb sur a swta ymhen yr wythnos gan Gruffydd ei hun. 'Ymddengys i mi mai o'u hochr hwy [y myfyrwyr] y mae'r ymddiheuriad yn ddyledus, nid am fod yn faleisus efallai ond am fod yn dwp',[141] erthygl gan Frank Price Jones yn cefnogi Gruffydd ar yr 22ain,[142] a gair pellach gan H. Rhys Hughes ar ran y myfyrwyr drachefn ar 5 Ebrill,[143] a thrwy gydol y flwyddyn dal i fudlosgi a wnaeth y mater. Ond 'roedd yr hollt rhwng Gruffydd a Daniel erbyn hynny yn gyflawn. Ar y naill law dyneiddiaeth oleuedig a'i harswyd o absoliwtiaeth wleidyddol a chrefyddol o bob math oedd y safon i fesur popeth, ac ar y llall hawl sylfaenol Cymru i benderfynu ei thynged ei hun.

A'r cyhoedd yn tybied i'r ddadl ymfflamychol hon ddechrau diffodd, chwythwyd y peth yn goelcerth drachefn gan erthygl y Parchg Gwilym Davies, ysgrifennydd Undeb Cymreig Cynghrair y Cenhedloedd, a ymddangosodd yn *Y Traethodydd* ym mis Gorffennaf 1942.[144] Hyrwyddwr amlycaf heddwch cydwladol yng Nghymru oedd Davies a gŵr amlwg iawn yn y bywyd cyhoeddus ar y pryd. Sosialydd rhyng-genedlaethol ydoedd. Er na chyfeiriodd Davies at J. E. Daniel ond yn hytrach at Ambrose Bebb a Saunders Lewis, yr un oedd ei safbwynt gwaelodol â'r eiddo Gruffydd, sef perygl enbyd niwtraliaeth a'r angen i ymladd yn erbyn Hitler hyd y pen.[145] Erthygl ryfedd ac anghyfrifol ydoedd ac anodd anghytuno â'r disgrifiad a roes Dafydd Glyn Jones ohoni: 'an example of unprincipled mud-slinging'.[146] Yn hytrach na dadlau'n gall a rhesymol o blaid y safbwynt Prydeinig swyddogol, ei hunig amcan oedd gwneud y drwg mwyaf posibl i'r Blaid Genedlaethol yn gyffredinol ac i Saunders Lewis yn arbennig. Mewn Cymraeg rhwydd a rhywiog priodolodd Gwilym Davies i'r Blaid y bwriadau mwyaf ysgeler gan weld yng ngeiriau diniweitiaf ei pholisïau gymhellion sinistr a dychrynllyd. Math o gangen Gymreig o'r *Action Française* oedd y Blaid, meddai, gyda Mr Lewis yn fersiwn Cymraeg o Charles Maurras, ei arweinydd. Trwy gywain ei hathroniaeth gymdeithasol o gylchlythyrau'r Pab, *Rerum Novarum* Leo XIII a *Quadragesimo Anno* Pius XI yn neilltuol, amcan y Blaid oedd lledu dylanwad gwrthddemocrataidd ac unbennaeth annioddefol y Babaeth yn y wlad. Adfer purdeb ac unoliaeth yr Oesoedd Canol oedd unig nod y cenedlaetholwyr meddai, a dileu pob gwrthwynebiad yn yr ymdrech os oedd rhaid. 'Yn y Gymru annibynnol, dotalitaraidd, ffasgaidd a phabyddol, ni fydd ond un blaid, un eglwys ac un iaith', meddai.[147] Yr her i Gymru oedd sicrhau na fyddai hyn byth yn digwydd trwy ddwyn perswâd ar y cenedlaetholwyr i roi'r gorau i'w polisïau gwrthun: 'Mawr yw cyfrifoldeb arweinwyr y Blaid Genedlaethol Gymreig, neu, i alw pethau wrth eu henwau priodol, y Blaid Ffasgaidd yng Nghymru'.[148]

Gan mor eithafol yr ymosodiad hwn, nid oedd yn anodd i arweinwyr y Blaid Genedlaethol eu hamddiffyn eu hunain yn ddigon effeithiol. Mewn pamffled o'u heiddo amddiffynnodd Saunders Lewis ei hun rhag y cyhuddiadau personol, tra eglurodd Daniel bolisïau'r Blaid, yn enwedig mewn perthynas â'r ensyniadau o Ffasgaeth a Phabyddiaeth. A chofio amharodrwydd J. E. D. i wleidydda ar dir penodol ddiwinyddol, diddorol yw'r cyfeiriadau sydd ganddo at oblygiadau crefyddol y polisïau hynny:

> Credwn fod diogelu'r teulu Cymreig, amddiffyn y dyn bychan, rhoddi i ddyn fel gweithiwr, yn ogystal ag fel dinesydd, lais yn rheolaeth ei fywyd, yn orchwylion hanfodol synhwyrol a Christnogol, nad oes unrhyw angen apelio at awdurdod Pab nac arall, ond yr Efengyl ei hun, i'w cydnabod a'u derbyn.[148a]

'... Ond yr Efengyl ei hun'. Trwy gydol ei flynyddoedd o wleidydda, 'roedd crefydd J. E. Daniel yn oblygedig er nad yn amlwg yn y math o safbwyntiau a gymerodd. Erbyn 1942 daeth yr hyn a oedd yn oblygedig i'r amlwg ac aeth ati i gymhwyso'r Efengyl yn fwy penodol at y sefyllfa wleidyddol a chymdeithasol a oedd ohoni ar y

Rhagymadrodd 65

pryd. Ac yntau wedi cyfyngu ei ddiwinydda i'r ystafell ddosbarth gyhyd, dechreuodd gyhoeddi traethodau crefyddol drachefn. Nid ychydig oedd y rhai a lawenhaodd o'i weld yn dychwelyd at yr hyn a dybiasent iddo'i wneud orau, sef dehongli, i'w genhedlaeth ei hun, gyfoeth a gogoniant y Ffydd Gristionogol.

*   *   *

Erbyn i J. E. Daniel ddechrau cyfrannu o'r newydd at y trafodaethau diwinyddol, 'roedd hi'n amlwg fod yr hinsawdd wedi newid. 'Roedd yr hen gonsenws Rhyddfrydol, os nad oedd wedi chwalu, o leiaf yn gwegian a Moderniaeth gwŷr fel John Morgan Jones, Miall Edwards ac awduron *Y Geiriadur Beiblaidd* eisoes yn ymddangos braidd yn hen-ffasiwn. 'Rhaid i ni fel crefyddwyr yng Nghymru unwaith eto gydnabod awdurdod y Beibl fel Gair Duw', meddai John Wyn Roberts mewn cyfrol a adlewyrchai'r newid pwyslais gystal â'r un. 'Ein dyletswydd yw rhoddi heibio ein rhagfarnau a'n mympwyon a gwrando yn ostyngedig ar yr hyn a ddywed Duw wrthym trwy Ei Air.'[149] 'Roedd apêl y Gristionogaeth glasurol bellach yn cael ei hystyried o'r newydd, ac awydd mewn nifer cynyddol o ieuenctid, rhai o fyfyrwyr a chyn-fyfyrwyr Daniel yn eu plith, i ymostwng i'w hawliau.[150] Nid y lleiaf o gyfraniadau J. E. Daniel erbyn hynny oedd argyhoeddi cenhedlaeth newydd o Gristionogion Cymru o natur safadwy 'y Draddodiadaeth Newydd'. Fel yr ildiasai Rhyddfrydiaeth Brotestannaidd cyfandir Ewrop erbyn y tridegau a'r pedwardegau i ddylanwad Karl Barth, 'roedd argoelion o newid diwinyddol tebyg yng Nghymru hefyd. Yn ysgrifau'r pedwardegau, 'Pwyslais Diwinyddiaeth Heddiw', 'Y Syniad Seciwlar am Ddyn' a 'Gwaed y Teulu' yn arbennig, y gwelir meddwl diwinyddol J. E. Daniel ar ei aeddfetaf. 'Roedd ei farn wedi sefydlogi erbyn hynny, ei safbwynt wedi ymgadarnhau a'i feistrolaeth ar ei fater yn ddi-feth. Ynddynt fe welwyd cynnyrch y Galfiniaeth newydd Gymreig ar ei disgleiriaf.

Mae holl bwysleisiadau cynharach Daniel ar ddatguddiad, ffydd, a gwrthrychedd yr Efengyl yn cael eu hailadrodd a'u hadgyfundrefnu yn yr ysgrif 'Pwyslais Diwinyddiaeth Heddiw' yn y gyfrol *Sylfeini'r Ffydd Ddoe a Heddiw* a gyhoeddwyd dan nawdd Mudiad Cristnogol y Myfyrwyr ym 1942. O'r ddau ddull o ddiwinydda a nodweddai dystiolaeth yr Eglwys ar hyd y canrifoedd, y naill yn dechrau gyda Duw a'i ddatguddiad a'r llall yn dechrau gyda dyn a'i ganfyddiad, y cyntaf, wrth reswm, a arddelir gan J. E. D. 'Safwn, o ddiwinyddion Cymru, gyda Thomas Jones o Ddinbych yn hytrach na chyda David Adams a Miall Edwards', meddai. Gwyddai Daniel fod natur yr Efengyl yn gorfodi dyn i ddewis ei ochr ac nid oedd arno ofn datgan, gydag eraill o'i gyd-wladwyr o'i flaen, ym mhle y safai. Mae'n datgan hefyd mai oddi wrth Dduw y tardd pob gwybodaeth ddilys am Dduw: 'Mewn Cristnogaeth, nid chwilio am wirionedd y mae dyn, ond credu iddo eisoes ei gael', ac oherwydd hynny mae natur y fenter ddiwinyddol yn groes i natur pob ymchwilio diduedd arall. Oherwydd priod ofynion ei ddisgyblaeth, ni *fedr* y diwinydd Cristionogol fod yn ddiduedd. 'Nid chwilfrydedd "disinterested" y gwyddon, ond y *dewis sylfaenol hwnnw a elwir ffydd*, a'i symbyla i'w waith.'

Yr ymostwng digwestiwn hwn i awdurdod allanol a disgyblaeth ffydd sy'n dramgwydd i Foderniaeth, a 'dyma draddodiad llywodraethol Ymneilltuaeth Cymru ers hanner canrif,' meddai. Trwy fynnu diwinydda o safle a oedd yn annibynnol ar ddatguddiad, fe ystumiodd Moderniaeth Gristionogaeth yn llwyr: 'Yn fras, gellir crynhoi'r cyhuddiad uniongred i'w herbyn ei bod yn gosod dyn yn lle Duw'. I Daniel nid oes dim modd i ddyn ymbontio rhyngddo'i hun a Duw. Perthyn Duw i radd amgenach o fodolaeth na dyn. Camgymeriad mawr Moderniaeth oedd credu mai yr un yn eu hanfod oeddynt a bod modd diffinio datguddiad yn nhermau darganfyddiad, Cristionogaeth yn nhermau 'crefydd', ffydd yn nhermau profiad, a Mab ymgnawdoledig Duw yn nhermau athrylith crefyddol. Ildiasai'r dwyfol i'r dynol, er mor 'ysbrydol' oedd allanolion ei wisg. Ond dyna hanfod ei bai. Gan ddyfynnu'n helaeth o Kierkegaard, ergydia'n ddidrugaredd yn erbyn y gamdyb hon. Yr hyn yw Cristionogaeth, meddai, yw nid ffenomen ym myd crefydd neu ysbrydolrwydd dyn, ond Gair o'r tu hwnt sy'n datgan i Dduw, mewn lle arbennig ac ar amser arbennig, ddod yn ddyn er mwyn cyflawni iachawdwriaeth ei bobl. Yr hyn a hawlir, felly, yw nid cydsyniad deallusol esmwyth ond ufudd-dod ffydd: 'Yr hyn a ofyn yr Efengyl yw nid ymchwil bwyllog a phrawf digonol, fel pe bai hi i ymddangos gerbron brawdle dyn; pan bregethir yr Efengyl hon, fe'n gosodir ni gerbron brawdle Crist, a'r hyn a ofynnir gennym yw ffydd, credu'r hyn y *dywedir* wrthym fod *Duw* wedi ei *wneuthur* erom'.

Y teulu yng nghyfnod Bodffari: J. E. D., Anna, Huw, Iestyn, Catherine, John a Gwenllian, c. 1954
(trwy garedigrwydd Mr J. I. Daniel)

Eiddigedd J. E. Daniel dros gategori datguddiad a barai iddo ymwrthod â'r syniad o anffaeledigrwydd. Dywedodd flynyddoedd ynghynt, yn ei adolygiad ar *Bannau'r Ffydd* Miall Edwards, na allai dderbyn honiadau Rhufain am Eglwys anffaeledig na gweld ychwaith fod cyfiawnhad i'r syniad ceidwadol Brotestannaidd am Feibl anffaeledig. Ond rhyw ymbalfalu yr oedd y pryd hynny am athrawiaeth am yr Ysgrythur a fyddai'n diogelu gwrthrychedd datguddiad ac ar yr un pryd yn cydnabod natur ddynol testun y Beibl: 'Fe ddichon mai mewn rhyw athrawiaeth newydd o'r Beibl, fel yr eiddo Barth, y ceir ein dymuniad; ni wn, eithr gwn mai dirym a fyddwn hyd onis caffom', meddai ym 1930. Yn y cyfamser 'roedd Barth wedi perffeithio'i ddehongliad neilltuol ei hun o natur awdurdod yr Ysgrythur, ac mae'n bur amlwg fod Daniel wedi elwa'n sylweddol ohono. Mae ôl dwy gyfrol gyntaf y *Kirchliche Dogmatik* ('Y Ddogmateg Eglwysig'), I/1 (1932) ac I/2 (1938), yn drwm ar weddill ei ysgrif. Yr hyn yw'r Gair, meddai, yw tyst awdurdodedig i ddatguddiad. Nid y Gair, yn yr ystyr o lythyren yr Ysgrythur, yw'r datguddiad. Byddai hynny, yn un peth, yn peryglu'r gwahaniaeth ansawdd anfeidrol a oedd yn bod rhwng y creadur a'r Creawdwr; byddai hefyd yn caniatáu i ddyn feistroli'r dwyfol trwy gyfyngu ar ei sofraniaeth. Ond fe ellid, fodd bynnag, fod yn hyderus ynghylch gwrthrychedd ac effeithiolrwydd y datguddiad ei hun a hynny oherwydd natur y berthynas rhwng y tyst a'r hyn y tystir iddo: 'Perthynas ddialectegol a thyndra dilacio ynddi yw'r berthynas rhwng datguddiad Duw a diffiniadau'r Eglwys', meddai, gan gyfrif y Beibl fel ffynhonnell y diffiniadau hynny. Er eu natur gyfyngedig a meidrol, cyfryngau dibynadwy ac effeithiol ydynt y mae Duw yn barhaus yn ei ddatguddio'i Hun drwyddynt. *Dod* yn Air Duw, *pace* Barth, yn hytrach na *bod* yn Air Duw mewn rhyw ffordd gynhenid yr oedd y Beibl i J. E. D., er nad ymddengys i hyn ei rwystro rhag ymddiried ynddo fel dogfen hanesyddol ddibynadwy. Ond cyffyrddiad uniongyrchol yr Ysbryd Glân sy'n dilysu'r datguddiad, yn ei dyb ef: 'Nid yw na phregeth na sacrament na chredo yn Air Duw ynddynt eu hun, geiriau dynol ydynt oll, heb unrhyw rym na gallu tuhwnt i ryw eiriau dynol eraill. Gwifrau ydynt i gario'r trydan dwyfol pan ac i bwy y mynno Duw'.

Os tystion i ddatguddiad yw Ysgrythur a chredo, mae'r datguddiad ei hun yn unigryw. Ni flinodd Daniel erioed bwysleisio natur ddigymar Duw a Christ a datguddiad: 'Gan hynny rhaid gwrthod unrhyw ddiwinyddiaeth sy'n sôn am Iesu Grist fel cynnyrch yr elfen ddwyfol mewn dyn'. Yr hyn a gadwodd yr Eglwys ar hyd ei hanes rhag cymysgu'r ddeubeth, y dwyfol a'r dynol, oedd ei hargyhoeddiad o'i phechadurusrwydd ei hun a'i hangen parhaus am faddeuant, sef yr union bethau a aethai ar goll mewn Moderniaeth. O wybod ei fod yn bechadur, byddai'n rhaid i ddyn wrth Waredwr, ac o wybod iddo bechu yn erbyn Duw, ni allai'r Gwaredwr hwnnw lai na bod yn Dduw yn null dyn. 'Gan hynny', meddai, gan ddilyn Barth i'r llythyren, 'athrawiaeth y Drindod. Duw sydd yn datguddio, Duw a ddatguddir, a Duw a bair gredu ei ddatguddiad—Duw y Tad, Duw y Mab, Duw yr Ysbryd Glân.'

Nid ateg i ddiwinyddiaeth Gristionogol mo'r Drindod fel yng nghyfundrefn Schleiermacher a Miall Edwards, ond ei sylfaen a'i rhagdybiaeth.

Terfyna Daniel ei ysgrif gyda chyffes bersonol. Ar hyd y blynyddoedd bu'n amharod i ddiarddel neb na chytunai â'i ddehongliad yntau o natur y ffydd. Ni fynnai wneud hynny yn achos y Moderniaid hynny na allent dderbyn na'r Enedigaeth o Forwyn na'r Atgyfodiad Corfforol. '*Gellir* credu'r Ymgnawdoliad heb yr Enedigaeth Wyrthiol, a'r Atgyfodiad heb y Bedd Gwag' meddai, gan feddwl, ymhlith eraill, am John Morgan Jones mae'n siŵr. Ond amdano'i hun dywed hyn:

> Yn arwyddion gwerthfawr o'r gweithredoedd nerthol hyn, credwn yr Enedigaeth o Forwyn a'r Bedd Gwag ... Ni fydd yn anodd i'r neb a gredo fod Duw wedi ymgnawdoli o gwbl, gredu hefyd iddo wneuthur hynny trwy Forwyn, nac i'r neb a gredo fod Duw wedi concro'r gelyn olaf, sef yr angau, gredu hefyd iddo ei ysbeilio o druan weddillion marwoldeb.

'Roedd gwrthrychedd datguddiad yn golygu, iddo ef, fuddugoliaeth Duw dros ddeddfau ei greadigaeth ei hun.

Achosodd *Sylfeini'r Ffydd* gryn drafod yn y wasg grefyddol, yn un peth ar gyfrif safbwynt beiblaidd llawer o'i gynnwys,[151] ond nid yn lleiaf oherwydd natur drawiadol ysgrif Daniel ei hun. Meddai D. Llewelyn Jones yn *Y Faner*, 'Hwyrach mai un o'r pethau mwyaf trawiadol, a chymryd yr holl ysgrifau gyda'i gilydd, ydyw'r ôl dylanwad Barth a welir ynddo, neu'r duedd at safbwynt Barthaidd'.[152] 'Roedd hi'n amlwg fod categori datguddiad, bellach, wedi ymsefydlu yn y byd diwinyddol Cymreig a bod rhaid sôn mwyach am ras yn hytrach na delfrydau, am waredigaeth yn hytrach nag athrylith ac am waith Duw yn hytrach nag ymdrechion dyn. I'r adolygydd peth amheuthun oedd hyn. Dywedwyd peth tebyg gan D. Tecwyn Evans yn *Yr Eurgrawn*: 'Rhoir yma fwy o bwys ar yr hen athrawiaethau diwinyddol Protestannaidd', meddai, 'nag a wneid rai blynyddoedd yn ôl'. Soniai am flynyddoedd cynnar ei weinidogaeth: 'Yr amser hwnnw cyfrifid rhai ohonom a gredai, er enghraifft, mewn pechod gwreiddiol a chadwedigaeth trwy ras, a'r cyffelyb, yn hen-ffasiwn ac ar ôl yr oes: erbyn hyn, dyna'r athrawiaethau sydd ''i fyny â'r oes'', ac y mae'r llyfr hwn yn un praw sicr o hynny'. Llawenhâi o weld y cefnu ar 'y syniadau is-Gristionogol ac is-Apostolaidd, ac is-Brotestannaidd yn wir, a goleddid mor gyffredinol ryw ddeugain mlynedd yn ôl', ac 'roedd hi'n amlwg erbyn hyn fod yr hinsawdd grefyddol wedi newid er gwell.[153] Ond nid hen ladmeryddion y ddiwinyddiaeth draddodiadol yn unig a fynegodd eu gwerthfawrogiad o safbwynt y gyfrol. 'Byddai nifer o ysgrifenwyr yn fodlon cyfaddef, mi dybiaf, mai Karl Barth a'i ysgol yw eu hysbrydoliaeth ddiwinyddol', meddai T. Eurig Davies, golygydd *Y Dysgedydd* erbyn hynny a Rhyddfrydwr diwinyddol o'r hen stamp. Ond onid oedd argyfyngau'r oes, meddai, yn peri i bobl weld o'r newydd bwysigrwydd safbwynt Barth, yn arbennig ei bwyslais ar bechadurusrwydd dyn a mawredd Duw? Wedi rhoi crynodeb o ysgrif J. E. Daniel fel enghraifft o'r pwyslais newydd, meddai: 'Dyma rai o'r pethau a ragdybir yn yr ysgrif, a chredaf y bydd yr eglwysi efengylaidd ar eu hennill yn fawr o'[u] derbyn'.[154] 'Roedd Gwenan Jones, ar y llaw arall, yn gresynu wrth ddiwinyddiaeth adweithiol y cyfranwyr: 'Wele yn awr lyfr heb fod ynddo ond prin dudalen am fywyd daearol Iesu o Nasareth, a dim oll am y dasg gymdeithasol', meddai.[155] Ni ddeuai dim da o ddychwelyd at ffyrdd yr hen uniongrededd yn ei barn hi. Tasg Mudiad Cristnogol y Myfyrwyr o bawb, meddai, oedd parhau i arddel y syniadaeth Ryddfrydol am gynnydd, natur berffeithiadwy dyn a'r angen i gydweithio â Duw er mwyn hyrwyddo dyfodiad y Deyrnas: 'Na feiwch ormod ar ein cenhedlaeth ninnau; edrychem ar Iesu o Nasareth, a gwyddem fod Dyn yn dda, fod arno ddelw Duw'. Gwyddai, serch hynny, fod yr optimistiaeth iwtopaidd hon ar drai: 'Gwelwch imi geisio taflu pont dros ugain mlynedd,' meddai.[156] Ond nid Cymru'r dauddegau oedd Cymru J. E. Daniel, John Wyn Roberts a gweddill Barthiaid ifanc y genhedlaeth iau. 'Roedd y newid eisoes ar droed.

Os Barthaidd ei naws oedd y gyfrol ar ei hyd, yn ôl barn mwyafrif ei hadolygwyr, o law Daniel y daeth y cyfraniad mwyaf pendant ei Farthiaeth a sylweddol ei gynnwys. Ac yr oedd yn destun syndod. Ni welodd Vernon Lewis erioed ymdriniaeth debyg iddi yn y Gymraeg. 'Roedd y rhesymu, yr ergydio, yr olrhain syniadaeth hanesyddol, yn gwbl newydd, meddai. 'Saif yr ysgrif "Pwyslais Diwinyddiaeth Heddiw" ar ei phen ei hun o ran ei chyfraniad pendant a gwerthfawr.'[157] Fel yr edmygydd cynharaf o Barth ymhlith y Cymry, ni allai lai na gwerthfawrogi'r newid a gynrychiolid gan yr ysgrif. 'Y mae tystiolaeth yr Athro Daniel yn bendant ac yn danbaid', meddai J. E. Meredith yn ei adolygiad yntau yn *Yr*

Efrydydd. 'Ni all neb a wêl yr ysgrif hon gamddeall angerdd ei argyhoeddiadau.'[158] Sylwasai Tecwyn Evans ar arbenigrwydd cyfraniad Daniel: 'Yr ysgrif a dynn fwyaf o sylw', meddai, oedd ei ysgrif ef, ar bwys dyfnder ei hargyhoeddiad, ei diffuantrwydd, a disgleirdeb ei datganiadau. Trwy fynnu mai datguddiad yw sylfaen yr Efengyl, i Dduw ei ddatguddio'i hun yn gyflawn ac yn derfynol yn ei Fab, ac iddo egluro'r datguddiad hwnnw i'w bobl trwy'r Ysbryd Glân, cyfrannodd yr awdur yn fawr at egluro'r gwirionedd: 'Hwn fu safle rhai ohonom ar hyd y daith'.[159] 'Syfrdanol' oedd yr ansoddair a ddefnyddiodd D. Llewelyn Jones i ddisgrifio'r ysgrif: 'Efallai mai'r ysgrif fwyaf syfrdanol yn y llyfr yw un J. E. Daniel a'i Barthiaeth eglur'.[160] Ni welsai yntau ddim byd tebyg iddi ychwaith.

A'r 'Draddodiadaeth Newydd' yn destun cymaint o sylw erbyn hynny, yng nghylchoedd crefyddol y myfyrwyr yn arbennig, 'roedd hi'n addas mai Daniel a gafodd ei wahodd i annerch ar 'Y Syniad Gwyddonol am Ddyn' yng nghynhadledd Mudiad Cristionogol y Myfyrwyr ym 1943. Cymryd golwg ehangach ar y pwnc a wnaeth, gan draethu ar seciwlariaeth yn gyffredinol. I'r darlithydd, nid mater o feithrin profiad unigolyddol oedd arddel y Ffydd Gristionogol ond rhywbeth yr oedd iddo arwyddocâd cyhoeddus a chynhwysfawr. 'Roedd credo dyn yn penderfynu natur ei ymateb i fywyd yn ei gyfanrwydd. Dyna pam y cafodd ei hun yn y traethiad hwn, a'r nesaf o'i eiddo sef 'Gwaed y Teulu', yn ailadrodd rhai o'r pethau a eglurodd wrth W. J. Gruffydd ac eraill fel llywydd ei Blaid. Aeth i'r afael drachefn â dwy o gredoau cyhoeddus mwyaf pwerus y dydd, sef Ffasgaeth ar y naill law a Marcsiaeth ar y llall. 'Roedd y ddwy, yn ei farn ef, yn tarddu o'r un gwraidd: hunanddigonolrwydd dyn, 'dyn *"emancipatus a Deo"*, dyn rhydd oddi wrth Dduw':

> Ym mha ddull a gwedd bynnag y cais dyn ei ddeall ei hun ohono'i hun, boed hynny o'i orffennol a'i gychwyn, neu o'i ddyfodol a'i ddelfrydau neu o ryw ddeddf yn gweithio yn ei natur ei hun, yno ceir seciwlariaeth.

Nid digon, meddai Daniel, yw i bobl arddel cred mewn rhyw 'Dduw' haniaethol er mwyn eu harbed rhag effaith y seciwlariaeth hon. Gallai'r gair 'Duw' fod yn ddim ond enw ar rinwedd dynol neu broses hanesyddol. Yr hyn yw Cristionogaeth yw mater o gydnabod arglwyddiaeth Crist ar ei greadigaeth a'i achubiaeth a'i farn, a dyma'r union beth na fyn y seciwlarydd mo'i wneud, pa mor grefyddol bynnag y bo'i ieithwedd a'i anian. 'Pa angen *maddeuant* sydd ar Gynnydd?', gofynnodd, gan ergydio yn erbyn Hegeliaeth, Ffasgaeth, a Marcsiaeth oddi mewn i un frawddeg, 'a phwy a faidd gynnig *achubiaeth* i gyfiawnder gwreiddiol gwaed a phridd neu i reidrwydd y ddialechdeg a ddwg yn ei iawn bryd un ai'r Gymdeithas Ddiddosbarth neu'r Idea Absoliwt?'

Olrhain 'Y Syniad Seciwlar am Ddyn' i Ddadeni'r bymthegfed ganrif a'r unfed ganrif ar bymtheg a wnaeth J. E. D., cyfnod ailddarganfod trysorau'r byd clasurol. Os peth gwerthfawr a chymeradwy oedd hynny ynddo'i hun, cynyddodd yn ei sgil yr argyhoeddiad y gallai dyn ymysgwyd yn rhydd oddi wrth awdurdod crefyddol fel y'i mynegwyd yn gyntaf yn Eglwys yr Oesoedd Canol ac wedyn gan y Brotestaniaeth newydd: 'Bellach nid oes unrhyw awdurdod y tu allan i ddyn y dylid plygu iddo, ef ei hun oedd yr awdurdod terfynol, ac wrth gwrs nid oedd apêl oddi wrth ddyfarniadau y llys hwn lle'r oedd Dyn ar y fainc a Duw yn y doc'. Bwrw Ewrop i argyfwng awdurdod a wnaed, a hyn yn cael ei adlewyrchu ym myd gwleidyddiaeth, economi, a llên. Collwyd, i bob golwg, y nod trosgynnol i wareiddiad, gan orfodi dyn bellach i greu ei bwrpas ei hun.

O ymysgwyd yn rhydd oddi wrth hualau awdurdod, credai gwŷr y Dadeni a'u disgynyddion y gallent ymberffeithio trwy eu hymdrechion eu hunain: 'Gellir adnabod nodweddion hanfodol meddwl y Dadeni ym mhob man wrth ei optimistiaeth braf a dibryder, ac yn enwedig wrth ei gred mewn rheswm ac addysg fel moddion anffaeledig dyrchafiad cymdeithas'. O Resymoliaeth y ddeunawfed ganrif at Ddarwiniaeth y bedwaredd ganrif ar bymtheg, cynyddodd yr optimistiaeth hon, gan weddnewid syniad dyn amdano'i hun. O golli'r athrawiaeth Gristionogol am ddyn fel un a grewyd ar lun a delw Duw, aeth dyn i'w ddeall ei hun fel ffrwyth esblygiad damweiniol ac amhersonol. Yn dilyn hyn 'nid rhaid dewis eich safon yn ofalus a gall unrhyw *Herrenvolk* gollfarnu'r genedl neu genhedloedd a fynno fel 'lesser breed, without the law'',' meddai. Dyna, wrth gwrs, a wnaeth Hitler yn achos yr Iddewon, a chanlyniad uniongyrchol rhagdybiaethau seciwlaraidd a gwrth-Gristionogol Natsïaeth a barodd iddo wneud hynny: 'Unwaith y collir y ddysgeidiaeth Gristionogol am ddyn, nid oes diwedd i'r hyn a gall dyn ei wneuthur i'w gyd-ddyn'.

Nid mor bell oddi wrth annynoldeb athroniaeth y Ffasgwyr oedd hunanhyder poblogaidd y Marcsiaid. Nid cenedl sy'n cael ei hystyried yn isradd ac felly'n addas i'w dileu y tro hwn ond dosbarth: 'Y mae'n werth nodi y sieryd arweinwyr y proletariaid am ddosbarth y *bourgeosie* yn union, *mutatis mutandis*, fel y sieryd arweinwyr yr *Herrenvolk* am, dyweder, yr Iddewon. Ac am yr un rheswm; am iddynt briodoli hanfod dynoliaeth i broses amhersonol sy'n gwadu Duw, a chyfrifoldeb'. Yr elfen gyffredin rhwng y ddwy athroniaeth yw iddynt drosglwyddo pwrpas bywyd dyn oddi wrth Dduw a'i dadogi, mewn rhyw fodd neu'i gilydd, ar hanes, gan fynnu nad oes dim a fedr ei rwystro rhag ei gyrraedd naill ai trwy broses anorfod neu trwy ymarfer ei ewyllys rydd ei hun.

Ac ystyried rhagdybiaethau crefyddol Daniel, nid oedd dim byd annisgwyl yn ei ddadansoddiad cyhyrog a digyfaddawd o'r athroniaeth seciwlar am ddyn. Ac fel ei feistr diwinyddol Karl Barth, ni chredai mai trwy resymu y gellid argyhoeddi'r seciwlarwyr o enbydrwydd eu cyfeiliorni. Os hanfod y syniad seciwlar am ddyn oedd hunanddigonolrwydd, neu, a defnyddio'r ieithwedd Gristionogol, bechod a balchder, byddai angen rhywbeth effeithiolach na rheswm i'w disodli:

> Os *myn* dyn gredu mai anwybodaeth yw'r unig beth sy'n poeni dyn, yna pa fodd yr argyhoeddir ef? . . .
> Os *myn* dyn gredu mai'r ffaith mai dosbarthiadau mewn cymdeithas yw'r unig neu'r prif beth sy'n poeni dyn, pa fodd y darbwyllir ef?
> . . . eto, os *myn* dyn lynu wrth ei falchder a'i hunanhyder, buan y llunia ryw athrawiaeth arall, ryw ddehongliad arall o hanes a brawf i'w fodlonrwydd ef mai ef yw meistr ei dynged a chapten ei ddyfodol.

I J. E. Daniel, yr unig arf cwbl effeithiol yn y frwydr fawr hon oedd cyhoeddi'r Efengyl: 'Diau fod lle i ddadlau yn erbyn seciwlariaeth ar ei thir ei hun, ac fe fydd hynny yn wastad yn rhan o waith amddiffyn yr Efengyl [fel y profasai Daniel yn yr union ysgrif hon]. Ond ni all fod yn gyfnewid am bregethu'r Efengyl'. Fel yr oedd hi'n wireb i Barth mai Duw yn unig a allai ddatguddio Duw, 'roedd hi felly'n amlwg i Daniel mai trwy gymeradwyaeth yr Efengyl ohoni'i hun y gellid amddiffyn hygrededd y gwirioneddau Cristionogol orau. Nid dadlau â'r dyn hunanddigonol, felly, oedd gwaith yr Eglwys, ond ei osod

> yng ngoleuni Ymgnawdoliad a Chroes Mab Duw, lle gallo weled drosto'i hun fod ei bechod mor fawr fel na allai dim llai na gwneud y Gair tragwyddol yn gnawd, a'i ufudd-dod hyd angau'r Groes ei achub

rhagddo. Nid oes neb wedi cael cyfle i ystyried *quanti ponderis sit peccatum*, faint yw pwysau pechod, onid aethpwyd ag ef i fynydd yr Olewydd ac i fryn Golgotha a'i wahodd i chwilio'i hun a gofyn ai trefn cymdeithas, neu ddiffyg gwybodaeth, neu olion bywyd is, ai ynteu ddrwg gwreiddiol sy'n tyfu trwy *bob* trefn gymdeithasol, yn cyd-dyfu gyda *phob* cynnydd mewn gwybodaeth, a goroesi *pob* datblygiad, a alwodd am yr Aberth rhwng yr hoelion dur.

A chan adleisio soned fawr Saunders Lewis 'Y Dewis', y terfynodd ei ysgrif.[160a]

Er mai ymdrin â chenedlaetholdeb a wnaeth Daniel yn ei ysgrif nesaf, sef ei bregeth 'Gwaed y Teulu' a seiliwyd, fel homili glasurol Emrys ap Iwan 'Y Ddysg Newydd a'r Hen',[161] ar Actau 17:26, 'Efe a wnaeth o un gwaed bob cenedl o ddynion', parhau â'r rhesymu uchod a wnaeth mewn gwirionedd. Yn wahanol i'r seciwlarydd, 'roedd ar y Cristion ddyletswydd, meddai, i ystyried ei gariad at ei genedl yng ngyd-destun ei ffydd yn Nuw. Gan mai Duw piau'r hawl eithaf ar ei deyrngarwch, amhosibl yw i'r Cristion ddwyfoli'r genedl a'i hystyried yn ddiben ynddo'i hun. Fodd bynnag, 'roedd i'r genedl ei hawliau hithau, a'r rheini, yn nhrefn rhagluniaeth, yn hawliau dwyfol. Er na ddylid mo'i dwyfoli, fe ddylid, yn ôl y ddealltwriaeth Gristionogol, ei charu. Gan mai Crëwr cymdeithasau ydyw Duw yn hytrach na bod yn Grëwr unigolion yn unig nac yn Grëwr sefydliadau ychwaith, 'roedd i'r genedl hithau ei lle oddi mewn i'w arfaeth. Ac fel mae Duw yn bod yng nghymdeithas Tad, Mab, a'r Ysbryd Glân, felly y mae dyn, a grewyd ar ei lun a'i ddelw, wedi'i greu er mwyn eraill, chwedl y Beibl: 'Nid da bod y dyn ei hunan'. Caiff y ddelw ddwyfol ei chyflawni yng nghymdeithas dyn â'i gyd-ddyn. 'Un o'r mathau o gymdeithas y bwriadodd Duw i ddyn berthyn iddi', medd Daniel, ar gorn ei ddehongliad o eiriau'r Apostol, '. . . yw'r genedl. Y mae hi, fel y teulu y mae'n ehangiad ohono, yn rhan o ffrâm ddwyfolordeiniedig bywyd dyn.'[162]

A chofio, felly, mai Duw a wnaeth y genedl—'*Efe* a wnaeth o un gwaed bob cenedl o ddynion'—ni feiddiwn mo'i gwneud yn eilun. Dyma bechod y Natsïaid a phob cenedlaetholdeb seciwlaraidd tebyg: 'Y mae'n rhaid i'r neb a fynno sôn am ei ffyddlondeb i'w genedl ddangos yn eglur pa fodd yr ymgeidw rhag yr eilunaddoliaeth honno. Rhaid yw iddo ddangos lle'r genedl mewn trefn *Gristionogol*; rhaid iddo ddangos *terfynau* ei hawl'. Gan i Dduw wneud pob cenedl yn gydradd—'Efe a wnaeth *o un gwaed* bob cenedl o ddynion'—'Dyna ben ar bob syniad o *Herrenvolk* neu *"lesser breeds without the Law"*.' 'Roedd 'hawl ddiamod y genedl hunanetholedig' eisoes wedi dod yn 'brif heresi Ewrop', meddai Daniel, am fod y gorchymyn cyntaf, 'Na fydded i ti dduwiau eraill ger fy mron i', wedi'i dorri. Gan mai Gair Duw ac nid rheswm dyn a ddatguddiodd natur y greadigaeth, datguddiad yn unig a fedd y gallu i argyhoeddi dyn ynghylch ei le oddi mewn i'r greadigaeth honno: 'Y mae dynion yn un am mai delw yr un Duw sydd ar eu creu, ac am mai marwolaeth Unig-anedig Fab y Duw hwnnw yw'r iawn dros eu pechodau'. Trwy iddynt gydnabod gwaith Duw yn y creu ac yn y cadw y gall dynion ddod o hyd i'w gwir undod, meddai. Ac mae'r undod hwnnw yn ddyfnach na'r gwahaniaethau o ran hil, cenedl, a diwylliant, a all fod rhyngddynt. Ond gan mai'r un Duw hwn a greodd genhedloedd—'Efe a wnaeth o un gwaed *bob cenedl* o ddynion'—nid oes gan y Cristion mo'r hawl i ddymuno gweld eu dileu. Mae rheidrwydd arno i barchu'r genedl a'i charu. Rhan ydyw'r genedl o amrywiaeth gyfoethog arfaeth Duw ar gyfer ei fyd. Beth oedd Tŵr Babel, medd J. E. D., ond ymgais dyn i ymgyrraedd at Dduw trwy ei undod a'i unffurfiaeth ei hun ac ar ei amodau ei hun: 'Er mwyn dyfod â'r ddynolryw yn ôl at lwybr ei fwriad Ef, chwalodd Duw yr au unoliaeth hon, megis y dywaid Paul i Dduw greu amrywiaeth cenhedloedd "fel y ceisient yr Arglwydd" '. Undod mewn amrywiaeth yw patrwm Duw ar gyfer ei fyd. Dyna a gafwyd ar Ddydd y Pentecost. Er mai mewn un iaith y llefarodd Pedr ynghylch Iesu, 'roedd holl amrywiaeth y cenhedloedd yn deall ei neges trwy gyfrwng eu hieithoedd hwy. Mae i hyn, meddai Daniel i gloi, oblygiadau amlwg ar gyfer yr eschatoleg Gristionogol:

> A chredwn yn y Pentecost tragwyddol y bydd Bernard yno yn canu *'Jesu, dulcis memoria'*, a Luther ei *'Ein' feste Burg ist unser Gott'*, a Watts ei *'When I survey the wondrous cross'* a Phantycelyn ei 'Iesu, Iesu, 'rwyt ti'n ddigon', heb i Bernard anghofio ei Ladin, na Luther ei Almaeneg, na Watts ei Saesneg, na Phantycelyn ei Gymraeg, a heb i hynny rwystro mewn unrhyw fodd gynghanedd eu cyd-ddeall a'u cydganu.

Ysgrif hynod oedd yr ysgrif hon. Dyma *apologia* J. E. Daniel dros genedlaetholdeb Cristionogol a'i ateb terfynol i'w feirniaid oll. Er gwaethaf ymlyniad Cristionogion o bob enwad a thraddodiad, ac o bob lliw diwinyddol, wrth y mudiad cenedlaethol, ni chafwyd yr un ymgais hyd yma i saernïo athroniaeth feiblaidd ar ei chyfer. Os y syniad traddodiadol am Ddeddf Natur ac athrawiaeth gymdeithasol Eglwys Rufain a fu'n sail i ddealltwriaeth Saunders Lewis o natur cenedlaetholdeb Cymreig, dyma J. E. Daniel yn cymathu syniadaeth feiblaidd Emrys ap Iwan â diwinyddiaeth datguddiad Karl Barth gan greu synthesis newydd. Ymwrthododd â'r dehongliad Catholig ar y naill law a chenedlgarwch seciwlaraidd ar y llall. Dyma, ond odid, genedlaetholdeb y Gair. 'Roedd 'Gwaed y Teulu', ynghyd ag ysgrifau eraill y pedwardegau, yn gyfraniad nodedig at greu corff bychan ond praff o ddiwinyddiaeth datguddiad a oedd yn gynhyrfus, yn fywiog, ac yn neilltuol Gymreig.

Crynhoad syml o safbwynt cyffredinol Daniel a geir yn yr ysgrif radio 'Karl Barth'. Er mai disgrifio'n fyr ddiwinyddiaeth y gŵr o'r Swistir yw ei amcan, a hynny gyda'r gymeradwyaeth lwyraf erbyn hyn, mewn gwirionedd mynegi ei athrawiaeth ei hun a wna. Un tra chyfarwydd yw'r method: darlunio priod nodweddion y Rhyddfrydiaeth Ddiwinyddol a arddelwyd gan Barth cyn 1914, datgelu ei gwendidau ac yna nodi'n fyr brif bwyslais y Barth aeddfed a'r 'Draddodiadaeth Newydd'. Arbenigrwydd yr ysgrif yw ei heglurder ymadrodd a rhywiogrwydd neilltuol ei Chymraeg. Wedi disgrifio nodau amgen y ddiwinyddiaeth Ryddfrydol a'i goblygiadau—'Ei syniad gwreiddiol yn ddiau yw'r syniad o ddwyfoldeb dyn a'i debygrwydd hanfodol i Dduw'—gesyd gerbron brif fannau'r safbwynt gwrthwynebol. Nid un hanfodol dda mo dyn yn y schema Barthaidd, meddai, ond pechadur, un sy'n sefyll mewn angen am gael ei achub. Gan iddo bechu yn erbyn Duw, dim ond Duw a all ei achub. 'Dywedir wrtho yn yr Efengyl fod hynny wedi digwydd ym mywyd a marwolaeth Iesu Grist ei Arglwydd.' Er symled y drefn hon, 'roedd rhywbeth anghyfarwydd ynddi i grefyddwyr Cymru ar y pryd. 'Yn awr', meddai, 'nid oes dim newydd yn hyn oll. Dyma hanfod yr Efengyl fel y ceir hi yn y Testament Newydd, fel yr ailgyhoeddwyd hi gan y Diwygiad Protestannaidd, ac fel y credir hi eto gan luoedd lawer o Gristionogion syml mewn llawer gwlad.' Arwydd o wrthgiliad Protestaniaeth Cymru oddi wrth ei ffydd gysefin oedd yn gyfrifol am ddieithrwch rhyfedd ei neges yn yr oes fodern. Cymwynas Karl Barth oedd dwyn yr Efengyl ynghyd â'i thramgwydd yn ôl i ganol y llwybr diwinyddol.

Erbyn cyhoeddi'r ysgrif hon, 'roedd Daniel wedi treulio dros ugain mlynedd ar staff Coleg Bala-Bangor. Ac yntau bellach yn ddwy a deugain oed ac yn gymeradwy yn ei waith, disgwylid mai ef a fyddai'n etifeddu mantell y brifathrawiaeth ar ymddeoliad John

Morgan Jones ymhen y flwyddyn.[163] Ond nid dyna a ddigwyddodd. Cyhoeddwyd, yn hytrach, yn gynnar ym 1946, iddo gael ei benodi'n Arolygwr Ysgolion o dan y Weinyddiaeth Addysg, gyda chyfrifoldeb dros Addysg Grefyddol a'r Clasuron. Nid ychydig oedd y siom a achoswyd gan y cyhoeddiad hwn, a chyda marwolaeth John Morgan Jones yn dristwch ychwanegol yn ei sgil, daeth i ben gyfnod disglair yn hanes Bala-Bangor. 'Roedd teyrnged Daniel wrth fedd ei gyd-weithiwr yn dyst i'r cyfeillgarwch a ffynasai rhyngddynt gyhyd: 'Gyda'i farw ef, daw hefyd i ben gyfnod yn fy mywyd innau'. 'Roedd ef eisoes yn ei ysgrif ar Karl Barth wedi tynnu gwahaniaeth pendant rhwng ffydd rhai o'r Rhyddfrydwyr diwinyddol yng Nghrist a'u syniadau, cyfeiliornus, fel y tybiai ef, amdano. 'Y mae'n amlwg fod ffydd y diwinyddion hyn yn drech na'u syniadau, ac na allant oherwydd eu cariad at eu Harglwydd beidio â phriodoli iddo ryw arbenigrwydd terfynol na chaniatâ llythyren eu system.' 'Roedd prawf ugain mlynedd o gydweithio wedi argyhoeddi Daniel o ddiffuantrwydd ymlyniad ei brifathro wrth berson Crist. Gallai un frawddeg yn ei lith ar Barth fod wedi'i saernïo yn uniongyrchol ar gyfer Morgan Jones: 'Mae llawer ohonom yn salach na'n diwinyddiaeth; diolch i Dduw fod llawer yn well na hi'. Wedi nodi gonestrwydd ei gyfaill, ei ddewrder moesol, ei radicaliaeth a'i addfwynder, cymhwysodd ato gwpled Eben Fardd:

> Da wladwr duwiol ydoedd
> A gŵr i Dduw o'r gwraidd oedd.[164]

Nid ffarwelio â chyfaill yn unig a wnaeth Daniel yn y deyrnged hon ond cyhoeddi faledictori ar gyfnod gyda'r pwysicaf yn ei fywyd ei hun: 'Fe aeth darn o'm bywyd i'w fedd'. Prin y gwyddai hynny ar y pryd, ond 'roedd helaethrwydd ei gyfraniad i fywyd diwinyddol Cymru eisoes wedi dod i ben.

Blynyddoedd 'y mudandod mawr' oedd y rheini a ddilynodd ymadawiad J. E. Daniel â Bala-Bangor, yn ôl un o'i edmygwyr fodd bynnag.[165] 'Roedd amodau ei swydd newydd yn ei wahardd rhag traethu ei farn ar faterion gwleidyddol, a'i hamgylchiadau yn mynd ag ef ymhell o ganol y byd eglwysig. Fe glywid ei lais o bryd i'w gilydd, dros donfeddi'r radio ac, ar un achlysur arall o leiaf, yng nghyfarfodydd Undeb yr Annibynwyr. Ond 'roedd y prysurdeb cyhoeddus bellach ar ben. Cafodd groeso gwresog i annerch ar

'Hanfodion Diwinyddiaeth' yng nghyfarfodydd Undeb Caernarfon ym 1949, lawn ugain mlynedd ar ôl y traethiad ar natur eglwys a'i gwnaeth yn bennaf pleidiwr y 'Galfiniaeth Newydd' ymhlith pobl ei enwad ei hun. Nid ffugio a wnaeth llywydd y cyfarfod, y Rhyddfrydwr diwinyddol pybyr sef yr Athro J. Oliver Stephens, trwy gyfeirio ato fel 'un o feibion disgleiriaf ein henwad a'n cenedl', a datgan barn y mwyafrif a wnaeth trwy ddweud: 'Fel athro diwinyddol ni allaf lai na mynegi ein hymdeimlad o golled enbyd yn ei ymddiswyddiad o'i gadair ym Mangor'.[166] Taro nodyn cyfarwydd a wnaeth Daniel. Ymgais oedd diwinyddiaeth, meddai, 'i ddeall a phuro hyd y gellir genadwri'r Eglwys'. Gweithgaredd eglwysig ydoedd a'i rhagdybiaeth oedd ffydd. Trwy ffydd yn unig y gellid dirnad y neges a ymddiriedwyd i'r Eglwys i'w chyhoeddi. Nid metaffiseg na delfryd mo'r neges hon ond efengyl, newyddion da, rhywbeth a wnaed gan Dduw erom. Yn sgil hyn 'roedd rhaid arddel y syniad o ddatguddiad, y goruwchnaturiol, natur unigryw yr Efengyl—'Nid teip na ffroses yw'r Ymgnawdoliad . . . Ni all Iesu arall farw eto ar Galfaria arall'—a'r ymdeimlad o ryfeddod:

> Ni fedrwch ddiwinydda yn iawn heb iddo godi awydd ynoch i bregethu. Sawl un a feddylia am yr Efengyl fel peth a ychwanegwyd at bethau eraill . . . Ond y mae 'infinity plus' yn amhosibl. Y mae'r ffaith hon mor fawr—'a wnaethpwyd yn gnawd'—mor fawr nes tynnu i mewn i'w ffordd a'i batrwm ei hun bob peth arall.

> 'Unwaith am byth oedd ddigon . . . '

> 'Byth ni wêl tylwythau'r ddaear
> Geidwad arall fel Efe . . . '

Neu,—

> 'Rhyfeddod a bery'n ddiddarfod
> Yw'r ffordd a gymerodd Efe . . . '

Y mae'n hemynyddiaeth yn llawn o'r syniad am y rhyfeddod, a rhaid yw ei adfer. Y mae gras yn rhoi ei ffurf hyd yn oed i natur, a rhaid dehongli pob dim . . . yng ngoleuni gras.[167]

'Roedd y traethiad hwn, yn ôl y sôn, yn gwbl ysgubol. Dyma'r cyfle olaf, ysywaeth, a ddeuai i J. E. Daniel annerch un o gynadleddau ei enwad ei hun.

Sgyrsiau radio oedd y ddwy ysgrif olaf a gyhoeddwyd gan J. E. Daniel, y naill ar destun 'Gwyrthiau', a welodd olau dydd ym 1948, a'r llall ar 'Dduw a'r Anymwybod', a ymddangosodd chwe blynedd yn ddiweddarach. Byddai'n sôn am y goruwchnaturiol fel un o hanfodion diwinyddiaeth yn ei anerchiad gerbron Undeb yr Annibynwyr ym 1949: 'Nid torri deddf a wna gwyrth', meddai y pryd hynny, 'ond deddf uwch yn peri bod y deddfau llai yn cydymffurfio'.[168] 'Roedd y gwyrthiol yr un mor anhepgor iddo yn y sgwrs hon: 'Ar yr agwedd a gymerir tuag at y syniad o wyrth ... y try hefyd ein syniad am ddilysrwydd ac ystyr Cristnogaeth'.

Ymladd ar ddwy ffrynt yr oedd uniongrededd glasurol a'i chred ddiysgog yn ffeithiolrwydd y goruwchnaturiol, yn erbyn athroniaethau gwrth-Gristionogol megis materoliaeth ac idealiaeth i gychwyn, ac yn erbyn yr hen elyn, sef 'moderniaeth Gristnogol', wedyn. A brwydr ydoedd yn erbyn dwy ragdybiaeth wrthgyferbyniol. Nid rhyfel rhwng gwyddoniaeth a chrefydd neu hanes a chrefydd ydoedd o gwbl, ond yn hytrach rhwng dwy athroniaeth a oedd yn amodi ymchwil pob gwyddonydd a phob hanesydd: 'Brysiwn yn awr i ychwanegu na all fod brwydr rhwng unrhyw fath o *wyddoniaeth* a chrefydd; yn unig pan gefna gwyddonwyr ar eu priod waith o astudio'r byd naturiol a throi yn athronwyr o fath arbennig, y cyfyd brwydr'. Ac eto, wrth gyfeirio at yr hanesydd, 'Nid ei astudiaeth o hanes, ond ei ragdybiau athronyddol ynglŷn â hanes a bair na chenfydd y gwyrthiol'. Fodd bynnag, yr hyn oedd gwyrth, yn syml, oedd 'ymyrraeth â natur gan Allu goruwchnaturiol', yr honiad 'i Allu goruwchnaturiol, neu'n fyr Dduw, mewn lle arbennig, ar adeg arbennig, ymyrraeth â threfn natur'. I gredu ynddi, 'roedd gofyn yn gyntaf gredu ym modolaeth Duw ac yna gredu bod Duw yn bod ar wahân i'w greadigaeth. 'Roedd y syniad o wyrth yn annerbyniol i'r materolydd ar gyfrif y gred gyntaf ac i'r idealydd neu'r pantheist ar gyfrif yr ail. Er eu hannhebyced, y maent yn hynod debyg i'w gilydd, medd Daniel: 'Y mae'r holl syniad o ymyrraeth gan hynny yn anealladwy iddynt'.

O droi oddi wrth y ddadl â'r athronwyr anghristionogol at y ddadl fewnol rhwng yr uniongred a'r Modernwyr, 'math o ryfel cartref rhwng Cristnogion a'i gilydd yw hwn'. Craidd safbwynt y Modernwyr yw bod y gwyrthiol yn ddiangen gan i Dduw greu natur i weithredu yn ôl ei deddfau ei hun: 'Y mae sôn am wyrth, gan hynny ... yn gyfystyr â phriodoli annigonolrwydd i waith creadigol Duw'. Ond nid felly ydoedd o gwbl, yn ôl Daniel. Yn hytrach, fe all ein diffyg crebwyll ni ynghylch cyflawnder creadigaeth Duw ein gyrru i gredu mewn trefn ddeddfol a di-fwlch, tra bo'r greadigaeth mewn gwirionedd lawer yn fwy agored nag a dybiasom. A beth am y difwyno ar y greadigaeth a ddigwyddodd yn sgil gwrthryfel dyn a'r cwymp? 'Os yw pechod yn ffaith, ac os yw wedi amharu ar berthynas gynhenid natur a Duw, yna, os myn Duw ei hadfer . . . nid rhyfedd fod galw am ymyrraeth neu wyrth.' Ond i goroni'r cwbl, medd Daniel, rhaid dychwelyd at dystiolaeth yr Ysgrythur: 'Neges y Testament Newydd yw fod yr ymyrraeth honno wedi digwydd'. Gan mor enbyd oedd gwrthryfel dyn, a chan mor greiddiol oedd ei effeithiau ar berthynas Duw â'i fyd, ni allai dim llai na gwyrth fod wedi ei iacháu. Nid trwsio hen ddefnydd a wnaeth Duw yn yr iachawdwriaeth ond dechrau o'r newydd. Dyna arwyddocâd canolog yr Enedigaeth o Forwyn fel y pwysleisiai Barth o hyd, na allai natur na hanes fod wedi cynhyrchu eu Hiachawdwr eu hunain. Rhaid oedd i Dduw ymyrryd er mwyn eu hachub a dyna a wnaeth yng ngwyrth fawr yr Ymgnawdoliad. O gredu'r wyrth fawr, bydd y gwyrthiau llai yn dod yn fwyfwy amlwg: 'Gwelwn yn eglur mai addas osgorddion y wyrth fawr yw'r gwyrthiau llai'.

Er mor ddidramgwydd oedd yr ymdriniaeth hon yn ôl canonau'r Gristionogaeth glasurol, parodd ymateb ffyrnig yn o leiaf un o'r Modernwyr diwinyddol, nid hwyrach y mwyaf cecrus ohonynt oll. 'Rhaid i mi gyfaddef', meddai Iorwerth C. Peate yn ei golofn yn *Y Cymro*, 'fod darllen yr ysgrif hon wedi fy nhaflu i bruddglwyf llwyr'. Iddo ef nid oedd 'y gred gyntefig mewn gwyrthiau' yn ddim llai nag abswrd. Yr unig wyrthiau a ganiateid ag ail hanner yr ugeinfed ganrif ar wawrio oedd tystiolaeth ac esiampl dyngarwyr dadfytholedig megis Schweitzer a'r Esgob Barnes. Gweithio tuag at sefydlu Teyrnas Dduw ar y ddaear oedd yn wyrthiol ac nid 'y gwyrthiau y myn Mr Daniel inni dreisio'r meddwl i gredu ynddynt'. 'Roedd y ffaith fod gŵr galluog yn ei bwyll a'i synhwyrau yn medru dal credo mor 'ganoloesol' yn ei yrru i'r falen yn lân. I'r Rhyddfrydwr diwinyddol dogmatig hwn peth marw ac ofergoelus oedd y gred fod Duw wedi ymgnawdoli mewn hanes gan atgyfodi ar y trydydd dydd, ac 'nid oes fywyd mewn credo farw, bydded honno'n gred mewn gwyrthiau neu unrhyw ofergoeledd arall'.[168a] Nid hwn fyddai'r tro cyntaf na'r tro olaf i Peate honni llefaru'r gair terfynol ar fater hygrededd y Ffydd Gristionogol mewn oes wyddonol.[168b]

Rhagymadrodd

Prin y gellid dweud i eithafiaeth y gŵr o Sain Ffagan fennu fawr ar farn na safbwynt J. E. Daniel. Â seicoleg yr aeth ef i'r afael yn yr olaf o'i ysgrifau cyhoeddedig, seicoleg Freud a Jung fel y'u dehonglwyd gan yr offeiriad Pabyddol Victor White yn ei gyfrol *God and the Unconscious*. Amddiffyn y ffydd yw ei amcan unwaith yn rhagor, ond y tro hwn yn erbyn y dybiaeth gyffredin 'fod y seicoleg newydd wedi dadrithio crefydd yn derfynol, fod Freud wedi gwneuthur yr hyn y methodd Nietzsche ei wneuthur—lladd Duw'. Ymwrthyd, fel y gellid disgwyl, â'r farn hon: 'Nid yw Cristnogion ... yn derbyn atitiwd fel hwn'. Ond yr hyn sy'n newydd yn yr ysgrif hon yw cydymdeimlad ei hawdur â'r syniad catholig ac an-Farthaidd o gydweddiad a synthesis, y gred fod mewn dyn, ar wahân i ddatguddiad, 'angen cynhenid am Dduw neu am rywbeth i lanw ei le yn ei natur'.

Wedi disgrifio'n fyr brif theorïau Freud a Jung ynghylch crefydd a'r anymwybod, myn J. E. D. 'y gall y Cristion ganfod yn seicoleg Jung ategion i'w ffydd'. Nid niwrosis oedd crefydd yn nhyb Jung ond un o anhepgorion seicolegol y bywyd iach, ac nid ffrwyth gwyrdroedig y nwyd rhywiol oedd yr hiraeth am Dduw, fel y dadleuodd Freud, ond adlewyrchiad o *archetype* y Dadolaeth Fawr. Mynnai'r naill feddyliwr fel y llall fod mewn dyn ddyheadau anniwall am fywyd ac ystyr, ond i'r naill gollfarnu crefydd ac i'r llall ei mawrygu. Ond 'roedd dyn, iddynt hwy ill dau, yn greadur hanfodol hiraethus. 'Ni allwn na chofiwn Sant Awstin', medd Daniel. ' "Ti a'n gwnaethost i Ti dy Hunan, ac mae'n henaid yn anesmwyth hyd onid ymorffwyso ynot Ti".'

Ar hyd ei yrfa 'roedd J. E. Daniel wedi ymwrthod â phob tuedd i greu synthesis rhwng profiadau dyn a datguddiad Duw. Gan ddilyn Barth yn anad neb, ond heb anghofio Kierkegaard ychwaith, mynnodd bwysleisio'r gwahaniaeth ansawdd anfeidrol a fodolai rhwng y dynol a'r dwyfol. Ond fel y cydnabu Barth fwyfwy yn ei weithiau diweddarach werth y dystiolaeth 'naturiol' i Dduw, dyma Daniel yn awgrymu 'y dichon dyn, ond iddo edrych i mewn i'w enaid ei hun, ganfod y gwacter y cais yr Efengyl ei lanw a theimlo angen y bendithion a ddwg yr Efengyl'. Dywed o hyd nad trwy seicoleg neu unrhyw wyddor ddynol arall y gall neb ddod o hyd i Dduw. 'Rhaid cydnabod, wrth gwrs, na all unrhyw seicoleg ... *brofi* dim ynglŷn â Duw; y cwbl a ddichon ei wneuthur yw, wedi y derbyniom Dduw, ein helpu i ddeall ac i olrhain ei ffyrdd yn y meddwl.' Fe fyn o hyd mai trwy ddatguddiad yn unig y medrem dderbyn Duw. Ond awgryma, serch hynny, fod i seicoleg ei gwerth ategol i dystiolaeth ffydd: 'Ni all dysgeidiaeth Jung nac unrhyw seicolegydd arall brofi gosodiad Sant Awstin; ond dengys o leiaf fod tynfa natur dyn yn ei arwain at graig sydd uwch nag ef'. Felly er 'na all y Cristion ddisgwyl gan hyd yn oed seicoleg Jung brawf o'i ffydd ... gall y Cristion ganfod yn seicoleg Jung ategion i'w ffydd' neu'r ymdeimlad o addasrwydd yr Efengyl i gyfarfod â'i anghenion dyfnaf. 'Nid ofni seicoleg fel hon a ddylem', meddai, 'ond ei chroesawu.' Gwaith y meddwl dynol ydoedd, ac onid wedi ei greu ar lun a delw Duw yr oedd dyn yntau? 'Hawdd iawn yw credu mai'r Un a greodd ddyn oedd hefyd yr Un a'i gwaredodd, mae ôl yr un bysedd megis ar y ddau waith.' A chyda hynny y terfynodd ysgrif gyhoeddedig olaf J. E. Daniel ar destun diwinyddol.

*   *   *

Canmolwyd J. E. Daniel fwy nag unwaith am ddisgleirdeb ei feddwl ac am ansawdd ei gyfraniad i'r meddwl diwinyddol Cymraeg. 'Nid oes ddadl', meddai'r galluocaf o'i ddisgyblion a'r un, yn anad neb, a wisgodd ei fantell, sef yr Athro R. Tudur Jones, 'nad oedd yn ffigur arwyddocaol yn hanes datblygiad y meddwl diwinyddol yng Nghymru'.[169] Ar bwys treiddgarwch ei feddwl, cyflymdra eithafol ei grebwyll, ei feistrolaeth hynod ar ei ddefnyddiau, ysgrythurol, patristig, a modern, praffter ei afael ar draddodiad diwinyddol y canrifoedd gan gynnwys y traddodiad Cymraeg, a'i argyhoeddiad eirias ynghylch pwysigrwydd ei bwnc, 'roedd yn athro ysbrydoledig. I ddisgybl galluog arall ond o genhedlaeth y tridegau y tro hwn, sef Edwin Pryce Jones, 'roedd yn arweinydd diogel ac yn athro digymar: 'Yng nghanol y sêr i gyd disgleiriai hwn yn fwy tanbaid na'r un'.[170] Ond trwy ei waith gydag Urdd y Deyrnas, ei bregethu cyson yn yr eglwysi a'i ysgrifennu, dylanwadodd hefyd ar rai y tu allan i gylch ei fyfyrwyr ei hun. Ymhlith y rheini yr oedd yr Athro R. Geraint Gruffydd, a 'gellir yn hyderus honni', meddai, 'mai ef yw'r diwinydd galluocaf a gafodd Cymru yn y ganrif hon'.[171] Yn ôl yr Athro R. M. Jones: 'Yn y cyfnod 1902-1936 dichon mai J. E. Daniel oedd biau'r deall cryfaf a disgleiriaf yn y byd crefyddol Cymraeg',[172] tra bo diwinydd o genhedlaeth iau, sef Gwyndaf Jones, yn ei ganmol am fod hanner canrif o flaen ei oes trwy ragweld y datblygiadau a fyddai'n digwydd maes o law mewn astudiaethau Calfinaidd. O wrando ar

Daniel ar y pryd, meddai, gellid bod wedi atal y grefydd efengylaidd Gymraeg rhag llechu 'yng nghragen pietistiaeth unigolyddol' gyhyd.[173] Prin y gellid amau, felly, fod ei gyfraniad yn helaeth a'i ddylanwad yn ddwfn.

Ychydig, fodd bynnag, a gyhoeddodd mewn gwirionedd. Er gwaethaf ei lyfr bach ar yr Apostol Paul, nid aeth ati i lunio cyfrol gyfansawdd o ddiwinyddiaeth Gristionogol a allai gymharu, dyweder, â *magnum opus* D. Miall Edwards *Bannau'r Ffydd*. Er mor ddisglair awgrymog yw'r rhan fwyaf o'i ysgrifau, ni chynhwysant ymdriniaeth gyflawn â rhai o brif fannau'r grefydd Gristionogol. Ni cheir ganddo drafodaeth estynedig ar natur Duw, er enghraifft, a'i briodoleddau, nac ar y Drindod, yr Ysbryd Glân, athrawiaeth y Creu ynghyd â'i goblygiadau cymdeithasol a moesegol amlwg, nac ar Eschatoleg neu'r 'Pethau Diwethaf'. Rhagdybir y rhain oll yn ei ysgrifau bid siŵr, ond yn ofer y chwiliem am gorff systematig o ddiwinyddiaeth gyflawn sy'n eu cynnwys. Ceir gan Daniel drafodaethau galluog ar bwyntiau megis natur datguddiad, Person Crist a'i Waith, rywfaint ar yr athrawiaeth am Ddyn, yr Iachawdwriaeth, a'r Eglwys, ond bylchog a thameidiog ydynt er mor ddisglair mewn mannau. 'Oherwydd chwalfa'i egnïon crwn', meddai R. M. Jones, 'ni lwyddodd erioed ysywaeth i gyflawni'i addewid gyfyngedig fel ysgolhaig diwinyddol nac fel llenor.'[174] Nid chwalu egnïon trwy or-sêl dros lwyddiant ymarferol y Blaid Genedlaethol yn unig a fu'n gyfrifol am hyn, dylid cofio, ond y symud disymwth o'r byd academaidd i fyd gweinyddu ac, wrth gwrs, ei farwolaeth annhymig hefyd. Ond erys yn wir mai ganddo ef, yn anad neb, yr oedd y cyneddfau i allu cynhyrchu cyfrol ar ddiwinyddiaeth datguddiad a fyddai'n arhosol ei gwerth ym mywyd crefyddol y Gymru fodern, cyfrol, ysywaeth, nad ymddangosodd fyth.

'Safai'n ddiwinyddol gydag adain Karl Barth, ac yr oedd ei ddehongliad o'r safbwynt yn bendant a chlir', meddai T. Eirug Davies amdano.[175] Dyna a ddywedwyd amdano ym mlynyddoedd ei anterth ac yr oedd y farn, yn fras, yn ddigon cywir. Ond nid ymddengys i fanylion y ddiwinyddiaeth Farthaidd, yn enwedig ar ei gwedd ddiweddarach a datblygedig, fennu dim ar y Daniel hŷn. Ni cheir unrhyw dystiolaeth, er enghraifft, iddo arddel athrawiaeth hynod Barth ynghylch etholedigaeth, fod Crist, y Duw-ddyn, yn etholedig *ac* yn wrthodedig dros ddynolryw, na'r syniad grymus ynghylch drygioni'r greadigaeth fel *Das Nichtige* neu'r 'Diddim', nac ychwaith ddehongliad neilltuol Barth o natur dyndod Crist, i'r Gair tragwyddol gymryd arno'i hun nid rhyw ddyndod haniaethol perffaith ond dyndod llygredig a oedd eisoes dan farn. Trwy ddilyn arweiniad y Pab cynnar Leo a'r traddodiad Lladinaidd yn hytrach nag Irenaeus, Athanasiws a'r traddodiad Groegaidd, priodolodd fath o niwtraliaeth ansawdd i ddyndod Crist ac oblegid hynny ysgarodd yn ormodol rhwng athrawiaethau'r Ymgnawdoliad a'r Iawn. Hynodrwydd athrawiaeth aeddfed Barth yw'r ffordd yr uniaetha Berson Crist a'i Waith gan fynnu bod Crist, er yn gwbl berffaith a dibechod ynddo'i hun, wedi ymuniaethu nid â dynoliaeth berffaith ond â dynoliaeth bechadurus. Nid math ar dransacsiwn allanol, felly, oedd yr Iawn, ond yr oedd yn hytrach yn barhad ac yn ymestyniad ar hanfod yr Ymgnawdoliad.[176] Petai Daniel wedi dilyn arweiniad Barth yn hyn o beth, gallai fod wedi ymgadw, mae'n bosibl, rhag y problemau a welodd yn y dehongliad traddodiadol o Berson Crist. Fodd bynnag, y Barth ifanc, cynnar, protestgar oedd ei feistr diwinyddol ac nid y Barth hŷn, aeddfetach a mwy cyflawn ei weledigaeth.[177]

Bid a fo am hynny, yn ei farwnad drawiadol 'John Edward Daniel', sonia Gwenallt am yr adeilad 'cadarn, cydwaith' a godwyd gan y diwinydd hwn. Wedi cwympo hen dŷ'r meddylwyr Rhyddfrydol, tŷ David Adams ('Hawen') a Schleiermacher, gan ergydio â'i ordd Awstinaidd, a chan chwalu 'muriau meddal y Morganiaid modern', defnyddiodd gaib y Diwygwyr Protestannaidd i dorri'r seiliau sicr ar gyfer ei adeilad newydd. Ystafell yr henfyd oedd ar y chwith, ystafell clasuron Groeg a Rhufain; ystafell Cymru oedd ar y dde ac ar ei llawr y map yn dangos sut 'y cadwynid hi wrth Lundain â chadwyni'r Sais'; a'r oruwchystafell oedd y drydedd ac ar ei muriau Gredoau'r Eglwys:

'Ac ar y bwrdd wrth y ffenestr, yng ngoleuni'r Ysbryd Glân,
Yr oedd y Beibl a Chyfrol Gweithiau Pantycelyn'.

Nid ystafelloedd ar wahân oeddynt; fe'u clymwyd ynghyd gan ddrysau a grisiau:

'Clymu dyneiddiaeth y Dadeni wrth y ddiwinyddiaeth Drindodaidd'
A gosod diwinyddiaeth yr Eglwys yng nghanol argyfwng Cymru:
Clymu Caersalem ac Athen a Bangor'.

Rhagymadrodd

Er gwaethaf marw annhymig Daniel yn nhrasiedi 'y modur a'r mudandod',[177a] mynnai'r bardd mai aros a wnâi'r adeilad, gan mor sicr ei seiliau, er gwaethaf pob tro ar fyd a chyfnewidiad barn.

'Adeilad oedd hwn na allodd Rhufain ei ddymchwelyd;
Adeilad ein hathro yn y ffydd a'n tad yn yr Efengyl.'

A chyda'r argyhoeddiad hwnnw yr aed ati, gynifer o flynyddoedd wedi ei farw, i gywain ynghyd yr ysgrifau hyn. Dengys y detholiad mai mawrygu y dylem gyfraniad J. E. Daniel i hanes y meddwl diwinyddol Cymraeg. Er ei ddisgleirdeb fel clasurwr,[178] a'i lwyr ymroddiad i'r achos cenedlaethol, fel diwinydd, yn anad dim, y dylid ei gofio. Ef, yn fwy na neb arall, a gynrychiolodd yr adwaith Protestannaidd ac Ymneilltuol yn erbyn Rhyddfrydiaeth ddechrau'r ganrif hon, a thrwy ei waith cyfeiriodd ei gyfoeswyr yn ôl at yr hyn a alwodd Lewis Valentine yn 'brif-ffordd fawr athrawiaeth iachus a diwinyddiaeth gadarn'.[179]

Er gostwng ei lwch sydyn yn y fynwent ym Mangor
Fe erys ei adeilad

Ac yn sicr fe ddylid dweud eto:

'Tywynned ar Ei was lewyrch wyneb ei Arglwydd'.[180]

Torri'r Seiliau Sicr

NODIADAU

[1] Am y cefndir i'r teulu, gw. R. Tudur Jones yn Pennar Davies, gol., *Athrawon ac Annibynwyr* (Abertawe, 1971), 128-30.

[2] Olrheiniodd Catherine Daniel ei phererindod ysbrydol yn yr ysgrif ddiddorol 'Paham yr wyf yn Aelod o Eglwys Rufain', *Llafar*, (Gŵyl Ddewi, 1957), 46-50.

[3] gw. R. J. Lahey, 'The Origins and Approach of the Malines Conversations', *Church History* (Medi, 1974), 1-9; idem, 'Cardinal Bourne and the Malines Conversations', A. Hastings, gol., *Bishops and Writers* (Llundain, 1977), 81-106; cf. Adrian Hastings, *A History of English Christianity, 1920-1990* (Llundain, 1991), 208-12.

[3a] Âi yn gyson gyda'i wraig i'r offeren, yn enwedig yng nyddiau Bodfari, pan addolai'r teulu yng nghapel Coleg Beuno yn Nhremeirchion. Ni fyddai'n cymuno yno, wrth reswm, ond dilynai'r gwasanaeth yn ofalus yn ei gopi o'r *Missale Romanum*. 'Byddai ynganiad (Lladin) bratiog a gorfrysiog ambell offeiriad yn boenus ganddo' yn ôl atgof ei fab, Mr John I. Daniel. Er y cydaddoli teuluol hwn, parhaodd yr anghytundeb athrawiaethol rhyngddo a'r Eglwys. Ymwrthododd yn bendant, er enghraifft, â'r weithred o droi'r gred yn Nyrchafiad Mair yn ddogma gan y Pab Pius XII ym 1950, a hynny am nad oedd y gred yn hysbys yng nghanrifoedd cynnar Cristionogaeth ac na ellid, o ganlyniad, ystyried y diffinio fel cydnabyddiaeth echblyg o gred ymhlyg. ('Rwy'n ddiolchgar i Mr Daniel am rannu'r atgofion hyn am ei dad â mi.)

[4] R. Tudur Jones, *Hanes Annibynwyr Cymru* (Abertawe, 1966), 302.

[5] gw. Dewi Eirug Davies, 'Yr Ymagwedd Cynnar yng Nghymru i Ddiwinyddiaeth Karl Barth', *Diwinyddiaeth*, XXXIV (1983), 52-76; bu J. D. Vernon Lewis (1879-1970), gweinidog Capel Gibea, Brynaman ar y pryd, yn athro yng Ngholeg Aberhonddu rhwng 1935 ac 1957, gw. Pennar Davies, gol., *Athrawon ac Annibynwyr* (Abertawe, 1971), 79-88.

[6] 'Roedd Barth yn athro ym Mhrifysgol Münster yn Westphalia ar y pryd.

[7] gw. D. Densil Morgan, *Barth* (Dinbych, 1992), 15-22; Gwyndaf Jones, 'Y Barth Cynnar', *Diwinyddiaeth*, XXXIV (1983), 7-26.

[8] Am David Miall Edwards (1873-1941), gw. erthyglau John Morgan Jones yn *Y Dysgedydd* (1955), 309-12, W. Eifion Powell yn *Y Tyst*, 18 Ionawr ac 1 Chwefror 1973, ynghyd ag idem ac Arafnah Thomas yn Pennar Davies, gol., *Athrawon ac Annibynwyr* (Abertawe, 1971), 42-51.

[9] D. Miall Edwards, *Bannau'r Ffydd* (Wrecsam, 1929), 23.

[10] Ibid., 24.

[11] Ibid., 25.

[12] Ibid., 25-6.

[13] Ibid., 31.

[14] gw. ibid., 373, 'Derbyniaf o lwyrfryd calon dystiolaeth gwyddoniaeth bod y cread a phopeth sydd ynddo yn ddarostyngedig i broses datblygiad'; 374, 'Os bydd i ''ddatblygiad'' yn ystod y dyfodol gynhyrchu un a fyddo'n awdurdod uwch mewn pethau ysbrydol na Iesu Grist, yna gan hwnnw mwyach y bydd yr hawl i'm teyrngarwch eithaf'.

[15] gw. ibid., 378, 236, 157.

[16] Ibid., 372, 'Crist yw'r *expert* pennaf sy gennym eto yn nhiriogaeth yr ysbrydol. Ef yw'r awdurdod pennaf heddiw fel cynt yn y wybodaeth a'r profiad o Dduw'.

[17] Cf. ibid., 321, 'Yn ôl syniad ein hoes ni, maen-praw gwirionedd yw profiad'.

[18] Ibid., xiii.

[19] Ibid., 35.

[20] Ibid., 36.

[21] Ibid.

[22] Ibid., 39.

[23] Ibid.

[24] Ibid., 47

[25] Ibid., 45.

Rhagymadrodd

[26] Ibid., 66.
[27] Ibid., 71.
[28] Ibid., 78.
[29] Ibid., 87, 88.
[30] Ibid., 133.
[31] Ibid., 145, 144.
[32] Ibid., 146.
[33] cf. J. E. Daniel, *Dysgeidiaeth yr Apostol Paul* (Abertawe, 1933), 114-18 yn arbennig.
[34] *Bannau'r Ffydd*, 170.
[35] Ibid.
[36] Ibid., 192.
[37] Ibid.
[38] gw. Eryl Wynn Davies, *Bultmann* (Dinbych, 1984).
[39] Cyf. Saesneg, *The Messianic Secret* (Caergrawnt, 1971).
[40] Cyf. Saesneg, *The Quest of the Historical Jesus* (Llundain, 1952).
[41] Cyf. Saesneg, *The History of the Synoptic Tradition* (Rhydychen, 1968).
[42] gw. Gwilym H. Jones, 'Beirniadaeth yr HD yng Nghymru oddeutu tro'r ganrif (1890-1914)', yn E. Stanley John, gol., *Y Gair a'r Genedl: Cyfrol Deyrnged R. Tudur Jones* (Abertawe, 1986), 63-78; idem, ' "Gwrthfeirniadaeth" a'r HD yng Nghymru oddeutu tro'r ganrif', *Y Traethodydd* (1986), 242-52; cf. R. Tudur Jones, *Ffydd ac Argyfwng Cenedl*, Cyfrol 2 (Abertawe, 1982), 96-109.
[43] Am yrfa Gruffydd yn gyffredinol gw. T. Robin Chapman, *W. J. Gruffydd* (Caerdydd, 1993), ac am grynodeb hwylus o'i safbwynt crefyddol, gw. John Emyr, *Y Ddadl Grefyddol rhwng Saunders Lewis a W. J. Gruffydd* (Penybont-ar-Ogwr, 1986).
[44] *Adroddiad Undeb Machynlleth* (Abertawe, 1928), 783-91; ceir y dyfyniadau ar tt. 784, 785, 788, 789, 790.
[45] gw. adroddiad *Y Tyst* (14 Mehefin 1928), 5.
[46] *Y Tyst* (3 Gorffennaf 1930); bu Arthur Jones (1885-1957) yn weinidog Pant-teg, Ystalyfera, ymhlith mannau eraill.
[47] *Y Tyst* (10 Gorffennaf 1930), 6; cafodd Walters (1875-1945) yrfa academaidd ddisglair yng Nghaerdydd gan raddio yn y dosbarth cyntaf mewn Hebraeg ac ennill un o'r graddau BD cyntaf o Brifysgol Cymru. 'Roedd yn weinidog yng Nghroesoswallt ym 1930.
[48] *Y Tyst* (26 Gorffennaf 1930), 10; gweinidog yn St. Thomas, Abertawe, oedd T. Llynfi Davies (1876-1937).
[49] *Y Tyst* (19 Mehefin 1930), 9; am T. Eirug Davies (1892-1951), Llanbedr Pont Steffan, gw. ei hunangofiant *Yr Hen Gwm* (Llandysul, 1966) a T. J. Davies, gol., *Namyn Bugail* (Caernarfon, 1978), 120-29.
[50] *Y Tyst* (14 Mehefin 1928); cf. *Adroddiad Undeb Machynlleth* (Abertawe, 1928), 754-59.
[51] *Y Tyst* (17 Gorffennaf 1930), 6; am W. O. Jones (1861-1937), gweinidog 'Eglwys Rydd y Cymry' yn Lerpwl, gw. R. Tudur Jones, *Ffydd ac Argyfwng Cenedl* Cyfrol 1 (Abertawe, 1982), 210-46, a'r *Bywgraffiadur Cymreig*.
[52] Cafodd James Evans (1876-1960) radd dosbarth cyntaf mewn Hebraeg yng Nghaerdydd cyn ymsefydlu'n weinidog yn y Tabernacl, Aberafan, ac yna yn Saundersfoot, Sir Benfro.
[53] gw. *Adroddiad Undeb Machynlleth* (Abertawe, 1928), 679.
[54] Yn ôl Mrs Catherine Daniel mewn sgwrs â'r Athro Tudur Jones, cymerodd ei gŵr bythefnos i'w hysgrifennu a hi a'i gorfododd i gadw ei addewid i'r wasg! Ond gan na phriodent tan 1936, prin y gallai'r atgof fod yn gywir.
[55] J. E. Daniel, *Dysgeidiaeth yr Apostol Paul* (Abertawe, 1933), 5.
[56] Ibid.
[57] Ibid., 14.
[58] Mae'n rhaid mai'r cyhoeddwr oedd yn gyfrifol am roi'r ffurf 'Paul' ar y clawr a rhoi'r teitl 'Parch.' i'r awdur; er iddo hyfforddi ymgeiswyr am y weinidogaeth, nid ordeiniwyd mo J. E. D. erioed.

[59] Op. cit., 40-1.
[60] Ibid., 52.
[61] Ibid., 66.
[62] Ibid.
[63] Ibid., 67.
[64] Ibid., 68.
[65] Ibid., 72.
[66] Ibid., 73.
[67] Ibid., 74.
[68] Ibid.
[69] Ibid., 76.
[70] Ibid.
[71] Ibid., 77.
[72] Ibid., 78.
[73] Ibid., 78-9.
[74] Ibid., 79-80.
[75] Ibid., 80.
[76] Ibid., 82.
[77] Ibid., 83.
[78] Ibid., 85.
[79] Ibid., 86.
[80] Ibid., 99.
[81] Ibid., 101.
[82] Ibid., 107.
[83] Ibid., 108.
[84] Ibid., 112.
[85] Ibid., 60.
[86] Ibid., 61.
[87] Ibid.
[88] Ibid., 53.
[89] Ibid., 117.
[90] Ibid., 117-18.
[91] Ibid., 101.
[92] Ibid., 103.
[93] gw. *Y Dysgedydd*, 1933, 252-54.
[94] gw. R. Tudur Jones, *Yr Undeb* (Abertawe, 1975), 291; cf. sylw Edwin Pryce Jones, 'Credaf... fod cenhedlaeth y flwyddyn y cyhoeddwyd ef, nifer helaeth ohonynt, o ragfarn gibddall heb ei ddarllen', yn R. Tudur Jones, gol., *Credu a Chofio* (Abertawe, 1991), 48.
[95] gw. J. E. Jones, *Tros Gymru* (Abertawe, 1970); John Davies, gol., *Cymru'n Deffro: Hanes y Blaid Genedlaethol, 1925-75*, (Tal-y-bont, 1975); D. Hywel Davies, *The Welsh Nationalist Party*, (Caerdydd, 1983).
[96] Teyrnged yn *Y Ddraig Goch* (Mawrth 1962), 5.
[97] 'Aelod Newydd o Bwys', *Y Ddraig Goch* (Mawrth 1928), 5.
[98] Ibid., (Hydref 1930), 5.
[99] gw. Dafydd Glyn Jones, 'The Politics of Saunders Lewis', yn A. R. Jones a Gwyn Thomas, goln., *Presenting Saunders Lewis* (Caerdydd, 1973), 23-78; D. Hywel Davies, op. cit., 71 yml.; D. Tecwyn Lloyd, *John Saunders Lewis*, cyf. 1, 1988, pen. 3 a 4.
[100] 'Esbonio Helynt Sbaen', *Y Ddraig Goch* (Medi 1936), 5.
[101] *Welsh Nationalism: What It Stands For* (Llundain, d.d. [1937]), 13.
[102] Ibid., 17.
[103] Ibid.
[104] Ibid., 18.
[105] Ibid., 19.

Rhagymadrodd 89

[106] Ibid., 28.
[107] Ibid., 9.
[108] 'Deg Pwynt Polisi', cf. idem., *Canlyn Arthur* (Aberystwyth, 1938), 11-13.
[109] Cafwyd trafodaeth gyflawn ar yr ail bwynt hwn gan J. E. Daniel yn ei ddwy ysgrif 'Cenedlaetholdeb Economaidd', *Y Ddraig Goch* (Ebrill a Mai 1934).
[110] gw. Dafydd Glyn Jones, art. cit., 26-51; D. Tecwyn Lloyd, op. cit., 248-97.
[111] Op. cit., 56.
[112] 'Iapan, Lloegr a Genefa' (Rhagfyr 1932), 5; 'Polisi Siapan yn Asia' (Tachwedd 1934), 5.
[113] 'Ahab a Gwinllan Naboth' (Chwefror 1933), 5; 'India' (Gorffennaf 1934), 5, 8.
[114] 'Gwahanglwyf Gwirfoddol' (Ebrill 1933), 5; 'Cwymp Genefa' (Tachwedd 1933), 5; 'Marwnad Genefa' (Ionawr 1934), 5, 8.
[115] 'America a Heddwch' (Mehefin 1933), 5; 'America a Chydgenedlaetholdeb' (Awst 1933), 5.
[116] 'Gadael Tir' (Tachwedd 1934), 5.
[116a] cf. D. Hywel Davies, *The Welsh Nationalist Party* 105-16.
[117] 'Heddwch yn y Glorian' (Rhagfyr 1935), 5; cf. 'Brawd Mygu yw Tagu' (Gorffennaf 1935), 5; 'Imperialaeth yn Rhith Cyfiawnder' (Hydref 1935), 5, 8; 'Lloegr a'r Eidal: Gwir Gymhellion Lloegr' (Chwefror 1936), 5; 'Tranc Abysinia: y Cwest' (Mehefin 1936), 5, 8.
[118] 'Esbonio Helynt Sbaen' (Medi 1936), 5.
[119] Ibid.
[120] 'Cwymp Genefa' (Tachwedd 1933), 5.
[121] 'Cenedlaetholdeb Economaidd' (Mawrth 1935), 8.
[122] Yn ôl ei phroffes ei hun, ym 1932 yr ymunodd Catherine Daniel ag Eglwys Rufain, tra ymunodd Saunders Lewis â hi ddwy flynedd yn ddiweddarach; gw. Catherine Daniel, 'Paham yr wyf yn Aelod o Eglwys Rufain', *Llafar* (Gŵyl Ddewi 1957), 46-50, a D. Hywel Davies, op. cit., 199.
[123] *Y Ddraig Goch* (Mai 1938), 10; gweinidog gyda'r Methodistiaid Calfinaidd ym Manceinion ar y pryd oedd R. H. Hughes (1900-61). Wedi graddio mewn Hebraeg ym Mangor, aeth yn fyfyriwr yn y dauddegau i Leipzig a Berlin. Bu'n weinidog yng Nghaergybi ac yn ddarlithydd yn y Coleg Normal, Bangor, wedyn.
[124] J. E. Jones, 'Ai Ffasgiaid Ydym?: Na Ato Duw!', *Y Ddraig Goch* (Tachwedd 1936), 6; Saunders Lewis, 'Yr Ymosod ar y Blaid', ibid., (Ebrill 1938), 8, 14.
[125] 'Cenedlaetholdeb Economaidd', *Y Ddraig Goch*, 5.
[126] *Welsh Nationalism: What It Stands For*, 61.
[127] *Y Ddraig Goch* (Mai 1938), 11; yno y ceir y cwbl o'r dyfyniadau sy'n dilyn.
[128] Ibid., 13.
[129] gw. 'Y Genedl Gymreig mewn Rhyfel', *Y Ddraig Goch* (Medi 1939), 4, 7; 'Niwtraliaeth Barn', ibid., (Hydref 1939), 4; cf. D. Hywel Davies, *The Welsh Nationalist Party*, pen. 9.
[130] 'Teyrnged i Saunders Lewis', *Y Ddraig Goch* (Awst 1939), 1.
[131] *Welsh Nationalism: What It Stands For*, 61.
[132] 'Nodiadau'r Golygydd', *Y Llenor* (Haf 1940), 58; cf. T. Robin Chapman, *W. J. Gruffydd* (Caerdydd, 1993), pennod 13 am gyd-destun y ddadl isod.
[132a] 'Nodiadau'r Mis', *Y Ddraig Goch* (Awst 1940), 2.
[133] 'Mae'r Gwylliaid ar y Ffordd', *Y Llenor* (Hydref 1940), 112-26.
[134] 'Nodiadau'r Golygydd', ibid., (Gaeaf 1940), 167.
[135] Ibid., 168.
[136] 'Economeg y Blaid: 1', *Y Ddraig Goch* (Ebrill 1934), 2.
[137] Yn ogystal â T. Robin Chapman, op. cit, pennod 14, gw. A. O. H. Jarman, 'Y Blaid a'r Ail Ryfel Byd', yn John Davies, gol., *Cymru'n Deffro*, 67-92, a D. Hywel Davies, op. cit., 237-41.
[138] 12 Chwefror 1941, 4.
[139] 'Led-Led Cymru', *Y Faner* (19 Chwefror 1941), 4.

[140] *Y Cymro* (8 Mawrth 1941), 1.
[141] Ibid., (15 Mawrth 1941), 1.
[142] 'Yr Athro Gruffydd a'r "Gwylliaid" ', ibid., (22 Mawrth 1941) 5.
[143] 'Ateb Llywydd y Myfyrwyr', ibid., (5 Ebrill 1941), 3.
[144] 'Cymru Gyfan a'r Blaid Genedlaethol Gymreig', 98-111.
[145] cf. D. Emrys Evans, 'Y Rhyfel a'r Dewis', *Y Llenor* (Haf 1941), 69-76 am farn debyg.
[146] art. cit., 69.
[147] 'Cymru Gyfan a'r Blaid Genedlaethol Gymreig', *Y Traethodydd* (Gorffennaf 1942), 107; am Davies (1879-1955) a'i gyfraniad i fywyd cyhoeddus Cymru, gw. Ieuan Gwynedd Jones, gol., *Gwilym Davies: a Tribute* (Llandysul, 1972).
[148] Ibid., 111.
[148a] Saunders Lewis a J. E. Daniel, *Plaid Cymru Gyfan: Ateb i'r Parch. Gwilym Davies*, (Caernarfon, 1942), 11.
[149] John Wyn Roberts, gol., *Sylfeini'r Ffydd Ddoe a Heddiw* (Llundain, 1942), 7.
[150] Arddelwyd 'y Galfiniaeth Newydd' neu safbwyntiau tebyg iddi gan Gwilym Bowyer, Edwin Pryce Jones, Llewelyn Lloyd Jones ac R. Ifor Parry o blith myfyrwyr Daniel ei hun, tra daeth Annibynwyr eraill megis Isaac Thomas a W. B. Griffiths, Methodistiaid fel Ifor Oswy Davies a Bedyddwyr fel J. Ithel Jones hwythau i bwysleisio gwerth a phwysigrwydd diwinyddiaeth datguddiad erbyn y cyfnod hwn.
[151] Ar wahân i Daniel cyfranwyd ato gan H. Islwyn Davies, Mansel John, Bleddyn Roberts, Griffith Rees, G. T. Roberts a W. R. Williams.
[152] 23 (Rhagfyr 1942), 6.
[153] (Mawrth 1943), 95; un o hynafgwyr y Wesleaid oedd D. Tecwyn Evans (1876-1957) a golygydd *Yr Eurgrawn* ar y pryd.
[154] (Mawrth 1943), 40.
[155] Llythyr Agored at John Wyn Roberts, *Yr Efrydydd*, (Ionawr 1943), 2; darlithydd yn Adran Addysg Coleg Aberystwyth oedd Dr Gwenan Jones (1889-1971) ac yn flaenllaw yng ngweithgareddau Urdd y Deyrnas. 'Roedd John Wyn Roberts (1916-53) yn ysgrifennydd cyffredinol Mudiad Cristnogol y Myfyrwyr.
[156] Ibid., 3.
[157] *Y Traethodydd* (Ionawr 1943), 46.
[158] (Ionawr 1943), 21; gweinidog y Tabernacl, Aberystwyth oedd J. E. Meredith (1905-81).
[159] *Yr Eurgrawn* (Mawrth 1943), 94.
[160] Loc. cit.
[160a] Er mai ym 1943 y traddododd ei ddarlith, ni chyhoeddwyd mohoni tan ar ôl y Rhyfel, gw. *Cynllun a Sail* (Llundain, 1946), 12-20; am 'Y Dewis', gw. Saunders Lewis, *Byd a Betws* (Aberystwyth, 1942), 23; ailgyhoeddwyd gan R. Geraint Gruffydd yn *Cerddi Saunders Lewis* (Caerdydd, 1992), 20.
[161] Emrys ap Iwan, *Homilïau*, cyf. 1 (Wrecsam, 1906), 41-58; cyhoeddwyd 'Gwaed y Teulu' yn S. B. Jones ac E. Lewis Evans, *Sylfeini Heddwch* (Abertawe, 1944), 11-15.
[162] Gellid cymharu hyn ag athroniaeth a pholisi'r Blaid Genedlaethol, wrth gwrs, cf. *Welsh Nationalism: What It Stands For*, 60, er enghraifft: 'The ultimate units of the nation are its families, and it is for as well as in its families that the nation exists'.
[163] gw. nodiadau golygyddol *Y Dysgedydd* (Mawrth 1946), 45-6.
[164] Am John Morgan Jones (1873-1946), yn ogystal â'r *Bywgraffiadur Cymreig* (Atodiad), gw. E. Aman Jones, *Y Dysgedydd* (Mehefin 1946), 107-11; Trebor Lloyd Evans yn Pennar Davies, gol., *Athrawon ac Annibynwyr* (Abertawe, 1971), 69-79; R. T. Jenkins, *Cyfoedion* (Dinbych, 1974), 83-9, ac ysgrif R. Tudur Jones, 'Yr Hen Brifathro', yn *Darganfod Harmoni* (Pen-y-groes, 1982), 90-3.
[165] Edwin Pryce Jones yn ei deyrnged i'w hen athro, yn R. Tudur Jones, gol., *Credu a Chofio* (Abertawe, 1991), 39; cf. 'i'r rhelyw ohonom yr oedd wedi llithro yn glir allan o'n bywyd megis Owain Glyndŵr i'r niwl', ibid., 49, cf. sylw'r prif gymeriad yn nofel Emyr Roberts,

Rhagymadrodd

Mae Heddiw Wedi Bod (Dinbych, 1973), 26: 'ystyriai yntau fel llawer un arall a fu dan hyfforddiant Daniel mai'r trychineb mwyaf a ddigwyddodd i ddiwinyddiaeth yng Nghymru y ganrif hon oedd ymadawiad yr athro i fod yn arolygydd addysg grefyddol yn yr ysgolion'.

[166] *Adroddiad Undeb Caernarfon* (Abertawe, 1949), 76.

[167] Ibid., 77-8; nodiadau yn unig o'r anerchiad a gyhoeddwyd yn hytrach na'r sgript gyfan.

[168] Ibid., 77.

[168a] 'Gwyrthiau', *Y Cymro* (27 Chwefror 1948), 4.

[168b] Wrth feirniadu 'obsciwrantiaeth' ddiwinyddol honedig R. Tudur Jones yn ei adolygiad ar ei gyfrol *Ffydd yn y Ffau* (Abertawe, 1973), 'roedd gwrthwynebiad Peate i Daniel ac eraill o'i ysgol yr un mor chwyrn: 'Yn y blynyddoedd gynt, trist i mi ydoedd gweled y diweddar Jac Daniel yn malurio traddodiad goleuedig Thomas Rees a John Morgan Jones yng Ngholeg Bala-Bangor', meddai, *Y Tyst* (20 Medi 1973).

[169] Pennar Davies, gol., *Athrawon ac Annibynwyr* (Abertawe, 1971), 132; cf. ysgrif deyrnged yr Athro yn *Y Tyst* (8 Mawrth 1962), 8.

[170] R. Tudur Jones, gol., *Credu a Cofio* (Abertawe, 1991), 33; gw. yr ysgrifau 'Deugain Mlynedd yn Ôl' a 'J. E. Daniel' yn arbennig; cf. hefyd ysgrif Dafydd Owen, 'Atgofion am J. E. Daniel', *Porfeydd* (Mawrth/Ebrill 1970), 60-1.

[171] R. Geraint Gruffydd, 'Atgof am J. E. Daniel', *Y Cylchgrawn Efengylaidd* (Gorffennaf 1979), 104.

[172] R. M. Jones, *Llenyddiaeth Gymraeg 1902-1936* (Cyhoeddiadau Barddas, 1987), 504.

[173] Gwyndaf Jones, ' "Pontio'r Canrifoedd mewn Brawddeg": Gwedd ar Gyfraniad yr Athro J. E. Daniel i Ddiwinyddiaeth Cymru', *Y Traethodydd* (1984), 103-8; ceir y dyfyniad ar d. 108.

[174] R. M. Jones, loc. cit.

[175] *Y Dysgedydd* (Mawrth 1946), 46.

[176] gw. D. Densil Morgan, *Barth* (Dinbych, 1992), pennod 5.

[177] Yn wahanol i John Morgan Jones a fu'n lladmerydd ffyddlon i safbwynt diwinyddol ei hen athro Adolf von Harnack, nid ymddengys i syniadaeth Rudolf Bultmann adael fawr o'i hôl ar Daniel ar wahân i un peth. Nid oes tystiolaeth iddo ymddiddori o gwbl yn ymgais enwog y diwinydd o Marburg i 'ddadfythu' cynnwys yr Ysgrythur na'i ddilyn yn ei ddehongliad 'dirfodol' o'r ffydd Gristionogol. Ond fel Bultmann, 'roedd Daniel yn amharod i weld arwyddocâd *diwinyddol* yn yr hanesion a gaed yn y TN am Iesu 'yn ôl y cnawd'.

[177a] cf. Dafydd Owen, art. cit., 61: 'Haeddai farwolaeth fawreddog cawr neu frenin. Ond nid felly. Daeth angau fel blaidd blêr, ac ar un o'r "Sulia di-sylw".'

[178] Un o'i hobïau yn y blynyddoedd olaf oedd llunio epigramau Lladin; 'roedd hi'n fwriad ganddo, wedi'i ymddeoliad, gyfieithu *Cyffesion* Awstin Fawr i'r Gymraeg.

[179] gw. Ambrose Bebb, *Yr Argyfwng* (Llandybïe, 1955), 84.

[180] Gwenallt, *Y Coed* (Llandysul, 1969), 20-2; cf. Alun Page, ' "Valiant for Truth": Some comments on part of the elegy "John Edward Daniel", by Gwenallt', *The Anglo-Welsh Review* (Hydref 1970), 32-43.

Ymddiddanion Malines, 1921-25

I

Rhyw fis neu ddau yn ôl cyhoeddodd Gwasg y Brifysgol, Rhydychen, bamffledyn dwyieithog, mewn Ffrangeg a Saesneg, yn dwyn y teitl uchod. Cynnwys frasgofnodion o bedwar cyfarfod rhwng aelodau o'r 'sect' Anglo-Catholig, chwedl Canon Lacey o Worcester, a nifer o Babyddion dan gronglwyd y diweddar Gardinal Mercier ym Malines, er ceisio sicrhau *rapprochement* rhwng Eglwysi Lloegr a Rhufain. Teimlwn nad diystyr gan Eglwysi Cymru chwaith ymdrech o'r fath, a cheisiwn felly, yn gyntaf, roi crynodeb o'r ymddiddanion ac, mewn erthygl arall, ryw sylwadau arnynt.

Lord Halifax, yn Hydref 1921, a roes gychwyn i'r mudiad. Gofynnodd i Cardinal Mercier, Archesgob Malines, a fyddai'n fodlon derbyn nifer o'i gyfeillion Anglo-Catholig a ymawyddai am well cyd-ddealltwriaeth rhwng y ddwy Eglwys. Seiliodd ei gais ar Adran IV o Apêl Cynhadledd Lambeth, 1920, am undeb rhwng holl Gristnogion y ddaear.

Cytunodd yr Archesgob yn llawen, a chynhaliwyd y cyfarfod cyntaf dan ei nenbren ef 6-8 Rhagfyr 1921. Y dydd cyntaf darllenwyd papur gan un o'r Anglicaniaid yn delio â chyfansoddiad yr Eglwys a natur y Sacramentau yn ôl eu Cyffes Ffydd hwy. Cafwyd ymddiddan rhydd dilyffethair, ond sicrhau ewyllys da yn fwy nag ymgodymu â phroblemau mawr oedd prif werth y cyfarfod hwn.

Yr ail ddiwrnod darllenwyd Apêl Lambeth. Ymdriniwyd â'r egwyddor o amrywiaeth o fewn i undod yr Eglwys Gatholig (gwahaniaethir yn ofalus gan yr Anglo-Catholigion rhwng yr Eglwys Gatholig a'r Eglwys Gatholig Rufeinig, sef Eglwys Rufain), a haerwyd y cydnabyddir yr egwyddor, i raddau, gan Eglwys Rufain hefyd mewn rhai pynciau o ddisgyblaeth. At olygiad Lambeth mai'r Beibl yw safon derfynol cred, ychwanegodd y Pabyddion, 'y Beibl fel y'i dehonglir gan draddodiad yr Eglwys'. Atebwyd (*a*) i Eglwys Loegr yn wastad dderbyn tystiolaeth y Tadau wrth ddehongli; (*b*) nad oedd golygiadau Adran VI o'r Apêl namyn y lleiaf y gorfodid cydnabyddiaeth ohono cyn y gellid undod; ni fwriadwyd hwynt i ddihysbyddu credo Eglwys Loegr.

Yna deuwyd i olwg problem penarglwyddiaeth y Pab. Gohiriwyd trafodaeth fanwl arni, ond dywedwyd a ganlyn gan yr Anglicaniaid: 'Dymunwn undod, a phe bodlonid yr amodau angenrheidiol yn gyntaf, ni wrthodem Babaeth fel canolfan undod; eithr wrth Babaeth golygwn nid Pabaeth damcaniaeth ac arfer Rhufain heddiw, ond syniad o undod a ddelo i'r golwg eto'.

Yna, wedi crybwyll problem urddau yn yr Eglwys adunedig, a chydnabod mai yn sgil cwestiynau llawer pwysicach y deuai, terfynwyd y cyfarfod cyntaf.

Cynhaliwyd yr ail gyfarfod 14, 15 Mawrth 1923. Ymgyfarfu yr un gwŷr eto, ond deuai'r Anglicaniaid yn awr dan nawdd Archesgobion Caer-gaint a Chaerefrog a'r Pabyddion trwy wybod i'r Pab. Gofynnai'r Anglicaniaid am drafodaeth y tro hwn ar gwestiynau ymarferol a fyddai o bwys mawr pe cytunid ar bynciau mwy athrawiaeth. 'No foreign potentate hath any jurisdiction in this realm of England.' A ellid cydnabod awdurdod ysbrydol y Pab heb iddo ymyrryd ag awdurdod esgobion Lloegr? Atebwyd nad ildid hawl y Pab i ymyrryd yn unrhyw le; eto, odid yr aferai ei hawl i'r eithaf. Pe cydnabyddid ei hawl, nid annichon na adai'r Pab i'r awdurdod lleol weithio fel rheol hebddo. Pwysleisiodd yr Anglicaniaid mai pobl ymarferol, a gâr drin eu materion eu hunain, yw'r Saeson.

Yna cododd problem urddau drachefn. Credai Anglicaniaid y gallesid ateb mwy eangfrydig i Apêl Lambeth. Mentrodd un ohonynt ofyn am ymchwil newydd i fater urddau Eglwys Loegr. (Honnai'r Anglo-Catholigion, tua diwedd y ganrif ddiwethaf, er i Eglwys Loegr ymrannu oddi wrth Rufain, y cadwasai yr urddau Catholig; eithr gwrthododd y Pab Leo XIII gydnabod eu hawl, am na dderbyn Erthyglau Cred Eglwys Loegr athrawiaeth Aberth yr Offeren; dim aberth, dim offeiriad.)

Materion eraill oedd:
(*a*)   Arfer Saesneg a'r ffurf Seisnig yng ngwasanaeth yr Offeren.
(*b*)   Cymuno *sub duabus speciebus*, e.e., trwy'r gwin a'r bara.
(*c*)   Priodas clerigwyr.

Dywedodd y Pabyddion y gellid cyfaddawd ar y pynciau hyn, pe gwelai'r Pab yn dda.

Cynhaliwyd y trydydd cyfarfod 7, 8 Tachwedd 1923. Yn ychwanegol at aelodau cyntefig y cynadleddau, daeth ar ran Eglwys Loegr yr Esgob Gore a'r Dr Kidd, Warden Coleg Keble, Rhydychen, ac ar ran Eglwys Rufain Mgr Batiffol, Canon Notre

Dame, Paris, awdurdod ar hanes ac athrawiaeth yr Eglwys Fore, a M. Hemmer, yntau hefyd o Baris. Hawdd gweled paham yr ymgasglodd y cedyrn; 'roedd problem awdurdod y Babaeth i ddod gerbron. Cafwyd trafodaeth ar le Pedr yn yr Eglwys Gyntefig yn ôl y T. N. Dyma swm a sylwedd golygiadau'r Anglicaniaid:

(a) Cydnabyddid Pedr fel arweinydd yr Apostolion am mai felly y golygid ef gan yr Iesu.

(b) Er mai i Bedr y rhoddwyd yr addewid driphlyg ym Mathew 16, eto gwiriwyd yr addewid i'r oll o'r apostolion; felly nid safle o arglwyddiaeth oedd ei safle, ond yn hytrach o arweinyddiaeth, *primus inter pares.*

(c) Ni ellir anwybyddu ystyr addewid Mathew 16 i'r Tadau bore; ac ni wiw gwadu swyn y *Tu es Petrus* iddynt na'i ran mewn codi esgobaeth Rhufain i'w safle dyrchafedig. Felly cydnabyddwn anrhydedd arbennig Rhufain, ond rhaid diffinio ei gynnwys yn fanylach.

Dyma'r ateb Pabyddol:

(a) Saif Pedr mewn perthynas arbennig â'r Iesu, e.e., 'Ti yw Pedr' ym Mathew, 'Cadarnha dy frodyr' yn Luc, 'Portha fy ŵyn' yn Ioan.

(b) Ymddwyn Pedr yn yr Actau fel pen yr Eglwys a'i harweinydd.

(c) Cynnwys y *Tu es Petrus* a'r *Pasce agnos* ragorfraint arbennig Pedr fel sail yr Eglwys a hanfod ei hundod.

(d) Dyfarnodd Cynhadledd y Fatican 1870 bod penarglwyddiaeth Pedr yn rhan o'r ffydd Gatholig.

Cytunodd yr Anglicaniaid mai'r Pab yw blaenor holl esgobion Cred; heb gymundeb ag ef, amhosibl aduno'r Eglwys. Eglurodd y Pabyddion fod awdurdod y Pab yn amgenach nag eiddo'r esgobion, eto heb ei diffodd; eithr mewn argyfwng anorfod hyhi. Atebwyd na ellid cydnabod arglwyddiaeth Pedr na'i olynwyr ond yn unig eu harweinyddiaeth ysbrydol. Pe dywedid fod blaenoriaeth anrhydedd yn annigonol, cofier y golyga hefyd flaenoriaeth cyfrifoldeb. Teimlid na cheffid un budd pellach heb ymchwil fanwl i'r athrawiaeth y sylfaenir honiadau'r Pab arni.

Gwnaed hyn yn y pedwerydd cyfarfod 19, 20 Mai 1925. Gofynnodd un o'r Anglicaniaid a fyddai'n bosibl, i ddechrau, gael *rapprochement* a gadwai ryddid Eglwys Loegr i beri gwrthod derbyn dogmâu a ddiffiniwyd wedi'r rhwyg ac felly heb eu cydweithrediad hwy. Atebwyd y pair amrywiaeth cred Eglwys Loegr, sy'n ymylu ar benrhyddid, lawer mwy o anhawster na chydag Eglwys Uniongred y Dwyrain. Gwahaniaethodd yr Anglicaniaid rhwng dwy dymer meddwl, un am ddiffinio yn fwyfwy er mwyn eglurder athrawiaeth, y llall am osgoi diffinio er mwyn cadw holl gynnwys y gwirionedd. Eto gan fod rhaid diffinio weithiau, pam na ellid cymod ar sail y Cynghorau bore fel y cais Eglwys Loegr ag Eglwys y Dwyrain? Yna darllenwyd papur ar destun o Awstin, *Salvo iure communionis diversum sentire* (Ni ddilea gwahaniaeth barn yr hawl i gymundeb). I'r gwrthddadl mai cadoediad ac nid cytundeb heddwch oedd y goddefiad hwnnw, atebwyd mai dyna'n hollol safle Eglwys Loegr; ni dderbyniodd na Chyngor Trent na Chyngor y Fatican. Felly teg cymryd cyffes ffydd y Cynghorau Ecumenig fel sylfaen, gan oddef amrywiaeth a gwahaniaethau rhwng yr hanfodol a'r dihanfodol. Dywedwyd y parheid i hawlio'r gwahaniaeth hwn gan Eglwys Loegr. Atebwyd gan y Pabyddion:

(*a*) na ellid ei gydnabod am y diffiniwyd holl gynnwys y Ffydd gan yr un awdurdod anffaeledig a'i bod felly oll *de fide* (yn hanfodol i'r ffydd). Yn erbyn hyn eglurodd yr Anglicaniaid y golygent wrth hanfodol yr hyn sydd *de fide*, ac wrth y dihanfodol yr hyn nad yw *de fide*.

(*b*) Na fai awdurdod Cyngor Ecumenig namyn rhith ped esgusodid esgobion nad oeddynt yn bresennol rhag derbyn ei benderfyniadau.

Ar ôl trafodaeth, darllenwyd y datganiad a ganlyn gan yr Anglicaniaid:

Mae'r Eglwys yn gorff byw dan lywodraeth yr esgobion fel olynwyr yr Apostolion. O ddechrau hanes yr Eglwys, cydnabuwyd y meddai esgob Rhufain ryw flaenoriaeth ymhlith yr esgobion. Ni wiw synio am aduno'r Eglwys oni chaniateir y flaenoriaeth honno. Eithr nid ydym ni nac Eglwys y Dwyrain yn barod i'w diffinio'n fanylach. Nodwn y tri phwynt hyn:

(*a*) Nid oes glawdd terfyn rhwng awdurdod y Pab ac eiddo'r esgobion; ac yn gyffredin ni all yr esgobaeth weithredu ar wahân i'w phen.

(*b*) Yn rhinwedd y flaenoriaeth hon, nid unrhyw berthynas y Pab â gweddill yr esgobion â'u perthynas hwy ag ef.

(*c*) Yn y gorffennol amrywiodd y dull o weithredu'r flaenoriaeth, a geill eto. Felly anodd diffinio'n fanwl hawliau'r Pab a'i esgobaeth.

II

Fe ymgynnig mwy nag un dull o ymdrin â'r ymddiddanion hyn, gan mor amlochrog eu diddordeb a'u gwerth. Amcanai'r gwleidydd eglwysig gloriannu rhagolygon yr Arglwydd Halifax a'i gyfeillion o ddwyn eu cynllun allan i fuddugoliaeth. Gwêl yr hanesydd un arall o'r argaeau a gododd y Diwygiad Protestannaidd yn erbyn llanw Rhufain yn ymollwng dan rym y lliffel y gwnaeth Ffrainc, De yr Almaen, a gwlad Pwyl o'i flaen. Os yw hefyd yn efrydydd egwyddorion, gwêl syniadau sentriffiwgal y Diwygiad yn ildio i'r syniad sentripetal o Undod. Gan na wn i ond y nesaf peth i ddim am y mudiad Anglo-Catholig o'r tu mewn, ofer fai proffwydo ei ragolygon; a chan na fedd hanes unrhyw ddiddordeb i mi ond fel ymgnawdoliad o egwyddorion, cyfyngwn ein hunain i ofyn beth yw ystyr Undod mewn eglwys, a pheth yw ei amodau. Amlwg yr arfera'r Cardinal Mercier yr *ut unum sint* (fel y byddont un) mewn ystyr hollol wahanol i Annibynnwr neu Grynwr; nad oes gan Gredo Athanasius, ar un llaw ('Y neb a fynno ei achub, yn gyntaf oll rhaid iddo goledd y Ffydd Gatholig; onis cadwo, yn gyfan a dihalog, yn ddilys ddiamau, bydd farw yn dragywydd'), a'r Canon Bindley yn y 'Modern Churchmen's Conference', 1921, ar y llaw arall ('Ein hangen yw dyfod o hyd, nid i fformiwla ond i dymer meddwl, nid i Gredo ond i Ffydd a fo'n gyffredin i bawb, ac a'u cynhalio a'u hysbrydoli'), unrhyw dir cyffredin i ddadlau arno. Dyma ddau syniad o undod na ellir cymod rhyngddynt. Mwy na hynny, ni ellir cyfaddawdu yma chwaith; mae'r antithesis mor glir a phendant â'r antithesis rhwng Duw a Mamon. Undod athrawiaeth ac undod ysbryd; y peth y cred dyn ynddo, a'r modd; y naill yn dal mai 'palmant uffern yw bwriadau da', y llall mai dyna gerrig sylfaen teyrnas Ddduw. Goddefer ychydig eiriau ar y ddau.

Os Credo Athanasius sy'n iawn, gwaith mawr dyn yn ei iachawdwriaeth yw cael gafael di-ildio ar y Ffydd Gatholig. Haws dweud na gwneud. Beth yw y Ffydd Gatholig? Er mai ei hystyr gyntefig oedd *quod semper, quod ab omnibus, quod ubique creditur* ('y peth a gredir bob amser, gan bawb, ym mhob man'—eithr nid eto fel safon, ond fel ffaith), buan y daeth i olygu, dan sialens heresïau, y Ffydd Uniongred. Ond atolwg, beth yw safon uniongrededd? Nid oes bellach unfrydedd; ymwahanodd 80 o esgobion o'r Eglwys ar ôl dyfarniad Nicea, 30 ar ôl dyfarniad Ephesus, a gosgorddion lluosog

Eutyches ar ôl Chalcedon. Cofier bod heddiw yn y Dwyrain eglwysi Nestoraidd a Monoffysitaidd a ddeil i brotestio yn erbyn Ephesus a Chalcedon. Rhaid felly mai i'r hyn a dybient hwy yn wirionedd athrawiaethol yr aberthasai'r Catholigion eu gwrthwynebwyr. Honnai'r Catholigion mai gwaith Cyngor Ecumenig, ys dywedodd y Cardinal Manning, yw 'rhoi i wirionedd, sydd eisoes yn wybyddus trwy draddodiad dwyfol, fynegiant manylach at iws cyffredin gwlad'. Felly, a gwasgu'r ymresymiad yn ddigon pell, ar bwynt o ffaith ac nid yn uniongyrchol o egwyddor y condemniwyd hereticiaid. Pwy, ynteu, yw ceidwad diflino a dihepian yr athrawiaeth? Dywed rhai mai'r Cynghorau Ecumenig yw'r awdurdod terfynol. Wele ateb Mgr Batiffol i erthygl gan yr Athro Glubokovsky ar 'Rufain Babyddol a'r Dwyrain Uniongred': 'Ymddengys y deil yr Athro y perthyn Cynghorau Ecumenig i Gyfansoddiad Dwyfol yr Eglwys; mewn gwirionedd ni pherthynant ond i'r Gyfraith Eglwysig (*Kirchenrecht*). Ni sefydlwyd hwy gan Grist na'i Apostolion. Eu hawdurdod yw awdurdod yr Esgobaeth Gyffredinol yn ei chrynswth, ac nid yw'r cyfarwyddyd a addawyd iddynt gan yr Ysbryd Glân yn amgen na'r cyfarwyddyd a addawyd i'r Esgobaeth Gyffredinol' (*Christian East*, Feb. 1924).

Yr esgobion, felly, bob yn un ac un ac nid o angenrheidrwydd wedi eu casglu ynghyd yw priodol geidwaid yr athrawiaeth. Eithr os cyfyd dadl rhwng yr esgobion eu hunain, gorwedd y gair olaf a'r awdurdod terfynol gydag Esgob Rhufain, y Pab. Os gwrthyd unrhyw adran o'r Eglwys ei ddyfarniad ef, effaith hynny yw nid rhannu'r Eglwys eithr didoli'r sismatiaid oddi wrth yr Eglwys. O'r safbwynt yna, ni fu ac ni all fod byth Eglwys ranedig; yr Eglwys yw yr esgobion sydd mewn cymundeb â'r Pab. Cyfeddyf yr Anglo-Catholigion eu hunain na ellir undod heb y cymundeb hwnnw. Eithr ceisiant dorri grym y ddadl trwy ddywedyd nad Pabaeth heddiw, ond Pabaeth ddiwygiedig (h.y., Pabaeth a gydymffurfia â'u syniad *hwy* o'r hyn a ddylai Pabaeth fod) yw unig sylfaen undod. Bwrw'r Parchg Dad Ronald Knox watwaredd llym ar y syniad hwn: 'Ni allant ddywedyd *Habemus Pontificem*, y mae gennym Bab: *Habuimus Pontificem*, hynny yw, yr oedd gennym Bab yn y Canol Oesoedd: *Habuissemus Pontificem*, buasai gennym Bab adeg y Diwygiad: *Haberemus Pontificem*, fe fyddai gennym Bab pe derbyniai'r Pab ni ar ein hamodau ein hunain: *Habebimus Pontificem*, fe fydd gennym Bab pan ddigwyddo'r amhosibl. Ond *Habemus Pontificem*—go brin.' Hyd yn oed pe cydnabyddid mai gan Gyngor

Ecumenig yn cael ei dderbyn gan yr Eglwys y gorwedd yr awdurdod terfynol, wel, beth am Gyngor y Fatican 1871, a Chyngor Trent 1545? Nid esgusodwyd y Gorllewin rhag derbyn dyfarniadau Nicea am mai dim ond tri neu bedwar o'i esgobion oedd yno. Pam, ynteu, yr esgusodir esgobion Anglo-Catholig Lloegr rhag derbyn dyfarniadau y ddau Gyngor uchod? Amlwg yw, os credir mewn Eglwys anffaeledig o gwbl, na ellir gwrthod ei syniad hi ei hun am gyfrwng yr anffaeledigrwydd hwnnw. Pa un bynnag ai gosod i lawr ddogma newydd a wnaeth Cyngor 1871, neu ddwyn tystiolaeth glir a phendant i hen ddogma, ni all Catholigion proffesedig o un rhyw osgoi ei dderbyn. Cymwys iddynt hwy yw geiriau Napoleon i Ianseniaid yr Isalmaen, 'Os ydych yn erbyn y Pab, ymrestrwch gyda'r Protestaniaid. Ond os cydnabyddwch awdurdod y Pab, perchwch ei ddyfarniadau'.

Y syniad sydd o dan y safbwynt hwn yw bod Crist dogmatig wedi sylfaenu Eglwys ddogmatig. Sylwer mai dyma'r garreg sylfaen; nid yn gymaint etifeddiaeth Pedr; nid yw ef ond corfforiad arbennig o egwyddor letach. Derbyniodd oddi wrth yr Iesu gorff o athrawiaeth, a'i waith ef a'i olynwyr yw cadw'r athrawiaeth honno yn ddigyfnewid, am mai nid dyfaliadau dynion mohoni ond datguddiad Duw. Unig werth cyfreithlon y meddwl yw dadelfennu neu dynnu allan holl olygiadau'r athrawiaeth; rhoddir y cynseiliau a *priori*. Cyfystyr synthesis â heresi, am y golyga ychwanegu at y gynhysgaeth athrawiaethol, ac felly y deliodd y Pab Pius X yn 1907 yn ei gylchlythyr *Pascendi* â Modernwyr ei Eglwys. Tybiasant hwy, yn wir, pan ddywedodd Pius IX, 'Y traddodiad, myfi yw,' bod hynny yn ddechreufan cyfnod newydd yn hanes yr Eglwys, am yr ymgeleddid datblygiadau newydd gan lais byw awdurdod; ni fyddai felly unrhyw angen awdurdod apostolaidd i hybu dogma newydd, digon gair y Pab; na chwaith unrhyw berygl penrhyddid a chwyldro—eisteddai ef ar y llifeiriant. Eithr glynodd y Babaeth wrth y syniad statig o ddatguddiad i'w dderbyn, ac ymwrthododd â'r syniad dynamig o wybodaeth i'w hennill. Os cyfyd anghysondeb rhwng athrawiaethau'r Eglwys a gwybodaeth ddiweddar, ni syfl y graig, Pedr, ym merw'r lli; y tonnau a chwâl. A hawdd cydnabod gysoned safbwynt Rhufain. Os oes antithesis rhwng Rheswm a Datguddiad, os gwnaed Pedr a'i olynwyr yn geidwaid y Datguddiad gan Fab Duw, yna rhaid i'r Datguddiad nad ysgydwir aros, a'r damcaniaethau gwyddonol, a ysgydwir, gael eu symud.

Ac o'r safbwynt hwn, ni ellir gwahaniaethu (fel y cais yr Anglo-Catholigion wneuthur) rhwng yr hanfodol a'r dihanfodol. Golygai hynny ddwyn safon led fympwyol i mewn ac adfer Rheswm yr unigolyn yn erbyn y Datguddiad gwrthrychol. Rhaid derbyn y cwbl, os derbyn dim. Ys dywedodd Tyrrell, gwaedai Rhufain i farwolaeth pe torrai ei bys, neu, yn ôl Iago, 'Pwy bynnag a gadwo y gyfraith i gyd oll, ac a ballo mewn un pwnc, y mae efe yn euog o'r cwbl'. Dim ond Eglwys, felly, sydd yn honni yn gyntaf bod credo cywir yn anhepgor er iachawdwriaeth, ac yn ail bod ganddi awdurdod anffaeledig i'w gyfrannu (cofier yma mai ffrwyth ac nid gwraidd yr Eglwys yw'r Testament Newydd o'r safbwynt hwn), a all gondemnio syniadau diwinyddol neb *ex cathedra* fel syniadau gau a rhoi arno sarhad o heresi. Y mae esgymuno neb ar sail cyfeiliornadau athrawiaeth yn gyfystyr â honni awdurdod cyfuwch â'r eiddo Rhufain.

III

Ni ellir llai nag edmygu cyfanrwydd cyson Pabyddiaeth a'r cadernid syml sy'n cynnal ei holl addurniadau; a chaled yw atal ias o ddymuniad na fai'r gyfundrefn gelfydd hon yn ffaith. Dyma un o gampweithiau'r meddwl dynol, bwrw un o'i freuddwydion aruchelaf ar len hanes a'i groesawu fel ffaith. Canys yn y pen draw, condemniad y Babaeth yw nid egwyddor ond ffeithiau; nid yw y pethau hyn felly.

Tybed, ynteu, a gyfyd egwyddor wahanol o undod o le arall? Cynigir cyfaddawdu weithiau ar yr elfen gyffredin fwyaf o gredoau'r gwahanol enwadau gan anwybyddu'r gweddill. Dyma, meddir, man lleiaf, wirionedd y gall pawb ei dderbyn, gwirionedd yr hanfodion, gwirionedd digonol er iachawdwriaeth. Ac odid na'n swynir gan resymolder cynnig fel hwn. Eithr nid ffugiolach *the man in the street* na'r llipryn credo hwn. Haniaeth moel yw. Nid oes eglwys a'i deil. Syrth cosb olynwyr Pedr ar bob Ananias a atalio wrogaeth i'r tipyn lleiaf o'r datguddiad. Gwader anffaeledigrwydd. Eto dysg hanes mai ar eu gwahaniaethau y gosododd eglwysi'r pwys mwyaf. Pam ynteu, er lleied y gwahaniaeth rhyngddynt o'i gymharu â'r undod, y methodd Luther a Zwingli gadw cymundeb ym Marburg ac yr ymrwygodd y Diwygiad Protestannaidd yn gynifer o sectau yn cyhoeddi melltith ar ei gilydd mor groch a phendant â'r un Hildebrand neu Innocent III? Am y credai pawb, ac eithrio'r Anabaptistiaid, 'llysblant y Diwygiad', chwedl Troeltsch, y dibynnai iachawdwriaeth ar gywirdeb credo, a dirywio o ffydd i olygu dim mwy na chyffes feddyliol o uniongrededd. Ac amlwg, os yw cywirdeb credo o bwys yn y byd, na ellir cyfaddodi ar beth mor gysegredig a hanfodol; ni ellir fel ffaith am na ellir fel egwyddor. Ni all y Pab na chwaith y 'degau o Babau bach', a gynrychiolir mor ddeheuig yng Nghymru, eu gwadu eu hunain. Collir pob Pabaeth, mawr a bach, os ymostyngir i gyfaddodi ar unrhyw ran o'r credo hanfodol. Yn hyn o beth, bu Rhufain lawer cysonach na'r Methodistiaid Calfinaidd, a apeliodd oddi wrth eu Cyffes Ffydd bendant a diamwys at beth sydd i'w pwrpas hwy mor annelwig a phenagored â 'ffydd hanesyddol yr Eglwys'.

A phan ofynnwn i'r Eglwys Brotestannaidd beth yw safon ei hawdurdod, etyb, y Beibl, eithr y Beibl fel y'i dehonglir ganddi hi. A delir ei throed yn y fagl, gan na fyn honni i'r dehonglydd anffaeledigrwydd yr hyn a ddehonglir. Nid Eglwys bellach ond llyfr anffaeledig yw safon y Protestant. Ond pa fodd, tybed, y gellir gwybodaeth ddilys o'r safon, onid dilys hefyd gyfryngau'r wybodaeth honno? Onid oes wrantu'r dehongliad o'r Beibl fel un cywir, yna nid oes synnwyr mewn gwneud gwrogaeth i ddehongliad arbennig ohono yn amod iachawdwriaeth. Dyma'r lle y cwymp eglwysi Protestannaidd rhwng y ddwy stôl, anffaeledigrwydd gwrthrychol a barn breifat yr unigolyn. Cais haeru'r ddau ar yr un pryd ond ni ellir cymod rhyngddynt. Un ai Eglwys anffaeledig, fel Rhufain, neu ryddid y Crynwyr; y mae'r naill neu'r llall yn hunangyson. Eithr cyfuna'r syniad o lyfr anffaeledig wendidau'r ddau heb ddim o'u cryfder.

Ymwrthoder felly â'r syniad o undod ar sail unffurfiaeth uniongrededd anhepgor yn ei ffurf Rufeinig am na chydfydd â'r ffeithiau; ac yn ei ffurf Brotestannaidd am na chydfydd ag ef ei hunan. Fe'n gwthir felly i safbwynt y Canon Bindley, mai 'ein hangen yw nid fformiwla ond tymer meddwl, nid credo ond ffydd a fo'n gyffredin i bawb oll', gyda'i apêl i brofiad y Cristion ac i werthfawreddau mewnol Cristnogaeth. Pair fformiwlâu gymaint o wahanu ag o uno; ymwader â hwy. Sylwer bod yma egwyddor wahanol iawn i'r egwyddor Anglo-Catholig o osgoi diffinio 'rhag colli holl gynnwys y gwirionedd'; rhagdybia'r syniad hwn angen credo gywir; fe'i pwysleisia; yn unig fe balla yn y gonestrwydd i weithio allan amwyster i ddiamwyster er mwyn cadw undod ffugiol. Eithr craidd syniadau Modernwyr fel y Canon Bindley yw dibrisio cywirdeb credo; ni fyn ef felly guddio gwahaniaethau mewn brawddegau dauddyblyg, am y cred y gorwedd undod yn ddyfnach, y llyncir amrywiaeth afonydd credoau ym môr profiad. Diles gofyn a yw credo dyn yn uniongred, am mai nid credo ond bywyd sy'n anhepgor er iachawdwriaeth. Rhaid yw gwahaniaethu rhwng diwinyddiaeth dyn a'i grefydd. Yn union fel y gall Pabyddion sy'n dal yr un gredo amrywio mewn buchedd, felly y gall Protestaniaid sy'n meddu'r un teip o brofiad amrywio yn eu hesboniadau meddyliol ohono. Y mae diwinyddiaeth ar yr un tir yn union â phob gwyddor arall. Dyna yw gwyddor—ymgais i esbonio mewn termau meddwl brofiad arbennig. Yr un yw'r profiad er i'r esboniadau newid. Yr un profiad o'r haul a gafodd Ptolemi a Chopernicws, ond gwahanol iawn eu hesboniadau. Dichon cael tymer ysbryd a erys pan yw fformiwlâu yn newid. A chyd ag y bo bywyd dyn yn dwyn y ffrwythau iawn, dyna gymaint o braw ag sydd eisiau o gyflwr ei enaid. O'r safbwynt hwn yr Eglwys fawr yw pob un a gais weithredu ewyllys Duw fel y'i datguddiwyd yn Iesu Grist.

Am ein diwinyddiaeth, credwn yn ei dyfodol hi fel y credwn yn nyfodol pob gwyddor arall. Daw categorïau newyddion a dulliau gwell o feddwl a gallwn roi mynegiad gwell i'n profiad. Peth cynyddol yw credo. Ond ni dderbyniwn gredo parod o'r gorffennol ac ni ddisgwyliwn un well o'r dyfodol er cael iachawdwriaeth. Credwn yn Nuw a gwnawn ein gwaith. Ys dywed F. H. Bradley, 'I gariad heb ei ddiwallu, dirgelwch yw'r byd, dirgelwch y mae cariad, wedi ei ddiwallu, fel pe'n ei amgyffred; cyfeiliorna yn unig pan honna ei fod yn iawn.' Y mae'r bywyd yn sicr, eithr yr esboniad yn ysig, y ffaith yn aros a'r mynegiant yn newid.

Gellir gweld mai cryfder mawr y syniad hwn o undod yw ei ystwythed. Crynhoir i'r gorlan hon lawer dafad farus na allai cŵn uniongrededd wneud dim ohonynt. Dyma rwyd a ddeil bob math o esboniad o'r profiad Cristnogol. Nid oes yma ymestyn na thorri ar fesurau caeth athrawiaeth. Rhywbeth i'w ffurfio ac nid i gydym-ffurfio ag ef yw diwinyddiaeth; arwydd i ddangos uchder y llanw, nid argae i'w garcharu. Dyna'r gwahaniaeth sylfaenol rhwng y Pabydd a'r Protestant. Ys dywed Chesterton, ymresymu *o* argy-hoeddiad y mae'r Pabydd; ymresymu *at* argyhoeddiad y mae'r Protestant. Ni ddylai felly 'wahaniaeth barn ddileu yr hawl i gymundeb' fymryn mwy nag yr esgymunir gwyddonydd o gym-deithas ei frodyr am y cynnig esboniad newydd o hen ffeithiau. A chyn wired ag y cododd haul natur ar Ptolemi a Chopernicws, fe bair Duw i'w iachawdwriaeth dywynnu ar y Catholig a'r Modernydd. Perthyn i'r natur ddynol wybod o ran, ac nid cyfundrefn o ddeddfau yw Duw y mae'n rhaid i ni ei deall yn drylwyr cyn ei defnyddio, ond Tad sy'n cydymddwyn a'i gyfaddasu ei hun i anwybod ein natur. Fe arwain pob llwybr yr etholedigion at Dduw.

Anhawster y golygiad hwn yw penderfynu pa un yw y llwybr *Cristnogol*. Beth yw'r 'profiad' yma a honnir fel egwyddor undod Cristnogol a ddichon aros yn ddigyfnewid er i'w fynegiant meddyliol newid? A ellir galw Emil Ludwig yn Gristion, neu Middleton Murry, neu Loisy? A ellir dywedyd bod unrhyw debygrwydd rhwng profiad H. G. Wells a Chesterton pan wahaniaetha'u mynegiant gymaint? Neu rhwng y Catholig a dderbyn gondemniad Pius X o Foderniaeth a Tyrrell y condemniedig? A gwasgu'r ddadl i'r pen, tybed a ellir gwahaniaethu'r profiad a'r esboniad mewn ffordd mor glir nes dywedyd, dyma'r profiad a dyma'r esboniad? A oes profiad moel? Nid oes weled o gwbl heb weled *rhywbeth*. A oes brofiad nad yw brofiad *o* rywbeth? Ym mha ystyr y gellir dywedyd bod dau ddyn a wêl, y naill liw gwyrdd a'r llall liw coch, yn meddu'r un profiad neu'n gweld yr un peth? Onid yw gwahaniaeth esboniad yn golygu gwahaniaeth profiad? Gorwedd yr ateb i'r anhawster hwn yn y gwahaniaeth rhwng gwahanol raddfâu esboniad. Cytunai Ptolemi a Chopernicws i esbonio'u profiad o'r haul fel golwg ar rywbeth melyn, poeth, crwn, ynghrog yn y nefoedd. Gwahaniaethent wrth weithio'r esboniad allan gam ymhellach. Pe dywedasai Ptolemi mai gwyrdd, oer, a sgwâr oedd yr haul, ni ellid cyswllt ag ef o gwbl. Ond am y cychwynnai'r ddau ar hyd yr un llwybr, gellir dywedyd mai dau esboniad o'r un peth a gynigiasant. Felly rhaid yw cael rhyw gymaint o gydgerdded mewn esboniad o berson Crist cyn y gellir galw dyn yn Gristion. Gall gŵr fel Ludwig, a edmyga'r Iesu, ond a'i golyga fel un a ddryswyd ac a galedwyd gan bendro Meseiaeth, fod yn grefyddwr da ond nid yn Gristion. I mi y cwbl sy raid i ddyn ei wneuthur i fod yn Gristion yw cydnabod penarglwyddiaeth *bersonol* Iesu Grist. Nid awdurdod ei syniadau yn unig ond ei awdurdod *byw*. Ond i ddyn gael hwn yn ffaith yn ei brofiad ac yn awdurdod ar ei fywyd, ni ofynnaf fi ddim yn amgen. Credaf y dygymydd y ffeithiau'n well â'r esboniad traddodiadol o berson Crist, seiliedig ar athrawiaeth uwchfodol o'r berthynas rhwng Duw a dyn, ond nid yw hynny namyn fy syniad personol i; ni charwn wneuthur pwynt athronyddol yn shiboleth grefyddol. Nid cyfystyr hyn ag athrawiaeth Ritschl. Rhaid yw meddwl goblygiadau profiad allan i'r pen; ni ellir osgoi'r ddyletswydd honno. Yn unig na ddyweder bod esboniad a ymddengys i un yn anghyson â'r ffeithiau yn ddamnedigaeth ac yn esgymundeb i'r esboniwr; yn hytrach ceisiwn ei ddarbwyllo a ninnau hefyd yn gwybod pan ddelo'r hyn sydd berffaith, yna'r hyn sydd o ran a ddilëir.

Yr Efrydydd, Mehefin-Gorffennaf 1928

Gair Duw a Gair Dyn

Dyma'r cyfieithiad cyntaf i Saesneg o ran o waith diwinydd enwocaf a mwyaf dylanwadol yr Almaen heddiw.[1] Amheuthun oedd ei gael a darllen drosom ein hunain yr hyn a ddarllenasom gymaint amdano. Fe'n cipir i ben mynydd uchel a dangos i ni holl deyrnasoedd y ddaear a'u gresyndra. Rhag teneued yr awyr, prin y tynnwn anadl esmwyth am ysbaid, a hyd yn oed wedyn ein profiad yw yr un y sôn Wordsworth amdano—'a creature moving about in worlds not realised'. Dieithrwch hollol, yr hen derfynau wedi'u malurio a'r hen gynefindra cysurus yn ddryswch annelwig. Daeth llinellau Syr John Morris Jones i'm cof: Barth

> a'i ordd a'th yrr fel pêl ar ffo
> I'r ddehau ac i'r aswy yn dy dro;
> Y gŵr a'th yrrodd i'r blin heldrin hwn,
> Efo a ŵyr, efo a ŵyr, efo,

gyda'r gwahaniaeth yma, mai prin y gellir, ar y darlleniad cyntaf, dderbyn gwirionedd y ddwy linell olaf. Pa beth a wnawn o ŵr a ddywaid, 'Nid crefydd na hanes yw hanes crefyddol y Beibl, ond realiti a gwirionedd'; 'Ni pherthyn Iesu Grist i na hanes na meddyleg'; 'Onid yn hyn y gwelir dagrau pethau, mai nod crefydd yw'r pellaf oddi wrth y nod terfynol?'? Ond gydag amser a thipyn o amynedd fe wawria'r amheuaeth. Tybed ai arnom ni y mae'r bai na ddeallem ei eiriau, a'n bod mor anghyfarwydd yn naearyddiaeth y Tir y sôn ef amdano?

O bu neb yn frwysg ar Dduw erioed, Barth yn anad neb. Dyma alpha ac omega ei ddysgeidiaeth, ei safon i fesur pob cyfundrefn a'i neges i'n hoes ni. Darganfod Duw drachefn—dyna angen mawr y genhedlaeth hon. Awgryma hyn ein bod ymhell o briffordd y dwyfol, ac na ddigwydd i ni, fel i Columbus, ddyfod o hyd i unrhyw America wrth chwilio am ein Hindia. Er mwyn gwneuthur ei ystyr yn eglur, gwahaniaetha Barth rhwng dwy linell o feddwl am Dduw a dyn a'u perthynas â'i gilydd, y gyntaf o Pelagius drwy Erasmus

---

[1] Karl Barth, *The Word of God and the Word of Man*, Cyf. Douglas Horton, (Llundain, 1927).

i Schleiermacher, a'r llall o Jeremeia drwy Paul, Awstin, Luther (yn unig yn ei gyfnod cyntaf), Calfin, a Kierkegaard ato ef ei hunan. Y mae ei elyniaeth i Schleiermacher fel cynrychiolydd amlycaf y llinell gyntaf yn ddiarbed. Fel y gwyddys, ceisiodd Schleiermacher sylfaenu gwirionedd crefyddol ar y profiad crefyddol yn erbyn diwinyddion yr *Aufklärung*, neu'r goleuo, a'i sylfaenodd ar y rheswm noeth. Daliodd nad dull o feddwl nac o weithredu, ond o deimlo, oedd crefydd, ac felly, drwy efrydu'r teimlad hwnnw y ceid hanfod crefydd. I Barth, nid yw hyn namyn gwneud Crefydd yn fath o hunanfynegiant, a'i ddiddordeb pennaf yn ochr ddynol y berthynas rhwng dyn a Duw. I Barth, heresi noeth yw hyn. Ein diddordeb ni, meddai, yw Duw ac nid crefydd yn ystyr Schleiermacher i'r gair. Deled *dy* deyrnas. Nid yw'r 'profiad crefyddol' bondigrybwyll namyn ffurf ddeilliol eilradd rannol o'r dwyfol, ffurf yw ac nid cynnwys. Prin y mae lled llaw rhwng *profiad* o Dduw a phrofiad o *Baal*. Nid ein deall gorau na'n profiad gorau o Dduw, na'n duwioldeb uchaf, na math o brofiad ar wahân i fathau eraill, yw'r bywyd newydd, ond yn hytrach yr hyn o fyd arall sy'n treiddio ein holl ddulliau o addoli a'n holl brofiadau. Duw yn ymwneud â'r bersonoliaeth mewn modd nad oes gan eneideg unrhyw gategorïau i'w fynegi am mai hanfod pob gwyddor yw *analysis* a diffinio, ac ni ellir diffinio'r hyn sydd mewn dosbarth wrtho'i hunan. Yr unig beth y gellir ei ddywedyd amdano yw ei fod yn cyfeirio ymaith oddi wrtho'i hun at Dduw. Nid yw yn gallu dywedyd dim am Dduw— Efe ei Hun yn unig all lefaru'r Gwir—y cwbl a ganiateir iddo yw dwyn tystiolaeth i'r wledd sydd 'dros y terfyn'. Ni all profiad dyn oleuo'r *totaliter aliter*. Nid rhyfedd, felly, iddo wrthod pob math o ddiwinyddiaeth a'r sawyr lleiaf o Belagiaeth mewn meddwl, moesau, neu eneideg arno. Felly, anchwiliadwy ac anolrheiniadwy yw addas ansoddeiriau Duw. Ni flina Barth bwysleisio nad oes ffordd o ddyn at Dduw. Disgyn o'r nefoedd y mae Jeriwsalem

√ | nefol. Datguddiad ohono'i hunan gan Dduw yn unig a all roddi i ni wybodaeth ohono. Ac felly, i Barth, nid gwirionedd dyn am Dduw, ond gwirionedd Duw am ddyn, yw cynnwys y Beibl. Os gofynnir pa fodd y gellir gwybod mai 'gwirionedd' ydyw, fe atebir y medd yr hunan-braw a rydd Duw i'w dystion yn y Beibl ac i'r rhai a dderbyn eu tystiolaeth gyda'i gilydd. (Gyda llaw, nid yw hyn ond symud yr anhawster o'r Beibl i'm profiad i. Oni allaf fy hunan adnabod Duw yn y Beibl, pa fodd yr adnabyddaf ef yn fy nghalon?) Gwiw sylwi yma ar y gwasanaeth mawr a wnaeth Barth trwy fynnu na ddechrau trafod ffrwythlon synhwyrol o'r Beibl nes gosod ei wedd ddynol, hanesyddol, eneidegol, o'r neilltu. Nid ymchwil enetig, fel eiddo'r beirniaid, yw efrydiaeth grefyddol o'r Beibl, ond gwrando ar y tragwyddol a'r digyfnewid sydd ynddo. Ond pan geisiwn ni fynegi gwybodaeth o Dduw, ni allwn wneuthur hynny ond trwy yr hyn a ymddengys yn wrthddywediadau. Yr enw a rydd Barth ar yr ymgais hon i haeru dau wirionedd croes i'w gilydd ar unwaith yw 'dialecteg'. Rhaid dal y mynega'r cread ogoniant Duw heb anghofio'r ochr arall, ei fod hefyd yn hugan arno; bod y dyn a wnaed ar ddelw Duw yn syrthiedig, a'i waradwydd yn eglurach na'i fri; bod pechod, a hefyd nad yw, oherwydd cyfiawnhau'r annuwiol. Y mae gwirionedd sy'n cydio'r ddwy ochr yma wrth ei gilydd, neu'n hytrach y mae Canol, ond ni ellir ei amgyffred na'i weled; ac ni honna'r ddialecteg fod yn ddim amgen na thyst i'r gwirionedd. Yr unig reswm bod argyhoeddiad yn ei hesgyll yw, nid dim a ddywaid y dialectegwr, ond gwaith Duw yn ei ddangos ei hun. Nid rhan o'r ddialecteg yw hyn, ac nid oes unrhyw reswm i gredu fod ganddi hi un gallu arbennig i arwain neb at ddrws nas agorir ond o'r tu mewn.

A chychwyn yn fwy arbennig o'r profiad moesol, fe ddaw i'r un fan. Nid arwydd o ogoniant dyn yw ei brofiad moesol, ond o'i wendid a'i noethni. Unig effaith crebachu'r Efengyl i derfynau cyfyng ychydig reolau moesol a chrefyddol (tybir, o'r safbwynt yma, bod y Bregeth ar y Mynydd yn llawer haws na'r Epistol at y Rhufeiniaid) yw dangos mor hollol amhosibl fel *ethic* yw Cristionogaeth. Ymosodiad aruthrol ar ddyn yw'r broblem foesol, ac ni all ei wrthsefyll. Rhaid i ddyn *gael* ei achub. O ochr Duw yn gyfan gwbl y daw. Rhaid gwrthod Hanner-Pelagiaeth Eglwys Gatholig yr Oesau Canol, a geisiai roddi lle i haeddiant gweithredoedd dynion, ac felly ddiddymu canolfur y gwahaniaeth rhwng natur a gras; rhaid gwrthod hyd yn oed gyfiawnhad trwy ffydd, a dwyn sylw at wirionedd mwy sylfaenol nag ef, sef yw hwnnw, mai Duw sydd yn cyfiawnhau. Nid syniad am dynged dyn, ond am ewyllys a ffordd Duw, oedd etholedigaeth ar y dechrau, ac ni ddaeth y pwnc o 'sicrwydd cadwedigaeth' yn bwysig hyd amser Beza a Phresbyteriaid Lloegr. Buasai Calfin ei hun yn barod i'w ddamnio er gogoniant Duw. Gwaith Ysbryd Duw yw'r ffydd a'r iachawdwriaeth.

Pa fodd y mae maddeuant fel hyn yn bosibl? A pha fodd y daeth y Duw pell yn agos? Ateb Barth yw mai yn Iesu Grist y digwyddodd. Ei fywyd ef oedd ymddangosiad gwyrthiol y Cwbl Arall mewn hanes. Ac felly nid yw categorïau hanes ac eneideg, a luniwyd i esbonio dyn, yn gymwys iddo ef. Dyna paham y gwrthyd Paul adnabod Crist yn ôl y cnawd. Yr un yw transendens Crist â'r eiddo Duw, am mai Duw mewn amser yw efe. Nid maen clo bwa ein meddwl ni; nid rhyw ddigwyddiad y gallwn gymryd ein dewis i'w dderbyn neu i'w wrthod; nid, beth bynnag, gwrthrych 'profiad cyfriniol a chrefyddol'. Digwyddiad yn hanes Duw, nid yn ein hanes ni, yw ei fywyd ef. I Barth, yr Atgyfodiad yw canolbwynt hanes, ein sicrwydd y try Na ein condemniad a'n marw yn Ie gras a bywyd. Yn hollol gyson â'r safbwynt hwn, fe ymwrthyd Barth â'r syniad Lutheraidd o Swper yr Arglwydd. Credai Luther, fe gofir, y cyfranogir o gorff yr Arglwydd yn y Sacrament, ac i osgoi yr wrthddadl na allasai'r corff fod ar fyrddau cymun lawer ar unwaith, gan ei fod wedi'i leoli yn y nefoedd, fe atgyfodwyd yr hen gred o gyfraniad priodoleddau'r natur ddwyfol i'r natur ddynol yng Nghrist, ac yn eu plith, wrth gwrs, hollbresenoldeb. Fe ddeil Barth a'r Eglwys y perthyn iddi, y golyga hyn unoli'r sylwedd dwyfol a'i symbol a gwneud datguddiad yn ffaith i sylwi arni, rhyw wyrth sy'n dechrau a diweddu ar y ddaear. Yn hytrach, daliai'r Eglwys Ddiwygiedig bod cyfranogiad dwbl, yn gorfforol o'r bara a'r gwin, ac yn ysbrydol o'r gwir gorff a'r gwaed. Erys y dyn Crist, a atgyfododd yn y gogoniant nefol, yn un â'r Duwdod hollbresennol, eto heb golli ei arbenigrwydd a heb ddyfod yn gyfrannog o hollbresenoldeb y Duwdod. Fe'i cuddir, felly, oddi wrth bob meddwl, ac ni ellir nesu ato ond trwy ffydd, a thrwy ffydd yn unig drwy'r Ysbryd. Dyna enghraifft dda o allu rhesymegol Calfin ac o'r gwirionedd a esgeulusir nad hollti blew yn wastad yw diwinyddiaeth.

Y peth cyntaf i'w gofio ynglŷn ag athrawiaeth Barth yw mai cynnyrch y pulpud, yn hytrach na'r fyfyrgell, yw. Ni ellir anghofio ei ddisgrifiad ysol o'r pregethwr a'i feiddgarwch yn y bennod 'Angen Pregethu Cristnogol'. Ac fe berthyn i'w ddysgeidiaeth ragoriaeth a gwendid arbennig y pulpud. Ni ellir gwadu nerth a dyfnder argyhoeddiad y llyfr; rhaid mai pregethwr ysgubol yw. Ond y mae gwedd arall. Cofiaf glywed am ateb rhyw hen frawd yn nyddiau y dadleuon Arminaidd i'r gofyniad ai Calfin ynteu Armin oedd ef, ''Rwy'n Galfin ar fy ngliniau,' meddai, 'ond yn Armin ar fy nhraed'. Anghofiodd Barth y gwahaniaeth hwn. Ceisiodd sefyll ar ei liniau. Un peth yw dywedyd mai priod agwedd dyn gerbron Duw yw mudandod, peth arall yw sgrifennu cyfrolau i brofi hynny. Gwad Barth hawl profiad fel cyfrwng gwybodaeth o Dduw, a chyn belled ag y mae galluoedd dyn yn myned, fe'u negyddir gerbron Duw. Onid yw hyn yn debyg iawn i'r hen athroniaeth Roegaidd a ddiffiniai Dduw yn unig trwy negyddion nes cyrraedd y syniad o'r 'Duw nad yw', am na ellir cymhwyso yr un o'n categorïau ni iddo? Gellir dywedyd am Barth yr hyn a ddywedodd Bradley am agnosticiaeth Herbert Spencer, 'Mr Spencer calls his Unknowable God, because he doesn't know what the devil else to call it'. Ie, meddir, ond nid agnostig yw Barth. Gwir, eithr nid oes ganddo hawl ar gynseiliau ei athrawiaeth i fod yn ddim arall. Fe wnaeth Dduw mor transendent nes gwneuthur gwybodaeth ohono yn amhosibl. Yma cyd-saif Barth â'r hen *sophist*, Gorgias o Leontini, 'Hyd yn oed pe bai rhywbeth, ni ellid ei adnabod'. Hyd y gwelaf fi, o safbwynt meddyliol nid yw ei ddysgeidiaeth yn amgen na'r Ymresymiad Cosmologaidd. Yr anadl einioes sy'n amlwg yn yr esgyrn sychion hyn—rhywbeth nad oes gan Barth hawl iddo—yw profiad crefyddol yn ei holl rym a'i angerdd.

Fe gyhuddir Idealwyr gan Realwyr o fethu gwahaniaethu rhwng profiad yn yr ystyr o brofi, a'r hyn a brofir, gwrthrych y profi; ac o haeru, ar y tir mai mewnol yw'r weithred o brofi, mai mewnol hefyd yw'r gwrthrych a brofir. Ymddengys i mi fod Barth hefyd wedi cymysgu'r ddau, ond mewn modd gwahanol. Fe ddeil ef bod y gwrthrych yn real, ond nid y profiad; h.y., y gellir gwybod rhywbeth heb ei wybod. Y mae'r ddau gyfeiliornad (er na chydnabyddwn gyfiawnder cyhuddiad Realaeth yn erbyn Idealaeth) yn beryglus. Gwir i Barth feirniadu diwinyddiaeth a'i cyfynga ei hunan i wedd fewnol profiad crefyddol, ond y mae gwadu'r profiad hwnnw mor ddidrugaredd ag y gwna Barth yn symud seiliau hyd yn oed y feirniadaeth wreiddiol, oblegid ni ellir condemnio syniad annigonol ond yng ngoleuni'r wybodaeth helaethach y dywaid Barth yn yr un anadl ei bod yn annichon.

O gyfeiriad arall, fe welir y tawdd ein profiad moesol hefyd yng ngwres condemniad Barth o bopeth dynol. Hyd yn oed y ffydd a oedd i Luther yn gyfrwng cyfiawnhad, rhodd Duw ydyw. Duw sydd yn cyfiawnhau, efe yw'r unig weithredydd. Ac felly hefyd ym myd cymdeithas. Pan yw yn sôn am le'r Cristion mewn cymdeithas, fe ddywaid mai'r Cristion y sôn amdano yw, nid lliaws y bedyddiedig, na hyd yn oed hufen dethol yr Eglwys, ond y Crist. Y Cristion yw'r Crist sydd ynom, eto nid ohonom, ynom a throsom a thu hwnt i ni. Ac yn gyson â hyn, fe ddeil nad oes ateb dynol i'r cwestiwn pa fodd y daw teyrnas nefoedd. Nid dim a wnawn ni, ac nid ein cydweithrediad ni a ddwg allan farn i fuddugoliaeth. Nid llinell ddidor o ddatblygiad o fewn hanes a ddaw â'r deyrnas, ond ymyriad Duw. Caled peidio â gweld yma bantheistiaeth foesol, ac nid yw ei galw yn gyfriniaeth, er na wnâi Barth ei hun hynny, yn gwella dim ar bethau. Yn wir, nid yw transendens eithafol yn ymarferol anwahanol oddi wrth imanens eithafol. Fe ddiflanna'r ewyllys unigol a'i lle yn y gyfundrefn foesol. Gyda llaw, difyr sylwi nad oes unrhyw gydnawsedd rhesymegol rhwng etholedigaeth a thransendens o'r math hwn; hynny yw, os gwedir gyda Barth ei hun awdurdod y 'sicrwydd etholedigaeth', yr unig sail dan y gred mewn etholedigaeth yw profiad dynion arbennig eu bod wedi eu hethol i fywyd; os gwrthodir hyn fel sylfaen sicrwydd, yna methaf weled pa hawl sydd gan neb, boed Galfin neu Barth, i honni nad achubir pawb; os yn ewyllys anchwiliadwy Duw y gorwedd gweithredu iachawdwriaeth, yna teg yw meddwl yr etholir pawb i fywyd, canys nid oes hawl gan neb iddo, onid e fe gyhuddir Duw o fympwy. Ond os yw'r ymresymiad yn gywir, yna nid oes ddiben mewn sôn am etholedigaeth o gwbl, canys ochr arall etholedigaeth yw damnedigaeth.

Gellid hefyd ymhelaethu ar ei ddysgeidiaeth Ddocetaidd bron am Berson Crist, ond nid yw hynny ond agwedd arall o'i gyfeiliornad gwreiddiol, sef gorbwyso transendens Duw. Anghofiodd, wrth wneuthur hyn, egwyddor ei ddialecteg ei hunan—y rheidrwydd i gadw y *thesis* a'r *anti-thesis* heb ddarostwng y naill na'r llall—ac os yw penarglwyddiaeth Duw yn *thesis*, y mae rhyddid ewyllys ac annibyniaeth dyn yn *anti-thesis*. Ond fel protest yn erbyn pob math o athrawiaeth datblygiad arwynebol, pob math o Belagiaeth, a Thitaniaeth, ac yn bennaf oll fel mynegiant ar ei waethaf o brofiad angerddol o Dduw, nid yn fuan yr â ei waith heibio.

Yr Efrydydd, Mehefin 1929

Diwinyddiaeth Cymru

I

Dyma, fe ddichon, y llyfr pwysicaf ar Ddiwinyddiaeth Gristnogol a ymddangosodd yng Nghymru er amser y Dr T. C. Edwards, a phriodol sylwi nad llai'r agendor rhwng yr Adda cyntaf a'r Adda diwethaf, na rhwng yr Edwards cyntaf a'r ail.[1] Saif y ddau dros ddau safbwynt hollol wahanol, ac fe geir yng ngwaith y ddau fynegiant cyflawn ohonynt. Yn sicr fe grisiala'r holl ymagweddu 'modern' at broblemau diwinyddol yn gytbwys a chelfydd yn *Bannau'r Ffydd*, cyn sicred a chyn amlyced ag y crisialodd y syniadau traddodiadol yn *The God-Man*. A phed anghytunem â phob gosodiad yn llyfr y Dr Miall Edwards, pe baem bob un yn Bius IX, a gredai mai'r 'gelyn yw Moderniaeth', ni allem atal ein diolch am hyn o gymwynas o leiaf, sef dangos ei safle a'i rym. Dyma, am y waith gyntaf, fap o'r tir, nid chwaith gan ysbïwr, pe bai Galeb neu Iosiwa mewn dewrder, ond gan un a'i cerddodd yn rhydd fel un yn meddu rhagorfraint dinesydd. Hyd yn hyn bu Moderniaeth yng Nghymru yn lledrith braidd; os am ei chofleidio fel Aeneas ei gâr Dido, ni rydd afael i ni, ac os am ei lladd, ni frath cleddyf arni. Ond nid oes gan neb esgus bellach dros anwybodaeth o'r hyn yw Moderniaeth ysgolheigaidd a diwylliedig. Gellir yn awr yn bwyllog ei barnu heb arni niwloedd amwyster nac enllib rhagfarn. Dyma yn fras gynllun y llyfr. Ar ôl pennod ragarweiniol ar berthynas Cristnogaeth â meddwl yr oes, a thrafodaeth gyffredinol ar y profiad Cristnogol yn y Testament Newydd, fe ddilynir, yng ngeiriau'r Rhagymadrodd, 'drefn profiad', h.y., fe ddechreuir gyda'r materion sy agosaf at y profiad Cristnogol diriaethol, a cheir felly yn gyntaf ymdriniacth ar athrawiaeth Iechydwriaeth; yna symudir at gwestiwn Person yr Iachawdwr, a cheir ymdriniaeth ar athrawiaeth Person Crist: 'daw gwaith Crist o flaen athrawiaeth Ei Berson, am mai trwy Ei waith y deuwn i adnabod Ei Berson'; yna ceir penodau ar Dduw a'r Drindod (ceir eisoes, o'r ffaith mai dwy bennod ac nid un a geir yma, ryw ernes o atitiwd y llyfr at athrawiaeth y Drindod); ac yna, yn olaf

[1] D. Miall Edwards, *Bannau'r Ffydd* (Wrecsam, 1929).

dim, gofynnir i'r cŵn diwinyddol, a yrrwyd mor bell i'r mynydd, yn awr gorlannu'r praidd i'r bennod olaf ar 'Arglwyddiaeth Crist'.

Nid oes ofod yn yr erthygl hon i drafod yn fanwl hyd yn oed un agwedd ar y llyfr amlochrog hwn. Efallai y caniatâ'r Golygydd gyfle eto i barhau'r drafodaeth. Ond fe fydd y bennod ragarweiniol yn gystal cychwynfan â'r un, am y tery gyweirnod yr holl lyfr, ac am na ddeellir gweddill y llyfr oni ddeellir safbwynt y bennod hon. 'Perthynas Cristnogaeth â Meddwl yr Oes' yw ei theitl, ac y mae yn ddychrynllyd o bwysig oherwydd ei hymgais i gymodi dau na bu gymod rhyngddynt er pan ddaeth y meddwl gwyddonol i'w oed gyda Bacon. Ni wiw i neb ddilyn yr arfer gyffredinol a rhusio heibio'r bennod hon er mwyn ymdaflu ynghynt *in medias res*. Ar ein hateb i broblem perthynas Meddwl yr Oes â Christnogaeth, Rheswm a Datguddiad, y Naturiol a'r Goruwchnaturiol, yr ymddibynna ein syniad o wyrth, o natur iachawdwriaeth, o le a gwerth yr Eglwys, ac yn bennaf dim o Berson Crist. Canys dull y rhan fwyaf ohonom o ymresymu yw, '*Gall* hyn fod, *rhaid* iddo fod, *mae*', ac i'r gwrthwyneb, '*Ni* all hwn fod, rhaid *nad* ydyw, *nid* yw'. Amod pob efrydiaeth o hanes yw bod dyn yn cychwyn o'i lecyn ei hunan ac yn gweithio yn ôl ohono, ar hyd llinellau a osodwyd eisoes. Rhagrith yw amhleidrwydd yr hanesydd, ac ni all hanes byth fod yn fanylach gwyddor nag athroniaeth. Camarweiniol ddybryd yw'r cri, 'Yn ôl at Iesu hanes', fel pe'n gwaredai o'r dasg o ffurfio *Weltanschauung* i ni ein hunain, ac ni wna bloeddwyr y cri namyn ceisio dal y gynffon y dylasent fel Darwinwyr da fod wedi ei bwrw ers talwm. Yr oedd byd o wahaniaeth rhwng Naturoliaeth Renan a Theistiaeth Gore, felly ni *allent* gynnig darluniau o 'Iesu hanes' ag unrhyw debygrwydd rhyngddynt. Rhaid i 'Iesu hanes' fod yn bennod yn hytrach yng nghyffes bersonol pob un nag yn 'sicrwydd' gwrthrychol pethau. Ceir yn y bennod hon ateb yr Athro i'r broblem o berthynas yr Efengyl â meddwl yr oes, a golyga hynny, yn ôl yr hyn a ddywedwyd, ateb, o leiaf o ran, y cwestiwn, Beth yw'r Efengyl? ac yn enwedig y cwestiwn, O fewn pa derfynau yr ydym i feddwl am Iesu Grist a'i esbonio?

Difyr sylwi yma y defnyddia'r awdur gyffelybiaeth fywydegol i egluro'r agweddau hynny o Gristnogaeth sy'n dwyn cysylltiad â meddwl yr oes. Yr un fath â phob bywyd, y mae i Gristnogaeth ei helfen geidwadol a'i helfen gynyddol. Tuedd cymhariaeth fel hon yw awgrymu mai'r cynyddol yw'r elfen bwysig, ac felly fod Cristnogaeth i'w barnu yn ôl y gwahaniaeth (bid siŵr, gwahaniaeth ar yr un llinell twf) yn ei gwedd mewn gwahanol gyfnodau. Cymerir yn ganiataol y golyga gwadu hyn nad oes 'le i newid na gwella dim ar hanfod yr efengyl'. Felly, yn unol â'r Ddarwiniaeth hon, ni all wadu'r posibilrwydd y 'daw rhywun ymlaen i ddatguddio gwerthoedd uwch a phwrpas gwell i fywyd nag a ddatguddiodd Iesu Grist', a dyletswydd y neb a gydnabyddo hyd yn oed y posibilrwydd yma yw gweddïo Duw i anfon y Diddanydd *arall*. Ni esyd athrawiaeth Datblygiad unrhyw derfyn ar bosibiliadau'r ddynoliaeth, ac ni all diwinyddiaeth a'i coledd wneuthur hynny chwaith. Cydfydd â'r dull yma o feddwl duedd i bwysleisio gweithrediad Duw *yn* y byd, yn fwy nag *arno*, ac felly i wneuthur y gwahaniaeth rhwng Crist a dynion eraill yn un gradd ac nid ansodd. *Non fit saltus in natura*. Ac eto:

> Pan *lamo* ein marwoldeb ni
> Yn glir anfarwol fflam,

meddai W. J. Gruffydd, a

> Dacw enaid lleidr aflan . . .
> Ac i'r nef yn rhoddi *llam*,

meddai Dyfed. Ergyd geiriau? Ie, ond awgrymiadol, er hynny. Ni chymhwysir yr athrawiaeth hon at broblemau canolog Cristnogaeth yn y bennod hon ei hun, ond ymddengys eisoes 'o ba radd y bydd gwreiddyn' y drafodaeth lawn.

Pan yw'r Athro yn yr un bennod yn ymdrin â'r broblem, yn fwy yn awr o safbwynt meddwl yr oes, fe ddengys yr un osgo at ddefnyddio categorïau yr oes a'u parchu, yn fwy o lawer yn fy nhyb i nag y dylid ei wneuthur. I fenthyg un o ymadroddion Kant, wrth wneuthur hyn fe gyll Cristnogaeth ei *Autonomy*, a thry yn *heteronymous*, rhydd ei gogoniant i arall. Gwir y taw sŵn y magnelau, ond i'm tyb i nid oherwydd cytuno o grefydd a gwyddoniaeth i rannu'r maes, ond oherwydd darostwng crefydd dan wadn y gwyddon—*solitudinem facit, pacem appellat*. Sail ac amod y cytundeb nid yn gymaint i gydweithio â'i gilydd ag i beidio ag aflonyddu ar ei gilydd yw y gellir ac y dylid rhannu'r byd yn ddwy dalaith, a rhoi 'gramadeg ac anatomi'r cread' i wyddoniaeth, a'i 'ystyr a'i enaid', byd gwerthoedd, i grefydd. Yn ei adolygiad yn *Y Llenor*, dywed y Prifathro David Phillips, M.A.: 'Un o broblemau mawr yr oes nesaf fydd y berthynas rhwng y ddwy gyfundrefn. Ni wynebir y broblem yn y llyfr hwn. Ystyrir y gwahanu rhwng ffaith a gwerth yn gyfaddawd priodol. Cymerir yn ganiataol nad ydynt yn anghyson â'i gilydd'. A siarad drosof fy hunan, cytunaf â'r feirniadaeth hon, ond carwn ychwanegu, nad angen fy nghysuro nad oes anghysondeb rhwng y ddwy gyfundrefn sydd arnaf fi, ond llawer mwy fy argyhoeddi bod cysylltiad agos rhwng y ddau, ac y gall byd gwerthoedd dreiddio'r llall drwyddo. Nid wyf fodlon ar ryw fath o *value-fact parallelism*; y mae arnaf eisiau *interaction*. A theimlaf bod ymostwng gerbron y syniad gwyddonol o ddeddf yn ein cau o fewn treigl amser ac yn ein gorfodi i esbonio popeth yn nhermau'r hyn a oedd o'i flaen; canys y mae unrhyw gychwyn *newydd* ynddo'i hun yn torri ar draws olyniaeth deddf. Nid oes felly ystyr mewn sôn am y goruwchnaturiol o gwbl, ac os bydd unrhyw athrawiaeth ynghlwm â'r syniad hwn, rhaid ei wrthod. Yn awr, pe na olygai hyn wrthod dim ond pethau fel gwyrthiau natur Iesu Grist, neu yn wir ei enedigaeth wyrthiol a'i atgyfodiad, ni phryderwn ryw lawer iawn. Ond ymddengys i mi y golyga derbyn y safbwynt gwyddonol yn yr ystyr yma wrthod unrhyw athrawiaeth o ymgnawdoliad. Ni wiw dywedyd na ddaw crefydd a gwyddoniaeth i ornest â'i gilydd yma. Un ffordd i heddwch yw derbyn y safbwynt gwyddonol ac esbonio Person Crist mewn rhyw fodd arall mwy cydnaws â gofynion gwyddoniaeth. Ond ni allaf weled yn fy myw paham y rhaid i ni wneuthur hyn. O leiaf nid gan wyddoniaeth y mae'r hawl i benderfynu'r pwnc; y mae'n rhaid i'r ddadl fynd i uchel lys athroniaeth, ac oni ellid datrys y broblem yno, fe fyddwn yn berffaith fodlon i ymdawelu yn y gred bod yma antinomi terfynol yn ein profiad. Ond o leiaf fe welir yn eglur yma eto flaen-awgrymiadau o drafodaethau i ddyfod.

Y drydedd duedd a amlygir yma yw'r duedd i edrych ar ddiwinyddiaeth fel ymgais i esbonio'r profiad Cristnogol. Dyma olion y dylanwad gwyddonol eto. Dyfynnir gyda chymeradwyaeth eiriau'r Deon Inge: 'The centre of gravity in religion has shifted from authority to experience', a hynny nid, fel llawer o bethau eraill, yn dechrau gyda'r Deon, ond gyda Schleiermacher, ac yn britho diwinyddiaeth Almaenig Brotestannaidd y ganrif ddiwethaf. Effaith anorfod y gosodiad yma yw gwneuthur profiad y diwinydd ei hunan yn sylfaen, ac nid yn unig yn sylfaen, ond hefyd yn safon y ddiwinyddiaeth. Yr unig *brofiad* y gall ei gael yw yr eiddo ei hunan. Ni all byth ymdeimlo â phrofiad neb arall, canys cyn y daw o fewn ei gyrraedd, rhaid iddo beidio â bod yn brofiad a throi yn osodiad meddyliol. Pa wedd yr osgöir rhyw fath ar Solipsistiaeth ddiwinyddol? Nid rhyfedd i'r Athro ddywedyd yn ei Ragair: 'Ni honna'r awdur lefaru dros neb ond drosto'i hun; dylid edrych ar y gyfrol hon yn unig fel arbrawf a chyffes bersonol'. Ni allai ddywedyd yn amgenach ar sail ei ragosodiadau. Mor wahanol yw hyn oll i arfer yr Eglwys, ie, yr Eglwys Brotestannaidd, hyd yn oed. A phwy cyn Schleiermacher a ddywedasai mai profiad dyn oedd canolbwynt a deunydd diwinyddiaeth? Ni ellir tynnu llinell derfyn rhwng y profiad a'r esboniad, a chan mai'r unig ffordd i farnu profiad yw barnu'r mynegiad neu esboniad ohono, yna ni ellir byth gael safon profiad Cristnogol (nid yw'r safon foesol ynddi ei hun yn ddigonol, dim ond ynfytyn a ddywedai bod, e.e., uniongrededd yn fwy *moesol* na Moderniaeth) nac esboniad Cristnogol. Pe credwn hyn, ni allwn, wrth gwrs, ddwyn unrhyw ddadl yn erbyn gŵr o wahanol syniadau i mi fy hunan ond dadleuon pragmatig, 'Byddai derbyn y syniad hwn yn ergyd i fywyd yr Eglwys', neu 'Byddai ymwrthod â'r athrawiaeth hon yn gwanhau parch i'r esgobaeth', etc. Golyga hyn addef un o ddeubeth: un ai nad yw yn bwysig cyrraedd gwirionedd terfynol yn y maes hwn, ac felly nad oes ddiben mewn diwinydda o gwbl, neu nad oes gwirionedd i'w gyrraedd er ein holl ymdrechion, ac mai uffern fach y diwinydd felly yw arllwys ei gynhyrchion i ridyll greddf ffôl a diystyr. Pa fodd ynteu y gallwn osgoi y sceptigiaeth hon? Dim ond un ffordd a welaf fi—ymwrthod, gyda thraddodiad yr Eglwys yn ei grynswth, â'r syniad o brofiad ac ymlochesu yn y syniad o ddatguddiad, a ddichon fod ar unwaith yn ffynhonnell a safon nid profiad aruchel, nid profiad moesol, ond y profiad *Cristnogol*. Ac ni wn i am unrhyw le arall ond y tair Efengyl gyntaf. Yma fe ddatguddia yr Iesu i'w ddisgyblion y 'pethau amdano ei hun', rhydd iddynt acsiomau eu cred amdano ef, ei Berson a'i waith; ac nid ceisio cofnodi eu profiadau ohono ef a'u gweithio allan yn athrawiaeth a wnaethant, ond yn hytrach rhywbeth cyffelyb i waith Ewclid. Tu ôl i'r cyfan fe orwedd 'the given'. Credaf y llecha gwirionedd pwysig dan aml gyfeiliornadau Rhufain, yn ei syniad mai gwaith yr Eglwys yw glynu wrth yr hyn a roed ar y dechrau, a dyna yw grym yr athrawiaeth Brotestannaidd am y Beibl ar ei gorau. Yr unig waith posibl i Eglwys a gred mewn datguddiad fel hwn yw gweu data ei datguddiad i mewn i feddwl ei hoes, yn unig mor bell ag y gellir gwneuthur hynny heb ailwampio (hyd yn oed ped ymddangosai y ddiwinyddiaeth am y tro dipyn yn fwy caboledig) dim ar yr hyn a dderbyniwyd.

Yr wyf wedi gosod y gwrthddadleuon mor gadarn, ac yn wir mor eithafol ag y gallaf, nid yn unig am yr awgrymir hwynt yn y llyfr, ond am eu bod yn anawsterau mawr ar fy ffordd i wneuthur y gorau o ddatblygiadau diweddar mewn meddwl Cristnogol, a phe na bai am ddim arall fe fyddwn yn ddiolchgar iawn i'r Athro am gyfle i wyntyllio problemau fel y rhain. Ceisiaf mewn ysgrif arall ddangos pa fodd y datblyga crynswth y llyfr awgrymiadau'r bennod gyntaf.

II

Yn fy ysgrif gyntaf, ceisiais ddangos pa fodd, er ei byrred (nid yw ond 11 tudalen), y dengys pennod gyntaf *Bannau'r Ffydd* egwyddorion a rhagosodiadau sylfaenol y llyfr. Ar y terfyn, galwyd sylw arbennig at y pwyslais a rydd yr awdur, gyda Schleiermacher a'i ysgol, ar uchafiaeth profiad mewn diwinyddiaeth. Nid safon i farnu gwahanol fathau o brofiad yw diwinyddiaeth, ond yr esboniad o'r profiad crefyddol (dyma ddata priod yr wyddor yma) a ddigwyddo gydymffurfio orau â theithi meddwl cyfnod, neu, yn fwy cyson, unigolyn arbennig. 'Every man his own theologian.' Rhy anaml y sylweddolir pa fodd y trowyd diwinyddiaeth wyneb i waered gan y syniad hwn, syniad a eilw Barth yn 'chwyldro Copernicaidd diwinyddiaeth' (*Dogmatik*, I, td. 85). Fe barodd Schleiermacher, o'i iawn ddeall, chwyldro lletach ei ganlyniadau a dyfnach ei gyrraedd hyd yn oed na Luther a'i gymheiriaid. Newid y *minor premise* a wnaeth Luther, newid y *major* a wnaeth Schleiermacher. Wele *ffurf* ymresymiad a oedd yn gyffredin i Luther a'r Babaeth. 'Rhaid wrth *ddatguddiad*. X yw'r datguddiad hwnnw. Felly ynddo ef yr ymddiriedwn.' Yr hyn a wnaeth Luther oedd gosod y Beibl, neu ran ohono, yn lle'r Eglwys. Yr hyn a wnaeth Schleiermacher oedd gwadu bod eisiau, neu o leiaf y gellid cael unrhyw awdurdod gwrthrychol annibynnol ar brofiad unigolion. Yn bendifaddau, ni chytunasai Luther i alw hyn yn Brotestaniaeth o gwbl, nac yn wir, hyd yn oed Zwingli—gŵr yr ydys yn arfer edrych arno fel diwinydd 'lletach' na'i gymdeithion—'Ni wyddom ni ohonom ein hunain pa beth yw Duw, yn amgen nag y gŵyr y chwilen pa beth yw dyn. Traha, hafal i'r eiddo Lwsiffer neu Brometheus, fai ceisio gwybodaeth o'r hyn yw Duw o'r un ffynhonnell arall ond Ysbryd Duw Ei Hun'. I'r gwrthwyneb, fe ymffrostir heddiw na ddaeth 'gwir Brotestaniaeth' i'w hoed hyd oni thaflwyd ymaith gan Schleiermacher holl 'ffyn baglau' awdurdod allanol gwrthrychol a rhodio o'r unigolyn ar ddwydroed ei brofiad a'i awdurdod ei hunan. Yn y ddamcaniaeth hon y cyrhaeddodd ton fawr Rhamantiaeth draethau crefydd. Yn union fel yr arweiniodd neges Rousseau—bod gan ddyn fel unigolyn hawliau dinacâd—i'r Chwyldro Ffrengig, yr arweiniodd damcaniaeth Schleiermacher i'r 'Chwyldro Copernicaidd'. Oblegid mewn crefydd, fel mewn gwleidyddiaeth, dyn yw mesur popeth. Ac yn union fel yr arweiniodd y Chwyldro Ffrengig i'r Rhyfel Mawr trwy athrawiaeth y 'Nation State', felly y mae'r 'Chwyldro Copernicaidd' (efallai nad yw'r gymhariaeth hon yn un hollol ffodus, oblegid symud canolfan y cread *o'r* ddaear a wnaeth Copernicws) wedi arwain i fethdaliad diwinyddol a chrefyddol Protestaniaeth. Oblegid er ymddwyfoli o'r unigolyn a'i wneuthur ei hunan yn ddeddf iddo'i hunan, neu'n hytrach oherwydd hynny, dad-ddwyfolodd bopeth arall; collodd y ddeddf dragwyddol; collodd loches y graig sy *fwy* nag ef; yn bennaf dim, collodd ei hawl i glywed awdurdod yn ei geryddu gan ddywedyd, 'Yma y cyfeiliornaist, ac nid yw'r gwirionedd ynot'. Canys, ys dywed llith yn *Y Darian* yr wythnos hon, 'nid oes gan neb o ysgol Schleiermacher hawl i ymyrryd â chredo neb arall, y mae pob un gystal â'i gilydd'. Lle y mae pob ffordd yn arwain, un ai at y gwirionedd neu oddi wrtho, ni waeth pa un a ddewisir. O leiaf twyllymadrodd yw galw'r ddau syniad yma, Datguddiad a Phrofiad, yn gyfystyr Brotestannaidd. Gwir, wrth reswm, y cynnwys y cyntaf yr ail, ac nas ceir ar wahân iddo, ond gwyrgam hollol fai casglu mai Profiad sy'n cadarnhau'r Datguddiad a'i brofi'n Ddatguddiad. Er i ddyn feddwi ar *gin* a *soda*, brandi a *soda*, whisgi a *soda*, nid y *soda* a'i meddwodd. Yr athrawiaeth gyntefig Brotestannaidd yw bod profiad pob dyn i'w farnu yn ôl safon a osodwyd ac a gymhwysir yn annibynnol hollol ar y dyn ei hunan. Am fod safon, gellir dywedyd yr hyn na all neb o ysgol Profiad ei ddywedyd, 'Y mae'r *profiad* hwn, fel profiad, yn llawnach a chywirach na'r llall'. Cyfiawnhad trwy ffydd? Ie, ond fe osodwyd amodau ac fe luniwyd dull y cyfiawnhau hwnnw hebot ti, ac er na phrofaist ti ddim o'i nerthoedd, eto y mae'r drefn *yna*, yn natur wrthrychol pethau. Fe olyga Protestaniaeth gryn fesur o Realaeth yn ei syniad am wirionedd. Dyna *major premise* ei ddadl, ac fe'i derbyniaf yn rhwydd. Eithr yn y *minor* y cyfyd fy anawsterau i. Yn yr ornest rhwng crefyddau awdurdod, megis Pabyddiaeth a Phrotestaniaeth ym mhriod ystyr y gair, a chrefyddau profiad neu'r ysbryd, nid oes gennyf ronyn o amheuaeth nad gyda Schleiermacher yr ymrestraf. Ond yn yr ornest rhwng gwahanol ymhonwyr yr awdurdod hon, ni wn pa beth i'w wneuthur. Ni welaf y cyfiawnheir honiadau Rhufain. Ond ni welaf chwaith y cadarnheir Beibl anffaeledig. Dyna broblem a thasg fawr Protestaniaeth heddiw, sef edfryd rywfodd allu a glorianno brofiadau a'u cyhoeddi'n brin. Fe ddichon mai mewn rhyw athrawiaeth newydd o'r Beibl, fel yr eiddo Barth y ceir ein dymuniad; ni wn, eithr gwn mai dirym a fyddwn hyd onis caffom. Fe deimlaf y diffyg hwn i'r byw wrth ddadlau yn erbyn gosodiadau'r llyfr hwn. Y cwbl a allwn obeithio ei ddangos yn derfynol yw anghysondeb rhwng gwahanol rannau'r llyfr, ac y mae'r Athro yn rhy graff ei feddwl i agor pydewau felly iddo'i hunan. Fe gydasia'r llyfr yn rhy gymwys i gledd rhesymeg allu cyrraedd gwahaniad y mêr a'r esgyrn. Ac eto teimlaf yn llwyr anfodlon ar safbwynt y llyfr. A'r unig ddadl gadarn sydd gennyf wrth law yw dangos, os gallaf, iddo esbonio ei ffeithiau trwy eu hesbonio ymaith. Canys nid digon dywedyd nad dyna fy mhrofiad Cristnogol i, ni olyga hynny ddim, namyn nad myfi yw'r Athro. Ni allaf ddadlau chwaith nad dyna brofiad yr Eglwys, oblegid nid oes odid un athrawiaeth nas credwyd unwaith gan rywun; a phe amgen, pwy, atolwg, a osododd yr Eglwys yn 'farnwr neu yn rhannwr arnom ni'? Ac yn y pen draw, onid cymhleth yw'r 'ffeithiau' y dadleuir i'r Athro eu hesbonio ymaith—cymhleth o brofiadau ac esboniadau—na ellir eu gwahanu? Lle, tybed, y ceir profiad nas lliwiwyd gan syniadau blaenorol a thymheredd meddwl? Ar y gorau, felly, rhyw *argumentum ad hominem* yn unig a fydd yn bosibl, ymgais i ddangos esbonio ymaith ohono yr hyn a gymerth *ef ei hun* fel ffeithiau. Caled, felly, i feirniadaeth fod yn amgenach gwaith nag ymarfer ddialectig, rhyw 'syrthio fel barcut', chwedl Dr Rees, Bronant, ar fefl rhesymegol, heb allu dyfod i'r afael â gwir nerth y llyfr. Yn hyn fe orwedd condemniad ysgol profiad a'r angen anhraethadwy am safon y cyfeiriwyd ato.

Nid ofer, efallai, sylwi ar dynged mudiad cyffelyb mewn maes arall—maes yr arlunydd. Oblegid, os dyrchefid profiad yn unman, yma yn anad yr un. Cael profiad, a'i gael yn helaethach. Bernid gwerth yr artist yn ôl twf ei brofiad—ni waeth pa un ai gwenith ai efrau—grym 'bywyd' oedd bwysig. Ac o'r cyfeiriad arall, gwerth darlun oedd ei allu i gynhyrchu yn ei dro brofiad. Os ei brofiad o fywyd a'i allu i drosglwyddo hwnnw i gynfas oedd safon mawredd y darlun o ochr y peintiwr, yna ei allu i beri i'r sawl a'i gwêl 'deimlo' oedd safon ei fawredd o ochr y gweledydd. Yn y pen draw, wrth gwrs, nid dwy safon sydd yma, ond un. Y ffordd derfynol i farnu darlun yw sefyll o'i flaen ac, yn iaith Hollywood, *register* yr hyn a deimloch. Os gwrthyd peiriant eich teimladau gyffroi, nid oes dim i'w wneuthur, nac ymboener â'r darlun byth eto, cydnabydder na chyfetyb ei werth i'w enw, a chwilier am 'deimlad' mewn man arall. Ond fe welir arwyddion bellach o duedd wahanol ymhlith yr arlunwyr a'r beirniaid. Fe gyfyd ymdeimlad o angen cyfreithloni eu gwaith. Bu amser pan wyddai pawb paham y peintiai. Yn yr Oesau Canol, fe beintid er mwyn gogoniant Duw ac er mwyn mynegi, gystal ag y gellid trwy'r llygad, Ei wirioneddau Ef. Ni ddeallasai neb gri y rhamantydd—'Art for Art's sake'. Fe ddangosodd Mr Saunders Lewis hyn yn glir iawn mewn llenyddiaeth, yn ei lyfr ar Bantycelyn. Ond y mae yn fwy gwir am athroniaeth celf. Pan na chysylltai Ewrob bellach ei holl fywyd â'i chrefydd, fe gollodd celf ei seiliau. Fe aed ymlaen i beintio, ond grym gwib, ac nid argyhoeddiad, a'i cymhellai. Ni wyddai neb mwyach paham, i ba ddiben y peintiai. Yna fe ddaeth yr ateb rhamantaidd, ac ymfodlonwyd arno am ganrif. Heddiw fe welir yr ymddiosg celf o'r math yna o'i holl ogoniant a mynd yn ddim ond tegan i ddiddori oriau hamdden, neu foddion i ennill arian, yn lle bod, yng ngeiriau, er nad yn ystyr Keats, yn allwedd i wirionedd. Ac felly fe gawn ŵr fel R. H. Wilenski, yn ei *Modern Movement in Art*, yn ceisio edfryd y wedd wrthrychol ar gelf, a'i datgysylltu o hualau a thra-arglwyddiaeth mympwyon dynion; a gŵr fel Roger Fry yn ymladd â'i holl angerdd dros y gredo, 'that Art is *significant* form'. Yn y maes hwn, o leiaf, fe ymddihysbyddodd athrawiaeth profiad, er cymaint yr adferwyd ei bwysleisio. Yma y cwympodd ei gaer, ac y rhwygwyd llen ei gysegr sanctteiddiolaf. Tybed na ddigwydd rhywbeth cyffelyb yn ein diwinyddiaeth?

III

Yn y ddwy erthygl gyntaf, buom yn ymdrin â rhagosodiadau y teip o ddiwinyddiaeth a gynrychiolir gan awdur *Bannau'r Ffydd*, yr hyn a eilw'r athronwyr yn *prolegomena*. Gadawer i ni'n awr ystyried y modd y cymhwysir hwy, yn fwyaf arbennig at broblemau Iachawdwriaeth a Pherson Crist. Ac oni chedwir y ddau yn gyson ar wahân yn ein trafodaeth, na feier gormod arnom, canys yn y pen draw nid dau ydynt, ond un, fel y gwelodd Athanasius ac Anselm. Hyd yn oed o safbwynt profiad, fe duedda pob un i weled yn Iesu Grist y math ar Berson a ddichon gyflawni'r iachawdwriaeth a fo'n angenrheidiol iddo ef. Yr oedd yn rhaid i Athanasius, a gredai mai cyfranogi o'r sylwedd dwyfol yw iachawdwriaeth, synied am Iesu fel *homoousios* â'r Tad, nid oes ond Duw a ddichon gyfrannu Duw. O'r tu arall hefyd, fe adweithia ein syniad o Berson Crist ar ein syniad o iachawdwriaeth. Ni all Crist y Moderniaid gyflawni iachawdwriaeth wrthrychol, hyd yn oed pe cydnabyddent bosibilrwydd y peth.

Yn y pen draw, nid oes ond dwy athrawiaeth yr Iawn, er holl amrywiaeth eu diwyg. Y broblem yw: Pa fodd y gall yr enaid, a dorrodd orchymyn Duw, ddyfod i gymod ag Ef? Un ateb yw: Trwy edifarhau a chyflawni gweithredoedd a fo'n haeddu cymeradwyaeth Duw. Gwerth Iesu fydd gallu ei fywyd a'i ysbryd i symbylu fy ewyllys i uchder y gofyn, h.y., i greu ynof edifeirwch llwyr, ymwrthod â'm bywyd blaenorol, ynghyd â dwyn ffrwythau addas, ac felly fodloni Duw, a meddu hawl i gymod. Gras Duw, felly, fydd anfon deinamig Iesu i'r byd. Os metha darllen ei hanes a myfyrio arno gynhyrchu'r gweddnewidiad hwn ynof, yna methodd gras Duw yn Iesu, ac ni allaf yn gyfiawn ddisgwyl dim ond damnedigaeth.

Dyma yn y bôn, mi gredaf, athrawiaeth *Bannau'r Ffydd*. Iddo ef, yr Iawn 'gwrthrychol' yw Crist yn 'amlygu cariad y Duw tragwyddol sydd beunydd yn ymegnïo i achub dynion o'u pechodau i gymdeithas fabol ag Ef Ei Hun'. Crist oedd rhodd cariad Duw i'r byd. O'n tu ni, rhaid i ddynion 'eu hunaniaethu eu hunain â Christ, mewn ymatebiad personol i apêl Ei gariad aberthol'. 'Nid mewn moment y digwydd hyn, ond yn raddol a chynyddol, yn ôl fel yr aeddfedo ein ffydd ni.' Gwaith ein hewyllys ni yw hyn, yn y pen draw, lawn cymaint ag y mae barddoniaeth Mr Williams-Parry yn briod iddo, er cydnabod ohono mai ei 'feistr llenyddol' yw Gwynn Jones. Caniataer sylw neu ddau ar y golygiad hwn. Ei ragosodiad sylfaenol yw bod digon o adnoddau mewn dyn, ond eu deffro a'u datblygu dan ddylanwad Crist, i'w alluogi i fyw bywyd a fo'n rhyngu bodd i Dduw, ac felly i'w gyfiawnhau gerbron Ei frawdle Ef. Nid wyf, o angenrheidrwydd, yn derbyn athrawiaeth y Pechod Gwreiddiol, ond ni allaf chwaith dderbyn yr athrawiaeth hon. Nid wyf yn credu bod gan neb, ohono ei hunan, gyfiawnder a ddeil wyneb Duw. Ac, os atebir: Ond nid yw ein cyfiawnder ni ohonom ein hunain, eithr o Grist—'byw ydym, eithr nid nyni, ond Crist sydd yn byw ynom ni'—yna rhaid gofyn: A yw Duw, ynteu, yn goresgyn ein hewyllys ni, ac yn cynhyrchu ynom fath ar fywyd na allem ei gynhyrchu ein hunain? Os felly, y mae ffordd arall o wneuthur dyn yn dda na thrwy ei ewyllys—ffordd annibynnol hollol arni. A pha fodd yr osgoir yr holl anawsterau y tybid eu gweled mewn Iawn 'gwrthrychol'? Onid oes yma hefyd weithred 'annibynnol arnom ni, a wnaethpwyd uwch ein pennau'? Os gwrthodir yr esboniad hwn, yna ni weithreda Duw ond i gymell ein hewyllys, a'n cyfiawnder *ni* yw'r daioni a wnawn. Fe garwn y clod, ond nid ar draul y cyfrifoldeb. Gall Pawl ddywedyd, 'Gweithiwch allan eich iachawdwriaeth eich hunain', am mai nid chwi, ond Duw, sydd yn gweithio. Nid chwi â Duw, ond Duw, nid chwi. Nid gwadu rhyddid yr ewyllys, na lleihau ei gyfrifoldeb, a wna'r Apostol. Y mae i'r ewyllys ei phriod faes ei hun, ac ynddo y mae'n rhydd a chyfrifol. Ond *nid iachawdwriaeth* yw'r maes hwnnw. Nid yn ôl dy allu i aeddfedu dy ffydd y'th gedwir, ac nid mesur dy ymateb mewn buchedd i apêl Crist yw mesur dy gyfiawnhad gerbron Duw. Cofier dameg y gweithwyr yn y winllan, a dalwyd yr un gyflog er y gwahaniaeth mawr yn eu horiau gwaith. Ni roes llafur diwrnod hirfaith fwy o hawl i un na'i fryswaith byr i'r llall. Ar y gorau, gweision anfuddiol ydym. Iachawdwriaeth, rhodd ydyw, addewid Duw nid i'n haeddiannau ni, ond 'ar gyfrif gwaed y groes'. A dyma'r ail o'r unig ddau ateb i broblem cadwedigaeth dyn. I mi, rhywbeth a wneir trosom, uwch ein pennau, yw'r Iawn, ffynnon a agorwyd *cyn* i ni yfed ohoni. Cais yr Athro gadw'r ymadrodd 'Iawn gwrthrychol', yn yr ystyr o 'Dduw yn gwrthrychol gymodi'r byd ag Ef Ei Hun, fel ffaith mewn hanes, annibynnol ar y dylanwad a gaiff ar unrhyw berson unigol', ond, yn fanwl, *ffaith* wrthrychol, ac nid *Iawn* gwrthrychol sydd ganddo; ni thry'r ffaith i Iesu farw ar y Groes yn Iawn i neb ond i'r graddau yr ymetyb i'w hapêl; mewn gwirionedd, nid yw yn Iawn perffaith yn hanes neb hyd oni chorffora ei egwyddor yn llwyr yn ei fywyd; neu, mewn geiriau eraill, nid yw byth yn *Iawn*. Nid dyna'r Iawn gwrthrychol a gredaf fi ynddo, a lled-amheuaf mai protest yn erbyn y math yna ar Iawn oedd y Diwygiad Protestannaidd. I'r gwrthwyneb, credaf mai Iesu yw awdur yr ateb arall. Iddo ef, ni ddeuai Teyrnas Nefoedd na maddeuant pechodau heb ei *farwolaeth* Ef. Ni dderbyniasai eiriau Sant Bernard, *non mors, sed voluntas placuit*. Effaith Ei farw yw'r amod cudd mewn llawer dameg, sydd fel petai yn sylfaenu maddeuant ar edifeirwch a dim arall. Yn unol hollol â hyn, yr oedd y ddysgeidiaeth 'i Grist farw dros ein pechodau' yn rhan o'r gwirionedd a dderbyniodd Pawl. Yn ôl yr ateb cyntaf, nid oes raid terfynol wrth farw Crist er iachawdwriaeth. 'Y mae proses achubol yn gyfled â holl ddatguddiadau Duw mewn hanes,' ac os digwydd i ddyn fod yn fwy teimladol i Dduw mewn rhyw faes arall, fe ddichon ei achub drwy ryw 'sunset touch, a fancy from a flower bell', etc.! Yn ôl yr ail, nid oes iachawdwriaeth yn neb arall, nac mewn dim arall.

Ond i newid agwedd am eiliad. Pa oleuni sydd gan ei syniad am yr Iawn i'w daflu ar Berson Iesu? Pa beth a ddigwyddodd ar y Groes? Wele rai o'r atebion: 'Canlyniad Ei holl fywyd a'i gymeriad dan amodau hanesyddol arbennig'; 'Coron bywyd o ffyddlondeb i'w alwedigaeth fel sylfaenydd Teyrnas Ei Dad'; 'Cariad a chydymdeimlad yn peri iddo hunaniaethu Ei Hun ag eraill, myned i mewn i'w brofiadau, a chario baich eu pechod fel petai'n eiddo'i Hun'; 'Mynegiant o gariad aberthol Duw Ei Hun'; 'Dioddef canlyniad pechodau pobl eraill'. Er ceisio o'r Athro gywiro'r hen fai o osod pwyslais gormodol ar farw Iesu ar draul Ei fywyd, fe syrth ei hunan i'r pydew arall, a gosod holl *werth* Iesu yn Ei fywyd. Damwain, o safbwynt hanesyddol, oedd y croeshoelio. Nid oedd raid iddo ddigwydd. Pe buasai Peilat yn gadarnach gŵr, ni ddigwyddasai. Ac, ar y gorau, nid oedd Ei farw ond mynegiant o egwyddor Ei fywyd, ac nid yw'r ffrwd yn uwch na'i tharddle. Yr unig wahaniaeth rhwng Calfaria ac iacháu'r claf o'r parlys yw y gwelwn Ei gariad yn gliriach yn y naill nag yn y llall. Ni ddylem, felly, feddwl bod gwerth mewn dim ond Ei ffyddlondeb a'i gariad. Ond pa werth sydd ynddynt? Er mwyn cael gan ei athrawiaeth yr Iawn gerdded o gwbl, rhaid dywedyd mai mynegiant o gariad Duw Ei Hun yw'r Groes, onid e ni thaniai'i gariad ato. Canys y Duw a all gyd-ddioddef â'n gwendid ni a garwn ac a addolwn. Disgwyliem felly gael cyfaddefiad plaen mai yr un yw cariad Duw â chariad Iesu, h.y., bod Iesu yn Dduw. Ond erbyn edrych, dehonglir yr ymadrodd i olygu bod cariad Iesu a chariad Duw nid yn un ond yn unrhyw. Y mae felly ddau gariad—cariad Duw a chariad Iesu. Yr unig gariad a adwaen i yw cariad Iesu. Efe, ac nid Duw, a fu farw er fy mwyn i, ac felly, chwedl yr Anglo-Catholic hwnnw, 'I have no interest in God the Father'. Rhaid sylweddoli nad yw cariad fel 'egwyddor' yn ddim amgen nag ymadrodd. Cariad fel ffaith yw'r unig gariad a'm dawr. Os yw Duw i beidio â chael ei wthio o'r golwg gan Iesu (a chawn sylwi eto mai dyma duedd llawer o Foderniaeth), un ai rhaid dywedyd mai Duw yw awdur pob cariad, yn yr ystyr mai Efe, ac nid nyni na neb arall, sydd yn caru yn wastad ynom ni ac yn Iesu (a gwelir tuedd bantheistaidd yr ateb hwn), neu rhaid hunaniaethu cariad Duw â chariad Iesu. Onid yw Duw a Iesu rywsut yn un, yn llythrennol un yn eu cariad, yna ni ellir, heb dwyll-ymadrodd, ddywedyd bod Duw yn Iesu Grist yn cymodi'r byd ag Ef Ei Hun. Wrth gwrs, pe gadewid Duw allan o'r cyfrif, fe fyddai'r athrawiaeth yn hollol gyson. Mae'n wir i Iesu garu dynion yn angerddol; mae'n wir iddo farw oherwydd y cariad hwnnw; drachefn, mae'n wir y symbylir dynion i lanach byw gan Ei esiampl Ef; ac os bodlonir i alw'r pethau yma yn 'Dduw', yna fe ddatgudd-iodd Iesu gariad y Duw hwn. Yn yr ystyr yma y derbyn Alexander a Middleton Murry 'dduwdod' Iesu. Ond os cymerir Duw o ddifrif fel Bod a'i hanfod ynddo'i Hun, yna ni all Iesu fod yn ddatguddiad o *gariad* Duw heb fod yn Dduw, ac arfer 'Duw' fel *predicate* cyffredin i 'bersonau' y Duwdod. Dyma'n unig sydd yn gyson â'r hyn a briodola'r Athro i'r Iesu. 'Cydymdeimlad y Dyn Cyffredinol a barodd iddo ddwyn baich pechod y byd arno'i hun.' Pan yw yn sôn am Dduw (td. 228), a'i wahaniaethu oddi wrth ddyn, dywed mai Efe yw'r unig Fod Cyffredinol, nid 'one of the eaches'. Os Iesu, ynteu, yw'r Dyn Cyffredinol, yna ni all, o leiaf, fod yn ddyn yn yr un ystyr ag yr ydym ni yn ddynion. Neu os mynnir cadw ei unrhywiaeth â ni, nid Efe yw'r Dyn Cyffredinol, a gallu terfynedig oedd ganddo i 'ddwyn pechod y byd' trwy gydymdeimlad. Ni ellir ei chael y ddwy ffordd—chwarae ffon ddwybig. Os am Iesu a ddwg *holl* bechod y byd, yna Iesu sydd yn fwy na dyn, eto heb beidio â bod yn gorff; ond os am Iesu unrhyw â ni, yna nid Iesu a ddwg holl bechodau'r byd, pa ystyr bynnag a roddir i'r ymadrodd 'dwyn pechodau'.

Gwelir, felly, fod perthynas agos rhwng athrawiaeth iachawdwr-iaeth ac athrawiaeth Person Crist, a gwelir hefyd fod rhyw duedd anorfod mewn athrawiaeth eang o'r Iawn i wneuthur Iesu yn wahanol, yn ogystal â thebyg i ni. Onid dadl go wael dros dderbyn Credo Nicea fel gwirionedd fyddai dywedyd, 'Dyna'r Crist sydd arnaf *fi* eisiau'? Ac nid dyna ddadl Athanasius chwaith. 'Dyna'r Crist y mae'r Eglwys wedi ei dderbyn o'r dechrau'; 'Dyna'r unig Grist a ddichon gyflawni'r iachawdwriaeth a ddaw drwyddo,' oedd ei ddadleuon ef. Rhaid gwahaniaethu'n ofalus iawn rhwng sylfaen feddylegol a sylfaen resymegol cred arbennig. Gwir mai'r awydd i wneuthur hanes a ffeithiau yn ddrych i'w syniadau eu hunain sydd yn cychwyn llawer ar lwybr ymchwil, ond nid yw'r mwyaf cyndyn ei ragfarnau yn fodlon cydnabod mai *auto-suggestion* yw ei 'wirionedd'. Yn gyffredin iawn heddiw, felly, fe geisir gwneuthur ffeithiau hanes bywyd Iesu yn glorian i athrawiaeth Ei Berson, a dyma'r safon a fabwysir gan *Bannau'r Ffydd* a 'Nodiadau Golygyddol' *Yr Efrydydd*, rhifyn Ebrill. Pwnc o ffaith—A oedd gan Iesu brofiad crefyddol tebyg i'r eiddom ni?—sydd i dorri'r ddadl. I'r ddau nid oes ond un ateb: 'Dibynna'r grefydd Gristnogol ar brofiad personol, crefyddol, dynol Iesu Grist o ddyn ac o Dduw', 'Iesu oedd y Cristion cyntaf'. Rhagdybia'r ateb yma ein bod yn adnabod Iesu hanes yn weddol drylwyr, yn gallu dywedyd gyda rhyw radd o fanylder pa fath un oedd Efe. Canys cyn y gall neb ddywedyd ei fod yn *ddyn* perffaith, rhaid cloriannu ei weithredoedd yn ofalus a llwyr iawn. Ond atolwg, pwy a ddichon honni ei allu i wneuthur hynny, ac yntau yn gyfyngedig i ddata prin y tair efengyl gyntaf? Pwy a ŵyr ddigon, fel hanesydd, am gyfnod tywyll bywyd Iesu i allu dywedyd yn bendant na phechodd? O leiaf, gellid dadlu, cymerodd ei fedyddio gan Ioan Fedyddiwr â bedydd 'maddeuant pechodau'. Ar ba sail yr haerir nad oherwydd ei bechodau ei hun y gwnaeth hyn? A pha faint, yn y pen draw, a wyddom am fywyd mewnol Iesu yn ystod ei weinidogaeth gyhoeddus? Pa fodd y daeth i ddeall bod yn *rhaid* i Fab y Dyn ei roddi i farwolaeth? Pa beth a ddigwyddodd ar fynydd y Gweddnewidiad? Beth yng Ngethsemane? Paham y cri rhyfedd wrth farw ar y Groes? Dywed yr Athro ei hun am yr ymchwil i fywyd Iesu, fod y 'dasg hon ymhell o fod wedi ei chwblhau, ac ni chyrhaeddwyd unfrydedd ynglŷn â ffeithiau Ei fywyd a'i ddysgeidiaeth'. Nid wyf yn credu y cyrhaeddir byth trwy ymchwil hanesyddol wybodaeth na ellir ei hamau am ei fywyd. Ond atolwg, onid adwaenwn Iesu hanes yn llawn, oni allwn byth fod yn sicr Ei fod yn ddibechod, pa fodd y gall y gosodiad mai un fel Iesu yw Duw fod yn sicr? *Ignotum per ignotius*, neu *ignotius per ignotum*. Canys nid mater o gael ffeithiau am ei fywyd yw adnabod person. Ystyrier y cruglwyth o ffeithiau sydd gennym am Napoleon, eto prin y cytuna dau yn eu hesboniad ohono. Cwynir mai aneffeithiol a fu'r gred yn y dyn Iesu Grist. Nid rhyfedd hynny i mi o gwbl. O ddyddiau Pawl, a wrthododd adnabod Iesu yn ôl y cnawd, arweiniodd greddf ddiogel yr Eglwys i beidio â gosod pwyslais ar fanylion hanesyddol bywyd Iesu, ac eithrio'r rhai a geir yng Nghredo'r Apostolion, Ei eni, Ei farw, Ei atgyfodiad. Mabwyser athrawiaeth uniongred yr Ymgnawdoliad, a cheir sicrwydd ar y pethau hanfodol. I fenthyg teitl y llyfr am dro, fe welir y 'bannau' yn eglur, yn dyrchafu uwch y tarth sydd yn gordoi'r glyn. Gwyddom bellach i gariad Duw ymddangos yn *berffaith* yn Iesu Grist, ac i'r cariad hwnnw farw drosom. Dyna'r pethau pwysig. Ac o sicrwydd yr wybodaeth hon, gallwn ffordio anwybyddu anawsterau sydd yn farwol i'r sawl a gais sylfaenu eu cred yn Iesu ar *induction* o'i fywyd, a chydnabod anallu ein harfau o bob math i dreiddio i gyfrinach sancteiddiolaf Ei Natur. Dyma'r unig ffordd i gael sicrwydd terfynol am Dduw. Ystyrier yr ymadrodd a ganlyn am eiliad (td. 215): 'Ceisiai'r hen ddiwinyddiaeth ddiffinio Crist yn nhermau Duw, yn awr yr ydys yn diffinio Duw yn nhermau Crist'; 'Yn lle dywedyd mai un fel Duw yw Crist, dywedwn mai un fel Crist yw Duw'. Os golygwn wrth hyn ein bod yn barod i roi'r enw Duw ar yr hyn a gawn yn Iesu Grist, popeth yn dda, ystyr y gair 'dwyfol', felly, fydd y gorau a ŵyr y byd ym mhob cyfnod ac ym mhob cyfnewid; neu, mewn geiriau eraill, fe ddarostyngir Duw i ddeddfau datblygiad. Ar y llaw arall, os golygwn mai un fel Crist yw'r Duw byw, a breswylia dragwyddoldeb, nad oes arno gysgod tröedigaeth, yna pa hawl sydd gennym i ddywedyd hynny? Oni ofalwn, fe syrthiwn i bydew *Representationism*, a ddywed nad adwaenwn ond ein *ideas* sydd yn ein meddwl, ond y gallwn, trwy gyfatebiaeth rhai o'r *ideas* rheini â'r realiti sydd y tu allan i ni, na ddaw ei hunan byth o fewn ein profiad, ddyfod i wir wybodaeth o'r realiti hwnnw. Felly fe ddywed yr athrawiaeth hon nad oes gennym wybodaeth o Dduw ond yn Iesu Grist. Iesu sydd yn dyfod i'n profiad ni, fe'i hadwaenwn Ef; am Dduw, fe orwedd Ef y tu draw i'n profiad ni, dyfaliad yw oddi wrth Ei ddarlun yn Iesu. Fe welir ar unwaith, fel y dywedasom eisoes, mai tuedd hyn yw gwneuthur Duw yn afraid i'r profiad crefyddol. Ond pa hawl sydd gennym i ddywedyd bod Iesu yn wir ddelw y Duw anweledig, fwy nag yr oedd gan Locke hawl i ddywedyd bod rhai o'r *mental images* yn delwi realiti? Yr unig ffordd resymol allan o'r anhawster yw gwneuthur, fel y gwnaeth Berkeley â Locke, hunaniaethu'r ddelw a'r realiti, cydnabod, yng ngeiriau Bradley, 'It is the Reality that appears', a dywedyd, nid mai delwedd Duw yw Crist, ond Ei fod yn Dduw. Eithr wrth hyn ni olygwn, wrth reswm, mai enw yw Duw ar ansoddau moesol arbennig, pa le bynnag y'u ceir, ond yn hytrach, bod 'cyflawnder y Duwdod yn trigo ynddo yn gorfforol'. Ymdrechu yr ydym i ddiogelu awdurdod Iesu fel awdurdod Duw, ac i sicrhau ein cred ein bod ynddo Ef mewn cymundeb nid â'r gorau y gwyddom amdano, pa mor ddyrchafedig bynnag y bo, oblegid dichon gwell, ac 'nid da lle gellir gwell', ond â'r hyn nas dichon ei well i dragwyddoldeb, h.y., â Duw Ei Hun. Ni all Iesu sydd mewn unrhyw ystyr dros amser, fod yn allwedd i realiti. Os Iesu yw ein Duw ni, ac os ydym hefyd am gofleidio Duw Realiti, yna rhaid rywsut neu'i gilydd eu hunaniaethu. Nid yw dywedyd y medd Iesu werth Duw yn ddigon, canys paham werth *Duw*? Golyga derbyn ein syniad ni dderbyn hefyd gynhanfodiad Iesu, ac nid caled fyddai dangos mai dyna hefyd gred Iesu amdano'i hunan.

Ond tybed a ydym trwy feddwl ar y llinellau hyn yn dinistrio Ei wir ddyndod, yn ei gwneuthur yn amhosibl i ni gredu Ei fod yn berchen 'ymwybyddiaeth ddynol normal', ac yn syrthio i gyfeiliornad Apollinaris, heresi amlycaf ein cyfnod ni, yn ôl y Canon Raven, a gwneuthur Iesu yn *celestial invader* nad oes a wnelo cig a gwaed ddim ag Ef? Credaf bod cryn gymysgwch meddwl ynglŷn â'r mater hwn. Pa beth yw esiampliaeth Iesu? Ym mha ystyr y mae Ef yn un ohonom ni? Nid, yn sicr, yn y byd moesol. Fe sonia'r awdur am 'gynhysgaeth arbennig' Iesu, y 'rhoddedig' yn ei fywyd, a defnyddia'r syniad o'r isymwybod i egluro'i bwynt. Cyffelyba Iesu i ŵr o athrylith. 'Drwy'r doniau cynhenid y mae cyfrif am y *fantais* [myfi biau'r italeiddio] sydd gan y gŵr o athrylith ar bobl eraill, oblegid y mae'n amlwg nad yw dynion yn cychwyn yn y byd yn gyfartal â'i gilydd.' Pa fodd, felly, y gall Iesu fod yn esiampl i *bob* dyn, fwy nag y gall Homer fod yn esiampl i'r Bardd Cocos? Y gwir yw na all fod yn esiampl yng ngwir ystyr y gair i *neb* ond Ei gymheiriaid, ac nid oes arnynt hwy eisiau esiampl. Nid wyf yn credu mai profiad *moesol* yn yr ystyr fanwl, h.y., y profiad y cyfeiria Pawl ato yn ei ddisgrifiad clasurol o'r frwydr rhwng deddf yr ysbryd a deddf yr aelodau, profiad o ddewis rhwng peth a adnabyddir fel dyletswydd a chymhellion nwydau gwrthwynebus, profiad o ryfel cartref, oedd profiad Iesu. Yr unig wedd y mae Iesu yn Esiampl yw trwy fod yn Batrwm. Trwy gydymdeimlad, cyffelyb i'r eiddo dramodydd, ac nid trwy ffaith profiad personol, y mae Ef yn un ohonom ni. Ac os caf Iesu sydd ar unwaith yn nod fy ymdaith, ac yn gymorth ar fy ffordd, ni phetrusaf wybod a demtiwyd Ef yr un ffunud â minnau. Deallaf iddo Ef fyw o'r dechrau ar lefel uwch na lefel ein temtasiwn ni. A dyna yw dyndod Iesu, dyndod wedi ei wreiddio yn Nuw, math newydd ar fywyd, heb ei ail mewn unrhyw ymwybyddiaeth ddynol normal. Ei gogoniant yw ei bod yn *abnormal*, neu, yn well, yn *supernormal*. Os daeth Duw yn ddyn yn Iesu, fe ddaeth dyn hefyd yn Dduw, ac nid oes mwy o ddirgelwch yn uniad y ddau anghyfryw hyn nag sydd mewn uniad mater a bywyd i ffurfio anifail, neu mewn uniad mater, bywyd ac 'enaid' i ffurfio dyn. Yn ei uniad â'r uwch y daw posibiliadau yr is i aeddfedrwydd.

Dyna, ynteu, *Bannau'r Ffydd*, llyfr y cefais lawer o fwynhad wrth ei ddarllen, a llawer o fudd wrth ei adolygu. Diolchaf yn rhwydd a diffuant amdano, am ei arddull lân a'i ddawn esbonio ddihafal— rhoeswn lawer pe meddwn y traean o'i ddawn i osod y pwnc—ac yn bennaf dim am fynegi gydag adnoddau ysgolheictod eang feddwl cyfnod newydd mewn diwinyddiaeth. Y mae fy nghydymdeimlad personol i yn fwy â'r hen ddulliau, a cheisiais ddangos paham, ond ni wybuaswn fy nghred fy hunan oni bai orfod i mi ei meddwl allan a chyfundrefn *Bannau'r Ffydd* o'm blaen. Amser a ddengys a lwydda'r ymgais i gymathu diwinyddiaeth â meddwl cyfoes trwy ei thorri i'r mesur angenrheidiol, neu a fydd rhaid i ni aros oni ddelo'r hyn sydd berffaith cyn gallu cymwys gydgysylltu pob gwyddor i deml gwirionedd, ac yn y cyfamser gydnabod mai ofer ceisio datrys ein problem tai trwy dynnu'r Ierwsalem nefol i lawr yn annhymig.

Yr Efrydydd, Tachwedd 1929-Mai 1930

Eglwys Crist yn Hanfodol i Efengyl Crist

Nid dyma'r waith gyntaf yn y blynyddoedd diwethaf i'r Undeb wahodd trafodaeth ar yr Eglwys. Y pryd hwnnw lleygwr oedd yn traethu, heddiw ymhonnwr proffesedig. Na wasger y cyferbyniad, a disgwyl clywed ar ôl taranau Machynlleth awdurdod y llef ddistaw fain yng Nghaernarfon. Oblegid nis ceir. Ar wahân i bob anghymwyster arall, ni ofynnwyd gennyf fynegi yn derfynol na'm cred fy hunan na chred fy enwad, ond yn unig agor trafodaeth, a gadael i'r neb a fynno ei chau.

Un testun a gefais yn ffurfiol, ond, o edrych yn fanwl, fe gewch ei fod fel Gâl, wedi ei rannu yn dri, sef Efengyl, Eglwys, a'r berthynas rhyngddynt a awgrymir gan y gair 'hanfodol,' pob un yn destun anerchiad maith ynddo'i hun. Hawdd iawn oedd i'r pwyllgor, fel y dyn hwnnw yn yr *Arabian Nights*, ollwng yr ysbryd allan o'r *jar*, a gadael i mi ei berswadio i fynd yn ôl yn dawel! Cymeraf, fodd bynnag, mai ar y *berthynas* rhwng yr Efengyl a'r Eglwys y mae'r pwyslais, ac y maddeuir i mi, er mwyn gofyn i ba raddau ac ym mha ystyr y mae'r naill yn hanfodol i'r llall, eu trin yn fras iawn.

Beth, ynteu, yw'r Efengyl? Beth oedd i Iesu Grist? Credaf ei bod iddo Ef yn rhannu yn ddau. *Yn gyntaf,* pregethu'r Efengyl oedd cyhoeddi bod Duw yn mynd, rywbryd neu'i gilydd—cuddiwyd cyfrinach yr amseroedd a'r prydiau yn Ei gyngor Ef—i ddirwyn hanes i ben, a sylfaenu Ei deyrnas ar y ddaear. I'r Iesu, ffaith yn y dyfodol yw'r Deyrnas. Nid o fewn olyniaeth hanes y gorwedd, ond y tu draw iddo. Ac felly, nid gweithgarwch dynion a'i dwg. Gweithred Duw ac nid dyn fydd. Nid uchafbwynt cyrraedd y ddynoliaeth, ond catastroffe ddwyfol.

Sonnir weithiau, e.e., gan Harnack, mai plisgyn, ac nid cnewyllyn, dysgeidiaeth yr Iesu yw'r elfen ddiwethafol hon; gresynir o'i phlegid, ac eglurir yn ofalus mai yn ei wahaniaethau oddi wrth syniadau cyfoed, ac nid yn ei gytundeb â hwy, y datguddir mawredd diwygiwr. Fel pe na bai awdurdod yr un a'r unrhyw Iesu dros y naill a'r llall. Nid oes eisiau torri'r grisiau ar eich ôl wrth ddringo ysgol. Gwn mai tramgwydd yw athrawiaeth mor ffeithiol â hon i genhedlaeth fel ni a etifeddodd y gwahaniaeth hawdd rhwng ffaith a gwerth, gwahaniaeth a genhedlwyd gan ddeuoliaeth Kant a'i gadarnhau rhag ofn gwyddoniaeth, cenhedlaeth a dderbyn ffydd ond nid neges y Pasg, a chredu holl hanes porthi'r pum mil, ond y geiriau 'a hwy a gawsant eu digon'. Ni phregethai'r Iesu antithesis terfynol y gweledig a'r anweledig, yn null y traddodiad Platonaidd, a chredaf nad yw'r Bedwaredd Efengyl chwaith yn pregethu antithesis *terfynol* rhyngddynt. I'r Iesu y maent i gydgyfarfod a chydymgymysgu ryw ddydd trwy weithred Duw. Fel y dangosodd Dr Cairns yn *The Faith that Rebels*, ernes yw gwyrthiau Iesu o feistrolaeth berffaith byd gwerthoedd ar y byd naturiol, a weithredir yn Nheyrnas Dduw. Dyma'r ffydd i wrth-droi darogan digalon athronwyr, megis Bertrand Russell, sy'n dechrau rhynnu eisoes wrth feddwl mor oer a difywyd a fydd y byd ymhen can miliwn o flynyddoedd.

Bychan iawn yw pwysigrwydd yr Eglwys i'r Efengyl hon. Mwynhau, ond nid creu y Deyrnas, fydd ei gwaith. Disgwyl yw ei phriod agwedd: 'Canys awyddfryd y creadur sydd yn *disgwyl* am ddatguddiad meibion Duw,' ac nid disgwyl yn unig, ond para i ddisgwyl, os bydd raid 'ar hyd yr hirnos', 'fel yng ngoruchwyliaeth cyflawnder yr amseroedd, y gallai grynhoi ynghyd yng Nghrist, yr holl bethau,' etc. Y mae Efengyl cyflawnder yr amseroedd yn fwy cyfamserol heddiw nag erioed. Ni wyddom pa beth a ystyria Duw yn gyflawnder yr amseroedd—byddaf yn dychmygu weithiau amdano fel rhyw fath o gleimacs, tebyg i'r un a barodd gwympo Pont San Luis Rey, neu yn athrawiaeth Spengler, sy'n penderfynu tynged gwareiddiad cyfan—ond llawenychaf pan gofiaf y daw. Oblegid gosododd athrawiaeth datblygiad bwysau annioddefol ar war yr Eglwys, y pwysau y mae holl ddysgeidiaeth Barth yn brotest yn ei erbyn ac yn ymdrech i'w fwrw ymaith. Cymerodd dynion waith Duw ar eu hysgwyddau a'u llethu. Ceisiodd y Titaniaid, yn chwedloniaeth Groeg, ddringo Olympus trwy bentyrru Pelion ar Ossa; ond gwelodd 'Ioan' 'ddinas ei Dduw ef, yr hon yw y Jeriwsalem newydd, yn *disgyn o'r nef oddi wrth ei Dduw*'. Dau ateb sydd i'r gofyniad, 'Paham y mae cyn lleied o wella i'w weled yn hanes y ddynoliaeth ac yn hanes yr Eglwys?'. Un yw'r ateb Platonaidd, mai ar lefel gwbl arall y mae bywyd tragwyddol, na ellir disgwyl mewn amser neu ymhlith y pethau gweledig sylwedd arhosol; y llall yw dysgeidiaeth Iesu Grist. Yn ei hanallu y gorwedd gobaith yr Eglwys, yn ei gwendid y perffeithir ei nerth, am wadu ohoni ei grym ei hunan yn y weddi, '*Deled* dy deyrnas,' y gelwir hi i mewn i lawenydd ei Harglwydd.

Ond *yn ail*, yr oedd yr Efengyl, i'r Iesu, yn golygu bod y Deyrnas ar ryw wedd yn feddiant presennol hefyd, neu, yn gywirach, y gellir, ar amodau arbennig, yn awr sicrhau mynediad i'r Deyrnas yn ystyr gyntaf y gair. Nid yw'r Iesu byth yn hunaniaethu'r ddau. Nid yr un yw'r Eglwys *Filwriaethus* a'r Eglwys *Fuddugoliaethus*. 'Yr hwn hefyd a'n *seliodd*, ac a roddes *ernes* yr Ysbryd yn ein calon.' Mewn *interim*, yr *interim* rhwng heddiw a dyfodiad Teyrnas Dduw, yr ydym oll yn byw. Gyda llaw, ni olyga hyn, fel y deil Schweitzer, mai *interimsethik*, rheol buchedd gymwys yn unig i rai yn byw megis dan guwch y Diwedd yw dysgeidiaeth Iesu. Fel i Bawl, felly i Iesu, gellir cael ernes o'r Deyrnas yn awr, h.y., gellir byw yn awr yr un math ar fywyd â dinasyddion y Deyrnas. Nid cyferbynnu'r *interim* â'r Deyrnas a wna Iesu, ond byw y Deyrnas yn yr *interim*. A chyda'r *interim*, 'y pryd hwn', y mae a wnelo'r Eglwys a adwaenwn ni, ac yn ei pherthynas â ni sy'n byw yn y pryd hwn y mae a fynnom â'r Efengyl.

Beth, ynteu, yw'r Efengyl hon, a pheth yw'r Eglwys hon? Oblegid ni ellir ateb y naill ofyniad heb hefyd ateb y llall. Ym Machynlleth atebwyd mai gwedd ar gymdeithas yw yr Eglwys, cymdeithas yn ei gwedd greadigol. Hen syniad yw hwn. Dysgodd Plato yn ei 'Wladwriaeth' bod y ddinas ddelfrydol yn ddewr am fod ei milwyr yn ddewr, yn ddoeth am fod ei harweinwyr yn ddoeth, etc., nid am fod ei holl ddeiliaid yn ddewr ac yn ddoeth. Un gymdeithas, llawer o weddau. Ac yn eu plith, yn ôl yr Athro Gruffydd, crefydd. Y bobl gyffredin yw'r bara, fe allai mai'r gwleidyddwyr yw'r burum, yr Eglwys yw'r halen. Llawer o fara, ychydig o halen. Y cyffro creadigol ym mhob maes yw'r Eglwys a'r Efengyl. Gwir y dywedir mai dan gynhyrfiad y Gair y digwydd y cyffro, ond lled-amheuaf nad enw ar y cyffro ei hunan yw 'y Gair,' fel yn nysgeidiaeth Middleton Murry ac Alexander. Nid dyna Eglwys Crist. Nid gwedd ar gymdeithas mohoni, oblegid dylid edrych arni nid *sub specie temporis*, ond *sub specie aeternitatis*. Nid *function* o gymdeithas yw, er iddi fod, mewn ffaith, yn halen cymdeithas; 'y mae ein dinasyddiaeth ni,' meddai Pawl, 'yn y nefoedd,' neu 'gwladfa o'r nefoedd ydym ni'. Hanfod yr Eglwys yw ei bod yn dwyn perthynas i raddfa arall o fodolaeth na'r un ddaearol, a hanfod yr Efengyl yw ei bod yn galw pawb i'r berthynas honno. 'Pregethwch yr Efengyl i *bob* creadur.' Beth bynnag am ddilysrwydd hanesyddol y geiriau yma, y mae eu hegwyddor yn ddiledrith. Nid i gymdeithas y mae'r Eglwys yn hanfodol, neu yn gywirach, nid am ei bod yn hanfodol i gymdeithas y cyfiawnheir hi. Nid ei hanfod yw bod yn gyfrwng diwygiadau cymdeithasol. Y mae, ac fe fydd, yn gyfrwng diwygiadau felly, er mai caled iawn credu hynny ar ôl y Rhyfel Mawr; ond nid dyna amcan ei bod. Credaf fod perygl mawr i ni heddiw hunaniaethu'r Efengyl a gwelliannau cymdeithasol, a thybio ei bod yn llwyddo i'r graddau y cyfyd cyflogau, neu y codir tai, neu y dileir clefydon, neu y dysg gweinidogion grefft y *psycho-analyst*. Nid dywedyd yr wyf nad oes raid ac na ddylid gwneuthur y pethau hyn i gyd. Dywedyd yr wyf y gallai pob gweithiwr gael ei wala a'i weddill o arian, fyw mewn tŷ gwych, gyrraedd oedran Methuselah, fwynhau bywyd di-atalnwyd a di-gymhleth, heb fod ganddo grefydd o gwbl, yn 'bagan praff'. Ni wiw i'r Eglwys ei thwyllo ei hun yma, ac ymgysuro y byddai amgylchiadau yn llawer gwaeth oni bai am ei hymdrechion, ac felly ei chyfiawnhau ei hunan fel cyfrwng hanfodol yr Efengyl Gymdeithasol. Ni wiw iddi ddywedyd bod digon o dai ym Morgannwg ac anghofio cyhoeddi bod 'yn nhŷ ei Thad hefyd lawer o drigfannau'. Ei phwnc hi yw perthynas dragwyddol dyn—pob dyn —â Duw. O hyn, ac o hyn yn unig, y dilyn cyfiawnder cymdeithasol yn anorfod. '*Ffrwyth yr ysbryd* yw cymwynasgarwch, daioni, dirwest,' medd Pawl, a dyna ddysgeidiaeth Luther hefyd. Yn yr ystyr yma y mae'r Efengyl yn arallfydol, ei bod yn olrhain perthynas dyn â'i gyd-ddyn yn ôl at ei berthynas â Duw. Am iddo gael ei gymodi â Duw y gall Luther sôn am y Cristion fel un 'nad yw yn gofyn a ddylid gwneuthur gweithredoedd da, ond, cyn gofyn, a'u gwna, a phara i'w gwneuthur'. A sicr mai'r ffordd i gael tai da yw gofalu bod yr adeiladydd yn ddyn da.

Dyna, ynteu, yw'r Efengyl, y newyddion da pa fodd y gall dyn ddyfod i berthynas cymod â Duw, a'r Eglwys yw y rhai hynny a wrandawodd y gwirionedd, ac a ddaeth i'r cyfryw berthynas â Duw ag a ddiogela eu mynediad i Deyrnas Dduw. Pe gweithid y syniad hwn allan i'w derfyn, golygai, wrth gwrs, ddiwinyddiaeth gyfan, yn cynnwys athrawiaeth Pechod, Iawn, a Pherson y Cymodwr. Ond digon yn awr yw cofio, *pace* Mr. W. J. Gruffydd, mai 'arch i gadw dyn' yw'r Efengyl, ond i'w gadw nid oddi wrth y llid a ddaw yn unig, er na fedrais erioed weled dim gwaradwyddus mewn arswydo uffern, ond hefyd *i* gariad Duw. Ac yn ei dechrau, apêl at yr unigolyn ydyw. I gymdeithas y genir y baban, ond ni ddyfeisiodd gwyddoniaeth eto ffordd gymdeithasol iddo *gael* ei eni iddi. Fe ailenir dyn i gymdeithas ddwyfol, ond fe'i hailenir ei hunan. 'Religion,' medd Whitehead, 'is what a man does with his solitariness.'

Beth sydd a wnelo'r Eglwys â chreu'r berthynas hon? Rhoddwyd mwy nag un ateb yn ôl y syniad a goleddid am natur yr iachawdwriaeth. Yn ôl un haen o ddysgeidiaeth Awstin, yr haen a geir yn Wiclif ac yng Nghalfin, nid oes a wnelo'r Eglwys ddim â'r iachawdwriaeth hon. Gweithred Duw, a Duw yn unig, yw. Achubir dyn yn unig oherwydd etholedigaeth benarglwyddiaethol Duw. Nid amod gweithredu'r iachawdwriaeth hon, nac mewn unrhyw wir ystyr, ei chyfrwng, yw'r Eglwys, ond yn unig, rhifedi'r etholedigion. Nid oes berthynas angenrheidiol rhwng yr Eglwys, fel sefydliad gweledig, a'r etholedigion o gwbl. Gallasai Duw, meddai Calfin, fod wedi perffeithio ei bobl ar amrantiad. Dewisodd yn hytrach wneuthur hynny trwy'r Eglwys weledig, paham, nid eglurir. Paradocs Calfiniaeth yw ei bod mewn theori yn mynd heibio i'r Eglwys weledig, ond yn ymarferol yn cysylltu â hi awdurdod haearnaidd. 'I'r sawl y mae Duw yn Dad, y mae'r Eglwys yn fam.' Nid ydym am drin holl broblem faith Calfiniaeth yma heddiw. Yn erbyn yr holl dduweiddio sy ar ddyn heddiw, a'r duedd tuag at Forganiaeth a ddaeth gyda'r gred mewn Cynnydd,

> When Science has discovered something more
> We shall be happier than we were before,

fe saif ei phrotest. Duw sydd yn achub, Efe yn unig. 'Os yr Arglwydd ni cheidw y ddinas, ofer y gwylia y ceidwad.' Ond y mae amodau dynol, ac y mae cyfryngau dynol. Yn ymarferol, nid oes wahaniaeth rhwng Calfiniaeth a Phantheistiaeth, treisia'r ddau ryddid a realiti ewyllys dyn—agosed yw eithafion yn aml. Gwir, nid yr Eglwys sydd yn achub, ond gwir hefyd nad yw Duw yn achub hebddi. Drwy'r Eglwys y llefair Duw o hyd, a gwir y dywedodd Awstin na chredai ef yr Efengyl oni bai ei orfodi gan awdurdod yr Eglwys. Ond pa fodd y gweithia'r awdurdod hwn? Cytunai Luther â'i wrthwynebwyr Pabyddol fod yr Eglwys yn angenrheidiol. Ond mor wahanol eu syniadau am y sut! Iachawdwriaeth i'r Pabydd oedd traws-sylweddu ei natur gan fywyd goruwchnaturiol Duw a gyfrennid yn Sacrament yr Offeren. Nid oedd iachawdwriaeth ar wahân i'r sacramentau. Trwyddynt hwy y cyfamododd Duw roddi

Ei fywyd Ei Hun i ddynion. Gallai unrhyw Babydd ganu gydag arddeliad emyn Tafolog:—

> Rhaid im wrth galon newydd
> O gread Ysbryd Duw,
> Yn anian nefoedd ynnwyf
> Cyn mynd i'r nef i fyw.

A rhaid, felly, wrth Eglwys weledig, lle y gellid cyfranogi o'r bwyd dwyfol hwn a rhaid wrth swyddogion cymwys i gyflawni'r wyrth o droi bara a gwin cyffredin yn 'foddion anfarwoldeb'. Ym mhriod ystyr y gair, y swyddogion hynny yn unig yw'r Eglwys. I Luther, o'r ochr arall, nid newid sylwedd, ond newid statws, oedd iachawdwriaeth; nid cael ei raddol wneuthur yn ddyn da, drwy egwyddor oruwchnaturiol y bywyd newydd, ond cael ei gyfrif yn ddyn dieuog, nid yn ddyn da, gerbron Duw. I'r Pabydd, rhywbeth yn y dyfodol yw iachawdwriaeth, i'w ennill; i Luther, statws yn y presennol, i'w fwynhau. I'r Pabydd y mae graddau ynddi; i Luther y mae'n gyflawn o'r dechreuad. Ac iddo ef ei hunig amod yw ffydd. Gwelir, o gymharu'r ddwy athrawiaeth yma, eu bod ill dau yn pwysleisio gwahanol agweddau ar ddysgeidiaeth Pawl—y Pabydd trwy bwysleisio ansawdd gwahanol y bywyd newydd, a Luther trwy bwysleisio'r statws cyfreithiol. Ond atolwg, pa le a all fod i'r Eglwys yn nysgeidiaeth Luther? Oblegid fe gytunai â Wiclif a Huss mai'r *communio sanctorum*, cynulleidfa y cadwedigion, yw'r Eglwys. Ond, o edrych yn fanylach, ceir ei fod yntau yn llawn mor argyhoeddedig â'i elynion fod yr Eglwys, fel corff gweledig, yn anhepgor. Ond nid am mai ganddi hi y mae'r sacramentau, ond am mai ganddi hi y mae'r Gair. 'Pwy bynnag a fynno gaffael Crist, rhaid iddo yn gyntaf gaffael yr Eglwys. Pa fodd y dichon dyn wybod pa le y ceir Crist a'i ffydd, oni wypo pa le y ceir Ei gredinwyr?' 'Canys y tu allan i'r Eglwys Gristnogol nid oes na gwirionedd, na Christ, nac iachawdwriaeth.' Trwy bregethiad y Gair yn unig y daw dyn at Dduw. Wrth gwrs, y Gair, ac nid yr Eglwys, sydd yn cadw, ond ni cheidw heb yr Eglwys. Llais Duw, ond genau'r Eglwys. Rhaid, felly, wrth Eglwys weledig, wrth sefydliad y dichon dynion ei adnabod, y goleuni y gallant ei weled yn eu tywyllwch, Eglwys sydd yn pregethu, *ac yn pregethu y Gair*. Oni phregetha'r Gair, nid yw yn Eglwys o gwbl. Rhydd Luther le amlwg i'r *doctrina evangelii*, i'r Ffydd y credir ynddi yn ogystal ag i'r ffydd y credir drwyddi. Ni wahaniaethai oddi wrth ei elynion ar y pwnc yma. Nid am ei bod yn pregethu athrawiaeth gydag awdurdod y beiodd Rufain, ond am ei bod yn pregethu gau athrawiaeth. Nid seren fore chwyldro Schleiermacher (chwyldro llawer pwysicach na'r Diwygiad) oedd Luther. Ni chytunasai i alw proffwydi Zwickau yn Eglwys o gwbl, am nad oeddynt yn ffyddlon i'r Gair a roddwyd, unwaith am byth, yn y Testament Newydd, ac ni ddywedasai byth mai peth 'a wewyd o'i fol ei hunan fel y pryf copyn' oedd ei gredo. Pan soniai am ryddid y Cristion, at ymarweddiad, nid at gredo y cyfeiriai. I Luther, felly, y mae'r Eglwys weledig yn hanfodol i'r Efengyl, am mai ynddi hi y pregethir y Gair, ac y cedwir ef yn ei burdeb. Ni olyga hyn bod aelodaeth o'r Eglwys weledig yn gyfystyr â iachawdwriaeth; rhaid i'r gwenith a'r efrau gyd-dyfu hyd y cynhaeaf, ond y mae yn golygu mai o'i mewn yn unig y mae iachawdwriaeth. Rhaid i'r Efengyl wrth sefydliad, fel y mae yn rhaid i'r enaid wrth gorff, a dim ond hunan-dwyll neu ragrith sydd o dan y broffes gyffredin heddiw fod llawn cymaint o grefydd ar y *golf links* ag yn y capel.

I gloi y ddadl. Dyma'r gosodiadau y carwn eu gwneuthur:—

(1) Mai gwaith yr Eglwys yw nid sylfaenu Teyrnas Dduw, ond galw dynion iddi.

(2) Nad yn nhermau ei pherthynas â chymdeithas y mae ei dehongli, ond yn nhermau ei pherthynas â Duw; nad rhan o *organism* cymdeithas, nac un o'i *predicates* yw, ond ei bod yn perthyn i raddfa arall o fod, ac mai ei hunig ddiddordeb ynddi yw, nid ei diwygio, ond ei hachub.

(3) Bod Eglwys weledig, sefydliadol, yn angenrheidiol, er mwyn pregethu Gair yr iachawdwriaeth hon, a'i gadw yn ddigyfnewid.

Y mae llawer swydd arall gan yr Eglwys, yn enwedig meithrin bywyd ysbrydol ei haelodau, ond perthyn y cyfryw bethau fwy i gylch adeiladaeth nag i gylch diwinyddiaeth.

Cenedlaetholdeb a'r Wladwriaeth

I

Prin y mae eisiau ailgyhoeddi'r ffaith mai'r genedl yw sylfaen cenedlaetholdeb fel y deellir ef yn y Blaid. Nid yr unigolyn, na'r dosbarth na'r Wladwriaeth. Y mae pwyslais ar yr unigolyn (a sylwer mai ar ei hawliau ac nid ar ei ddyletswyddau y disgyn y pwyslais yn wastad) yn arwain i Ddemocratiaeth Gyfalafol neu Blwtocratiaeth: ar y dosbarth yn arwain i Gomiwnyddiaeth; ac ar y Wladwriaeth yn arwain i Ffasgaeth. Pwyslais ar y genedl yn unig sy'n arwain i Genedlaetholdeb.

Pe bawn Ryddfrydwr, ceisiwn ddangos pa sefydliadau gwleidyddol sy'n angenrheidiol er mwyn sicrhau rhyddid eithaf y farchnad; pe bawn Gomiwnydd, pa rai sy'n angenrheidiol er mwyn diogelu goruchafiaeth y dosbarth; a phe bawn Ffasgydd, sut orau i estyn gafael y Wladwriaeth. Ond gan mai Cenedlaetholwr ydwyf, ceisiaf ofyn pa sefydliadau sy'n angenrheidiol er mwyn diogelu rhyddid y genedl.

Ac yma, gair o ddiffinio. Gan fy mod wedi cyferbynnu'r genedl a'r unigolyn â'i gilydd, gall rhai ohonoch, ond odid, dybied fy mod yn meddwl am y genedl fel rhywbeth uwchlaw'r unigolyn, a chanddi hawl ddihysbydd arno, yn gofyn ganddo yn hytrach nag yn rhoi iddo; ac nad oes felly ragor rhwng Ffasgaeth sy'n aberthu'r unigolyn i'r Wladwriaeth a chenedlaetholdeb sy'n ei aberthu i'r genedl.

Camddehongliad llwyr fyddai hynny. Wrth gyferbynnu, meddwl yr oeddwn am yr 'unigolyn', nid am y person unigol. Y mae cyferbyniad terfynol yn bod rhwng y genedl a'r unigolyn nad yw'n bod o gwbl a rhwng y genedl a'r person unigol. Creadigaeth neu erthyl cyfalafiaeth yw 'yr unigolyn'; ffaith naturiol, foesol, a chrefyddol yw'r person unigol. Yr 'unigolyn' yw'r 'llaw' yn y ffatri, na felir dim nac i bwy y perthyn, ai i wryw ai i fenyw, nac wrth ba fath feddwl ac ysbryd y mae'n gysylltiedig. Nid oes gan 'yr unigolyn' na rhyw nac iaith, na diwylliant, na delfrydau, na chrefydd. Gellir ei ddiffinio megis y diffiniodd Aristotlys y caethwas gynt, fel 'offeryn byw', a phan ellir gwneuthur y gwaith yn well, h.y., yn rhatach gan offeryn marw, sef gan beiriant, fe'i teflir o'r neilltu—wedi'r cyfan, onid peth i'w ddefnyddio ydyw offeryn? Yr unig reswm fod gweddill o waith eto'n aros yn Neheudir Cymru yw na *ellir* cloddio glo heb chwys a dewrder dynion—dyna anffawd bennaf cyfalafiaeth yn y De. Ac o'r ochr arall 'yr unigolyn' yw'r cyfalafydd na raid iddo wybod na malio dim am ei ddwylo ond maint a phris eu llafur.

Nid yw'r ffaith i weithwyr ymuno mewn undebau a chyfalafwyr mewn 'combines' yn newid dim o'r berthynas rhwng meistr a gwas. Categori cyfalafiaeth yw'r unigolyn ac ni fyn Cenedlaetholdeb wybod dim amdano. Yr hyn a wêl Cenedlaetholdeb yw'r *person* unigol, yn llaw, yn ben, ac yn galon. Ar y bersonoliaeth, nid ar yr unigolyddrwydd y rhydd hi'r pwys. Oblegid os gellir cyfrif personau, ni ellir eu gwahanu. Nid mewn cyfres o unigolion y mae cenedl yn byw, ac nid mewn ffigurau cofrestr y mae ei hadnabod. Mewn cymdeithasau y mae'r genedl yn byw, ac nid yn unman arall, nac mewn unrhyw wedd arall; ac mewn cymdeithas ni cheir unigolion ond personau.

Y mae'r Blaid Genedlaethol wedi cyhoeddi o'r cychwyn mai cymdeithas o gymdeithasau, nid casgl o unigolion yw cenedl. Unwaith eto, gair o ddiffinio. Testun cyffredinol tair darlith olaf yr Ysgol hon yw 'Sefydliadau Hanfodol y Genedl'. Ond nid yw'r teitl yn gweddu i'r tri phapur cystal â'i gilydd. Gellir yn briodol sôn am sefydliadau gwleidyddol ac economaidd, ond nid am *sefydliadau* cymdeithasol. O leiaf rhaid gwahaniaethu'n ofalus iawn rhwng cymdeithasau'r genedl a'i sefydliadau. Y gymdeithas yw'r aelodau sy'n perthyn iddi a phersonau sy'n ei chyfansoddi; y sefydliad yw ffurf neu drefn gwaith y gymdeithas. Y mae'r teulu yn gymdeithas, priodas yn sefydliad; yr undebau llafur yn gymdeithasau, y T.U.C. yn sefydliad; y Blaid Genedlaethol yn gymdeithas, y Pwyllgor Gwaith yn sefydliad.

Pwysleisir y gwahaniaeth yma er mwyn galw sylw arbennig at berthynas sefydliad a chymdeithas. Y mae sefydliad yn bod er mwyn cymdeithas, ac nid cymdeithas er mwyn sefydliad. Y mae, ond odid, holl wyrdroadau gwleidyddol ac economaidd ein hoes ni yn deillio o gymysgu a throi o chwith y berthynas rhwng y ddau hyn. Yn ôl cyfalafiaeth gymdeithasol, y mae cymdeithas yn bodoli er mwyn y farchnad, yn ôl Comiwnyddiaeth er mwyn y dosbarth (h.y., yn ymarferol er mwyn Unbennaeth y Proletariat), yn ôl Ffasgaeth er mwyn y Wladwriaeth. Eithr yn ôl Cenedlaetholdeb y mae'r farchnad, y dosbarth, a'r Wladwriaeth fel ei gilydd yn ddarostyngedig i les y gymdeithas, h.y., y genedl. Pan fo rhyddid y farchnad yn troi'n benrhyddid, rhaid ei ffrwyno; pan fo un dosbarth, ni waeth prun, yn tra-arglwyddiaethu ar y lleill, rhaid ei atal, a phan fo'r Wladwriaeth hithau yn symud y terfynau a osodwyd iddi gan hawliau cymdeithasau'r genedl, yna rhaid gosod llyffethair arni.

O holl sefydliadau'r genedl, y mwyaf a'r pwysicaf, wrth gwrs, yw'r Wladwriaeth. Hyhi yw'r unig sefydliad sydd gyfled ei gyrraedd â'r genedl, yr unig sefydliad na ellir ymddeol o'i afael, a'r unig sefydliad a all weinyddu grym. Gwirfoddol yw aelodaeth pob cymdeithas arall (ac eithrio'r teulu), ac eithaf eu cosb yw diarddeliad a'i ganlyniadau.

Nid rhyfedd gan hynny, yn gyntaf, y bu cystadleuaeth gref ym mhob oes a gwlad am lywodraeth y peiriant grymus hwn; ac yn ail, y temtir y rhai a'i cafodd i'w gafael, i'w ddyrchafu ar draul pob cymdeithas o fewn y genedl, a phob sefydliad arall a fo ganddi. Gwelir hyn egluraf wrth ystyried natur rhyfel. Heddiw gan y gwahanol wladwriaethau yn unig y mae'r gallu i wneuthur rhyfel. Mynnant yr hawl i arfer grym i setlo cwerylon gwleidyddol. Ni waeth ganddynt ffeuen bwdr pa hawliau eraill a ddinistrir trwy hynny. I sicrhau blaenoriaeth derfynol ddiamod eu dibenion hwy, mynnant allu byw a marw dros bob cymdeithas a phob person unigol o fewn eu terfynau. Y mae ganddynt yr hawl, am unrhyw reswm a dybir ganddynt hwy yn ddigonol, i ddefnyddio arf na allai dim ond y rhaid eithaf ei gyfiawnhau. Wrth gyhoeddi rhyfel gosodant amcan gwleidyddol arbennig ac achlysurol o flaen dibenion cyffredinol ac oesol y teulu, y bywyd diwylliannol, a'r Eglwys. Rhwygo'r teulu, chwalu brawdoliaeth gwyddor a chelf, drysu'r Eglwys, sigo'r gyfundrefn economaidd, llethu pob dylanwad diwylliant, a phregethu trais, lladrad, celwydd, a lladd, dyna fel y disgrifia Maciver allu anynad y Wladwriaeth.

Pa hawl sydd gan y Wladwriaeth i'r fath allu? Ar waethaf gwŷr fel Syr Henry Jones—y gwrandawodd gweithwyr Sir Gaernarfon lawer gormod arno—nid dinasyddiaeth yw holl ddyled dyn. Pa hawl sydd gan y Wladwriaeth i ddywedyd wrth bob un o'i deiliaid, 'Anghofiwch eich bod yn ffermwyr, yn wŷr busnes, yn wyddonwyr, yn wragedd ac yn famau, a chofio'n unig eich bod yn ddinasyddion i Mi'?

Y mae'n amlwg na all gwareiddiad fyw oni ddofir gallu'r gwladwriaethau yn eu perthynas â'i gilydd. Canys rhyfel cartref yw pob rhyfel rhwng gwledydd a chanddynt wareiddiad cyffredin, a'r hyn a ddinistrir yw nid yn gymaint nac yn bwysicaf allu'r naill wladwriaeth neu'r llall, ond sefydliadau a ffurfiau hanfodol y gwareiddiad hwnnw. Dyna, mi dybiaf, un o'r rhesymau a barodd i'r Blaid Genedlaethol ddiffinio fel un o'i hamcanion ennill i Gymru sedd ar Gynghrair y Cenhedloedd. Y mae'r Blaid Genedlaethol trwy hynny yn cyhoeddi ei pharodrwydd i ildio'i sofranyddiaeth i allu cydwladol, h.y., i osod terfynau tuag allan ar allu'r Wladwriaeth trwy gydnabod hawliau cenhedloedd eraill y ceir ynddynt hefyd gymdeithasau cyffredin ein gwareiddiad.

II

Y mae'r un perygl, ac felly'r un broblem, yn bod ym mherthynas y Wladwriaeth â chymdeithasau mewnol y genedl. Yn ei 'Power', edrydd Bertrand Russell stori am Confucius. 'Wrth basio heibio i fynydd Thai, cyfarfu Confucius â gwraig yn wylo'n chwerw ar lan bedd. Prysurodd y Meistr tuag ati ac anfon un o'i ddisgyblion i'w holi. ''Yr ydych yn wylo,'' meddai, ''megis un a gafodd fwy na mwy o drallod.'' ''Gwir a ddywedwch,'' atebodd y wraig, ''lladdwyd tad fy ngŵr yma gan deigr, a'r un modd fy ngŵr yntau, ac yn awr, wele fy mab hefyd wedi'i ladd.'' ''Paham, ynteu,'' meddai'r Meistr, ''na adawech y fath le?'' Atebodd y wraig, ''Am nad oes yma lywodraeth ormesgar.'' Yna dywedodd y Meistr, ''Cofiwch hyn, fy mhlant, y mae llywodraeth ormesgar yn fwy dychrynllyd na theigrod''.'

Cofiais am gwestiwn a ofynnwyd yn y 'Court of Referees' yn Abertawe i Gymraes oedd newydd golli ei mam, ac na fynnai adael ei chartref i gymryd gwaith a gynigiasid iddi yng Nghanoldir Lloegr. 'A wyddoch chi,' meddai'r Cadeirydd, 'mai'r Llywodraeth sydd yn eich cynnal yn awr?' A chan hynny, oblegid dyna feddwl y Cadeirydd, mai gan y Llywodraeth y mae'r hawl derfynol i benderfynu'ch tynged? Nid oedd gan y ferch druan unrhyw ymgeledd nac amddiffyn yn erbyn gallu'r Llywodraeth. Ni thyciai cartref na bro nac iaith i'w diogelu, ac nid oedd ganddi eiddo ar ei helw. Felly rhaid oedd dwyn yr iau drom a'r baich anesmwyth.

Sut, ynteu, y mae ffrwyno gallu'r Wladwriaeth yn ei pherthynas â chymdeithasau eraill o fewn i gyfundod y genedl, fel y gall hi gyflawni ei phriod wasanaeth heb dresmasu dim ar hawliau y cymdeithasau a'r sefydliadau eraill, sydd yn fwy hanfodol hyd yn oed na hi i lawn fywyd y genedl?

Un ffordd yw trwy ddiffinio hawliau mewn cyfansoddiad ysgrifenedig. Dyna a wnaed yn y ddau Gyfansoddiad pwysicaf a mwyaf arwyddocaol a luniwyd yn ein hoes ni, sef yr eiddo Portugal ac Iwerddon. (Sylwer: nid trafod, chwaethach cymeradwyo, holl gynnwys y ddau Gyfansoddiad, na hyd yn oed yr erthyglau a ddyfynnir yr ydys, ond dwyn sylw at y modd y mae'r ddwy wlad hyn wedi ceisio gosod terfynau i allu'r Wladwriaeth.) Yn erthygl 12 o Gyfansoddiad Portugal, ceir y geiriau: 'Er mwyn sicrhau bodolaeth a diogelwch y teulu, fel tarddle cadwraeth a datblygiad y genedl, fel carreg sylfaen addysg a disgyblaeth a chytgord cymdeithasol, ac fel elfen hanfodol yn y drefn wleidyddol a gweinyddol, gofala'r Wladwriaeth ei gysylltu â'r plwyf ac â'r dref, yn ogystal â rhoddi iddo gynrychiolaeth ar yr awdurdodau lleol sy'n eu llywodraethu.' Ac yn erthygl 41 o Gyfansoddiad Iwerddon, fe geir: 'Cydnebydd y Wladwriaeth y Teulu fel uned naturiol gyntefig a sylfaenol cymdeithas, ac fel sefydliad moesol yn meddu hawliau na ellir eu hatal na'u rhoi trwy gyfraith, am ei bod yn blaenori pob cyfraith gwlad mewn amser ac mewn awdurdod. Y mae'r Wladwriaeth, gan hynny, yn ymrwymo i amddiffyn cyfansoddiad ac awdurdod y Teulu fel sylfaen angenrheidiol trefn gymdeithasol ac fel un o anhepgorion lles y Genedl a'r Wladwriaeth.' Yn Erthygl 6 o Gyfansoddiad Portugal, ychwanegir at y teulu yr awdurdodau lleol a chorfforaethau eraill cyhoeddus a phreifat, sef sefydliadau y mae'n ddyled ar y Wladwriaeth eu hamddiffyn.

Ceir hefyd yn y ddau Gyfansoddiad gydnabyddiaeth o bwysigrwydd eiddo a meddiant wedi'u rhannu mor helaeth ag y bo modd. Yn Erthygl 45 o Gyfansoddiad Iwerddon, fe geir: 'Yn arbennig bydd yn nod gan bolisi'r Wladwriaeth rannu meddiant a gweinyddiad adnoddau materol y genedl rhwng unigolion a'r gwahanol ddosbarthiadau yn y fath fodd ag a fo orau er lles pawb ... ac i sefydlu ar y tir mewn sicrwydd economaidd gymaint o deuluoedd ag y bo modd yn yr amgylchiadau.'

Nid oes eisiau dwyn sylw neb o'r Blaid at y tebygrwydd rhwng rhai o'r elfennau yma a'r Deg Pwynt Polisi. Pwysicach ond odid, er mwyn ein rhybuddio mai ar sylweddau ac nid ar enwau y dylid edrych, yw mai dyna hefyd sylfaen polisi cymdeithasol llywodraeth Seland Newydd, a'i geilw ei hun yn Sosialaidd.

Ond nid yw llythyren Cyfansoddiad yn ddigon i ddiogelu hawliau y cymdeithasau eraill o fewn y genedl yn erbyn y Wladwriaeth. Fel y dengys hanes Cyfansoddiad America, ac ond odid ddatblygiad Iwerddon yn y blynyddoedd diwethaf hyn, oni fo'r drefn gymdeithasol yn gydnaws â'r Cyfansoddiad, yna buan y gwelir ei ddehongli'n groes i fwriadau y rhai a'i lluniodd. Ni fydd trefn y Cyfansoddiad yn ddiogel oni fo hefyd yn drefn y gymdeithas. Nid dilledyn i'w wisgo a'i ddiosg, ond croen i'w dyfu yw'r iawn Gyfansoddiad. Nid o rinwedd, ond o raid y dylai'r Wladwriaeth barchu'r Cyfansoddiad. Y mae rhai pethau rhy bwysig i'w hymddiried i gydwybod unrhyw Wladwriaeth.

Dywedwn, gan hynny, mai trwy gyfundrefn ddemocrataidd yn unig y gellir diogelu urddas a rhyddid cymdeithasau gwlad. Ac os gofynnir inni beth yw democratiaeth, atebwn nad yw unrhyw gyfundrefn wleidyddol yn ddemocrataidd (a) oni fo'r awdurdod llywodraethol oddi isod, a (b) oni fo hefyd wedi ei wasgaru gymaint ag y bo modd. Nid digon ei fod oddi isod; rhaid iddo hefyd gael ei weinyddu gan y bobl trwy eu cymdeithasau a'u sefydliadau, ac nid gan fiwrocratiaeth ganolog, er i honno gael ei hapwyntio gan gynrychiolwyr y bobl. 'Government *of* the people, *by* the people,' cyn y gall fod yn 'government *for* the people'.

Dylai llywodraeth (h.y., y swydd, nid y sefydliad) fod yn llawer iawn ehangach na'r Wladwriaeth. Oni fo gan gyfundod a'i geilw'i hun yn ddemocrataidd gyfryngau llywodraeth eraill heblaw'r Wladwriaeth, ni fydd mewn gwirionedd yn ddemocrataidd o gwbl, yn yr ystyr a rydd y Blaid Genedlaethol i'r gair. Nid yn gymaint dyfais beiriannol a negyddol i osod atalfa ar alluoedd y Wladwriaeth yw ein democratiaeth ni. Y mae'n llawer mwy na hynny, y mae'n ddull o fyw, yn anadl einioes y genedl. Ac megis y dylai democratiaeth fod yn rym ym mhob cymdeithas, felly hefyd dylai gradd o rym fod yn elfen ym mhob un ohonynt.

III

A dwg hyn ni at bwynt na ellir gosod gormod o bwyslais arno. Wrth sôn am ddemocratiaeth, meddylir yn union am drefn wleidyddol a dim amgen. Ys gwir y trefnwyd papur a siaradwr arall ar sefydliadau economaidd hanfodol y genedl. Eto nid yw hwylustod pwyllgor a ffeithiau bywyd yn wastad yn dygymod â'i gilydd. Heddiw y mae'r gwleidyddol a'r economaidd yn annatod gysylltiedig, neu gwell ond odid fyddai dywedyd ein bod heddiw wedi sylweddoli nad oes ac na fu'r fath beth â'r gwleidyddol neu'r economaidd pur. Dangosodd Karl Marx yn eglur yn ei ddadansoddiad o ddemocratiaeth gyfalafol y ganrif ddiwethaf, gyda'i phwyslais ar ryddid gwleidyddol yr unigolyn, y gallai nid yn unig gydfyned â'r ormes gyfalafol lwyraf, ond ei bod, oherwydd ei phwyslais unochrog ar y gwleidyddol, yn gochl berffaith i'r ormes honno.

Y mae bywyd dyn mewn cymdeithas yn gymhleth o ddylanwadau gwleidyddol ac economaidd sy'n gweithio ac yn adweithio ar ei gilydd. Ac y mae rhyddid yn *function* o'r *ddau* ddylanwad. Anafus fydd y rhyddid nad yw'n dilyn o'r ddau. Heb ei deudroed ni cherdda rhyddid onid yn gloff. Nid yw bod yn wleidyddol rydd yn gwneud dyn yn rhydd, oni fo hefyd yn economaidd rydd. Heb ryddid yn y ffatri yr â iddi bob dydd, nid yw rhyddid y bwth balot yr â iddo bob pum mlynedd yn llesâd o gwbl.

Ni chredai Karl Marx, ac yn hyn yr oedd yn gwbl iawn, y gellid gwastatáu gallu trwy ddulliau gwleidyddol heb hefyd ffrwyno'r gallu economaidd. Gan hynny, meddai, rhaid gosod y gallu economaidd yn nwylo'r Wladwriaeth, a'r Wladwriaeth honno'n ddemocratig. Ond iddi fod yn ddemocratig, credai Marx mai diogel fyddai gosod y gallu economaidd yn ei gafael. Ni welodd mai troi yn ei unfan fel iâr â'r bendro, yr oedd ei ymresymiad. Nid yw o ryw bwys mawr ai yn nwylo rhyw rai—y cyfalafwyr—neu yn nwylo rhyw un—y Wladwriaeth—y bo'r gallu economaidd; oni fo, hyd y gellir, yn nwylo pob un, yna ni fydd pob un yn rhydd, beth bynnag a fo'r ffurfiau gwleidyddol. Pan elo'r holl allu economaidd i afael y Wladwriaeth, yna, fel y dengys hanes Rwsia, nid erys hyd yn oed rith democratiaeth, chwaethach ei grym. Os yw democratiaeth yn wir ddemocratiaeth, bydd yn ddemocratiaeth economaidd yn ogystal ag yn ddemocratiaeth wleidyddol.

Gan hynny, megis na ellir democratiaeth wleidyddol heb wasgar awdurdod, ni ellir chwaith ddemocratiaeth economaidd heb wasgar eiddo a (peth sydd lawn cyn bwysiced) llywodraeth ar eiddo. Nid yr un peth yw'r ddau hyn, ac nid rhaid iddynt gydgerdded. Gellir rhannu eiddo yn bur helaeth heb o gwbl rannu llywodraeth arno. Dyna a ddigwydd dan gynlluniau rhannu proffidiau rhwng meistr a gwas, a dyna'u gwendid. A phan fo'r eiddo yn golygu perchenogaeth yn ogystal â rhan yn yr elw, megis mewn cwmni cyfyngedig, y mae'r berchenogaeth a'r llywodraeth wedi'u hysgaru mor llwyr oddi wrth ei gilydd nes y mae'r ddwy fel ei gilydd yn gwbl anghyfrifol. Yr unig berchenogaeth wirioneddol yw perchenogaeth gyfrifol, h.y., lle y mae'r eiddo a gweinyddiad yr eiddo yn yr un dwylo. Dyna paham y gosododd y Blaid fel patrwm gwleidyddol ac economaidd y tyddynnwr yn trin ei dir ei hun. Dyna yn wir draddodiad cymdeithasol Cymru. Y mae arwyddocâd enwau fel Pantycelyn o'r pwys mwyaf i gymdeithaseg Cymru yn ogystal ag i'w chrefydd.

Lle ni ellir, oherwydd natur y gwaith, uno meddiant a rheolaeth yn yr un dwylo, y mae'r Blaid yn cefnogi mân-ddiwydiannau a dulliau cydweithredol o gynhyrchu. Mewn diwydiannau trymion, ei nod a ddylai fod, yn gyntaf, rhoddi i'r gweithwyr trwy ei sefydliadau lais pendant yn rheolaeth y diwydiant, ac yn ail, fel nod i ymgyrraedd ato, eu gwneuthur yn gydberchnogion o'r diwydiant. Fe gais y Blaid brysuro'r dydd pan fyddo perchenogaeth, rheolaeth, a gwaith yn drindod ddiwahân yn niwydiannau Cymru.

Gyda gwasanaethau cyhoeddus megis dŵr, trydan, cymeradwya'r Blaid Fyrddau Cydweithredol Cyhoeddus.

Yn ôl y polisi hwn, gan hynny, ni fyddai'r Wladwriaeth—ar wahân, wrth gwrs, i'w gwaith o ofalu am gydbwysedd bywyd economaidd y genedl—namyn *residuary legatee* y bywyd hwnnw. Hyd yn oed wedyn hi fyddai awdurdod uchaf a pherchennog helaethaf y genedl. Ond byddai iddi derfynau pendant. Ac am y byddai iddi derfynau economaidd pendant, byddai iddi hefyd derfynau gwleidyddol pendant. Cymerer un enghraifft:—

Am nad oes yn Lloegr heddiw ddemocratiaeth economaidd, h.y., am mai nifer fechan o gyfoethogion sydd ynddi, a llu mawr o broletariaid dieiddo, y mae Lloegr yn wlad hawdd iawn ei threthu a chodi arian ynddi. Onid yw ei chyfundrefn drethu a'i gwasanaeth sifil yn un o saith ryfeddod oes gyfalafol? Oherwydd hynny y mae gan lywodraeth yn Lloegr fwy o ryddid polisi nag odid wlad yn y byd. Nid yw'r broblem ariannol byth yn ei phoeni. Y mae'n llawer iawn haws i Loegr godi arian nag ydyw i Ffrainc, lle y mae eiddo wedi ei rannu gymaint helaethach nag yn Lloegr. Dyna un rheswm pwysig pam y mae Lloegr yn arwain a Ffrainc yn dilyn yn y rhyfel hwn. Pan fo cyfalafwyr Lloegr yn myned i ryfel, gwyddant y bydd ganddynt y brethyn i'w dorri i ba batrwm bynnag a fynnont.

Un o brif achosion y rhyfel hwn gan hynny yw diffyg democratiaeth economaidd yn Lloegr. Gwelir mor groes yw'r gwirionedd i'r propaganda a geir yng ngwasg Lloegr. O'r Dde ac o'r Chwith, gan gyfalafwyr cydgenedlaethol Dinas Llundain a chan Moscowpolitaniaid cydgenedlaethol y Blaid Lafur, cyhoeddir mai prif achos rhyfeloedd ydyw Cenedlaetholdeb. Nid felly. Prif achos rhyfeloedd a phrif berygl gwareiddiad heddiw yw galluoedd chwyddedig y gwladwriaethau mawr, nad oes ynddynt wir ddemocratiaeth. Unig obaith gwareiddiad yw eu ffrwyno, a'r unig arf sydd ganddo yw Cenedlaetholdeb.

Gwelir oddi wrth y dadansoddiad uchod mai'r delfryd y tardd holl bolisi'r Blaid Genedlaethol ohono yw Rhyddid. Eithr nid rhyddid y farchnad i'r prisiau isaf a'r llogau uchaf, na rhyddid un dosbarth, boed feistri neu weithwyr, i ormesu'r lleill, ac yn bendifaddau nid rhyddid y Wladwriaeth i droi pob dŵr i'w melin ei hun, ond rhyddid y Genedl, h.y., rhyddid cymdeithasau'r genedl o'r teulu i fyny i fyw eu bywyd eu hunain ac i feddu'r adnoddau angenrheidiol i wneuthur hynny. Wrth fesur Safon Byw deilwng, rhaid edrych ar bethau eraill heblaw cysuron a phleserau, pethau nad yw'n wiw i unrhyw genedl na chymdeithas eu haberthu, pa gysuron a phleserau bynnag a gynigir yn gyfnewid iddynt. Ymhlith y pethau sanctaidd hynny y mae'r diogelwch hanfodol (sydd gymaint mwy nag unrhyw yswiriant allanol yn erbyn helyntion bywyd), a'r hunan-barch sy'n tarddu o ryddid. Cyfeiliornad mwyaf oes gyfalafol ddiwydiannol yw gwrthod i bethau sylfaenol bywyd, i garreg yr aelwyd ac i weithdy'r saer, unrhyw le yn ei safon byw. Yn erbyn y Mamon hwn y mae brwydr Plaid Genedlaethol Cymru.

Y Ddraig Goch, Medi-Tachwedd 1939

Llythyr Agored at yr Athro W. J. Gruffydd

Priodol ydyw i minnau, ar ôl Mr Prosser Rhys, gan mai yn y drefn honno hefyd yr ymosodwyd arnom, geisio ateb Golygydd *Y Llenor*. Nid dyma'r waith gyntaf i mi geisio gwneud hynny. Ceisiais o'r blaen yn rhifyn Awst y llynedd o'r *Ddraig Goch*. Ond nid yr un dasg sydd gennyf yn awr. Y pryd hynny trafod pwnc yr oeddid, ac amddiffyn safbwynt a geisiwn. Ond heddiw, troes Golygydd *Y Llenor* i drafod personau, a chan hynny fy amddiffyn fy hun a geisiaf. Y pryd hynny amddiffyn polisi gwleidyddol, fel Llywydd y Blaid Genedlaethol, yr oeddwn; heddiw, amddiffyn fy ngalwedigaeth a'm buchedd fel un o athrawon Coleg Bala-Bangor sydd raid.

Nid o'm dewis y gwnaf hyn. Caraswn barhau i drafod polisi, ond dewisodd Mr Gruffydd yn wahanol. A chan fod cyfaredd i lawer ym mantell Golygydd *Y Llenor*, hyd yn oed pan fo'n gochl i syniadau gwleidyddol W. J. G., ni allaf osgoi'r dewis.

Fel y cofia darllenwyr *Y Llenor* a'r *Ddraig Goch*, y pwnc a drafodid gan Mr Gruffydd yn rhifyn yr Haf, a chennyf finnau yn rhifyn Awst y llynedd, oedd agwedd Cymru tuag at y rhyfel. Anghytunem yn bendant ond yn gwbl gwrtais. Nid oedd awgrym o'r naill ochr na'r llall fod a wnelo hynny ddim â chymhwyster Mr Gruffydd i ddysgu llenyddiaeth Cymru i fyfyrwyr Coleg Caerdydd, nac â'm cymhwyster innau i ddysgu Athrawiaeth Gristnogol i fyfyrwyr Colegau'r Annibynwyr a'r Bedyddwyr ym Mangor. Bellach y mae pethau wedi newid. Y mae Mr Gruffydd wedi darganfod y perygl arswydus i 'wŷr ieuainc a fydd rywdro'n gwasanaethu Cymru ym mhulpudau'r Annibynwyr a'r Bedyddwyr' o ddyfod dan fy nylanwad i. A hynny, sylwer, nid oherwydd unrhyw ddiffygion cyhoeddus yn fy nghymeriad, na chwaith oherwydd unrhyw afiechyd athrawiaeth, ond oherwydd fy syniadau gwleidyddol.

Yn ôl Mr Gruffydd y mae fy syniadau gwleidyddol, neu o leiaf un ohonynt, yn arwain yn union deg at 'ddadwneud canrifoedd o waith y tadau Ymneilltuol mewn ychydig flynyddoedd', a gwaeth na hynny, trwy natsieiddio'r Annibynwyr a'r Bedyddwyr hyn, yn peri 'mai gorau po gyntaf' y gwelant 'eu ffordd yn glir i Eglwys Rufain'. Fe gytunwch, Mr Gruffydd, fod priodoli i athro mewn coleg diwinyddol gyda'r Annibynwyr, ddylanwad sy'n tanseilio holl draddodiadau Ymneilltuaeth, sy'n natsieiddio meddyliau ei ddisgyblion, ac yn eu cychwyn ar y ffordd i Eglwys Rufain yn fater pur ddifrifol i'r athro hwnnw, yn enwedig pan wneir hynny gan Annibynnwr mor selog â chwi. Anodd fyddai i'r awdurdodau sy'n gyfrifol am addysg y weinidogaeth ymhlith yr Annibynwyr, y Bedyddwyr, a'r Methodistiaid (oes, y mae gennyf hefyd nifer helaeth o fyfyrwyr y Methodistiaid dan fy ngofal, a chan hynny, gylch ehangach hyd yn oed nag a feddyliasoch i'm drygionus ddylanwad), pe credent eich geiriau, beidio â gofyn iddynt eu hunain, 'Ai iawn rhoi ein hieuenctid yng ngofal y fath athro i'w hysglyfaethu ganddo?' Ys gwir i chwi ddywedyd pethau ymddangosiadol garedig a chlodforus amdanaf, fy mod yn wladgarwr pybyr, yn unplyg ac yn ddi-hunangeisiol. Ni allaf ddiolch i chwi amdanynt, nid am y credaf fod ynddynt y gronyn lleiaf o ragrith, ond am mai eu heffaith, onid eu bwriad, yw fy mhesgi at y Pasg sy'n dod cyn diwedd y paragraff. Y mae pob rhinwedd *arall* y gellir ei phriodoli i mi yn gwneuthur y diffyg *hwn* yn beryclach fyth.

Fe ŵyr Mr Gruffydd ei fod, trwy ymosod ar fy nghymhwyster i hyfforddi myfyrwyr Ymneilltuol at y weinidogaeth, yn fy mheryglu i mewn modd na allwn, pes mynnwn, ei beryglu ef. Fe ŵyr yn burion am amodau cwbl wahanol athro mewn prifysgol ac athro mewn coleg enwadol. Gall y cyntaf ymddwyn a meddwl a chyhoeddi a dylanwadu fel y mynno, o fewn terfynau'r gyfraith, ac ni ellir siglo diogelwch ei gadair, cyhyd ag y cyflawno waith ei alwedigaeth yn briodol. Nid felly gydag athro mewn coleg enwadol. Dealler: *nid apêl, ad misericordiam yw hyn, nac ymgais i osod athrawon enwadol y tu hwnt i feirniadaeth deg, hyd yn oed pan fo honno'n cyffwrdd â'u cymhwyster i'w gwaith.* Dywedyd yr ydys na ddylai gŵr, sydd ei hunan yn annibynnol ar effeithiau ymarferol beirniadaeth, ymosod ar un llai ffodus ar fater ei gymhwyster i'w swydd, heb yn gyntaf ystyried seiliau ei feirniadaeth. Yn sicr, nid gormod gofyn gan Mr Gruffydd y drefn honno yn ei ddadleuon y mae'n ei hargymell at ei feirniaid ei hun, a'r gallu deallol hwnnw a ddylai gydredeg â phob dicter. Holwn, gan hynny, ar ba sail y dug Mr Gruffydd y cyhuddiadau pwysfawr hyn i'm herbyn.

Y sail honno yw fy mod, yn ôl Mr Gruffydd, yn cyhoeddi 'athrawiaeth eithaf Hitler yn ei eiriau ef ei hun . . . didwyll laeth efengyl y Natsi a'r Ffasgist . . . "A alle ddiawl ei hun ddoedyd yn amgenach?"'. Pe gellid ei phrofi, byddai'n sail ddigonol i'r gwaethaf y gallai Mr Gruffydd ei ddywedyd am fy nylanwad. Hyd yn oed a chymryd y dyfyniad o Forys Kyffin fel gormodiaith ystrydebol, y mae digon yng ngweddill yr hyn a briodolir i mi i'w gyfiawnhau fel gwirionedd llythrennol. Y mae 'athrawiaeth eithaf Hitler' ar enau athro coleg mewn Coleg Annibynnol yn cyfiawnhau, pe gallai rhywbeth, italeiddio ac almaeneiddio a diafoleiddio fy ngeiriau ysgeler. Gwir y dywaid Mr Gruffydd y byddai Eglwys Rufain yn noddfa dderbyniol iawn rhag y fath gyfeiliornad. Unwaith eto fe geir Mr Gruffydd yn fy lluchio â meini mor drwm nes fy ngorfodi i ofyn ai ymresymiad pwyll ai iasau gorffwylledd sydd yma? Cawn weld wedi ystyried yr hyn a ddwg Mr Gruffydd i ategu ei ddadl.

Nid rhaid i ni, fwy nag y gwnaeth Mr Gruffydd, fwrw ein rhwyd ymhell iawn. Nid rhaid i ni holi beth yw fy natganiadau cyhoeddus dros gyfnod o ddeng mlynedd bellach, beth yn fy llyfryn Saesneg *Welsh Nationalism*, beth yn fy anerchiad i Ysgol Haf Bangor ar ddechrau fy nhymor fel Llywydd y Blaid Genedlaethol, beth yn fy narlithiau i'm myfyrwyr, beth yn fy syniadau diwinyddol, beth hyd yn oed yn fy sgwrs ddiofal â chyfeillion ac â gelynion, oedd ym meddwl Mr Gruffydd. Nid yw Mr Gruffydd hyd yn oed yn ystyried y cyfryw bethau nac yn ymdrafferthu i bwyso eu tystiolaeth. Pe bai yn gosod arno'i hun y penyd o ddarllen fy ysgrifau gwleidyddol neu o wrando ar farn y myfyrwyr a fu danaf, fe'i heriwn i ddyfod o hyd i gymaint â hanner brawddeg, neu un myfyriwr, i gadarnhau ei ddadl. Na, y mae dull Mr Gruffydd yn llawer symlach a mwy gwreiddiol na hynny. *Y mae wedi llunio brawddeg nad ysgrifennais i erioed mohoni, er mwyn profi ei achos i'm herbyn.* Wele'r prawf o hynny: Dyfynna Mr Gruffydd o'm Nodiadau yn rhifyn Awst y llynedd o'r *Ddraig Goch*. Yn y Nodiadau hynny yr oeddwn wedi dadansoddi agwedd Mr Gruffydd at y rhyfel, ac wedi cael ynddi bedwar gosodiad a ystyriwn, o safbwynt cenedlaethol, yn gyfeiliornus. Cyfeiria Mr Gruffydd yn unig at y trydydd, a dywed, gyda'i ysmaldod arferol, y carai nid yn unig ei italeiddio ond hefyd ei almaeneiddio. Dyma fo:

[*Dadl Mr Gruffydd yw*] '*fod rhyddfrydigrwydd a dyngarwch yn bethau pwysicach na hawl cenedl i'w rhyddid*'.

Dyna eiriau a ddywedais. Ond wele'r casgliad y mae Mr Gruffydd yn ei dynnu ohonynt: 'Hynny yw', meddai, 'cred Mr Daniel y gwrthwyneb':

'Mae hawl cenedl i'w rhyddid yn bethau pwysicach na rhyddfrydigrwydd a dyngarwch'.

Yr argraff naturiol a wna geiriau Mr Gruffydd yw ei fod yn arfer ei ddawn resymegu yn ôl yr egwyddorion o drefnusrwydd ac ymresymu'n glir a osododd i lawr ar ddechrau Nodiadau'r Golygydd. Am fy mod yn gwadu ei ddadl ef, *rhaid*, medd ef, h.y., rhaid yn rhesymegol, fy mod yn dal yr hyn a eilw'n 'wrthwyneb'. Twt, twt, Mr Gruffydd. I ble'r aeth y trefnusrwydd a'r ymresymu'n glir? Oni ddysgasoch fod *dwy* ffordd resymegol o wadu gosodiad fel eich un chwi, sef trwy faentumio'r croeswyneb (*contrary*) neu'r trawswyneb (*contradictory*)? (Gweler Joseph, *Introduction to Logic*, tud. 229). Paham y mynasoch briodoli i mi'r croeswyneb, pan oedd gan y trawswyneb gystal hawl resymegol? Ai o anwybodaeth o resymeg, neu am mai'r trawswyneb yn unig a gynhaliai faich enfawr eich cyhuddiad i'm herbyn?

Ond nid yn unig fe welir bellach mai mympwyol a rhagfarnllyd —neu, ar y gorau, anwybodus—ydyw sail eich dadl i'm herbyn, hawdd dangos hefyd nad oedd unrhyw esgus dros na rhagfarn nac anwybodaeth. Aethoch heibio i'r hyn a ddywedais er mwyn priodoli i mi, trwy ragfarn wleidyddol neu anwybodaeth resymegol, yr hyn na ddywedais. Canys, pe baech wedi darllen a dyfynnu'n llawn yr hyn a ddywedais yn Nodiadau'r Mis, gwelsech a gwelsai eich darllenwyr fy mod wedi gosod yn erbyn eich pedwar cyfeiliornad chwi, fel y golygwn i hwy, bedwar gwrthosodiad cenedlaethol. A'r gwrthosodiad a osodais i yn erbyn eich gosodiad chwi 'fod rhyddfrydigrwydd a dyngarwch yn bethau pwysicach na hawl cenedl i'w rhyddid' oedd hyn (sef y trawswyneb):

'Ni chredwn fod gwir ryddfrydigrwydd a dyngarwch yn bosibl ar draul yr hawl i ryddid. A fo hael, bid gyfiawn yn gyntaf. Ni cheir Cymru rydd fyth yn ôl o ryddfrydigrwydd a dyngarwch. Yn y cyfamser credwn mai yn y doc yn yr Old Bailey ac o flaen y Tribiwnlysoedd y cafwyd ac y ceir rhyddfrydigrwydd a dyngarwch mwyaf ein cenhedlaeth ni yng Nghymru'.

Dyma'r hyn a ddywedais i, a dyma'r hyn y mynasoch ei anwybyddu er mwyn gosod yn fy ngenau, trwy dwyllresymu a rhagfarn ddiesgus, eiriau y credasoch a fyddai'n sail ddigonol i'ch cyhuddiadau enbyd. Gosodasoch yn fy ngenau neges o'ch gwaith eich hun, a chychwyn yn enw 'canrifoedd o waith y Tadau Ymneilltuol' grwsâd purdeb yn erbyn y 'bersonoliaeth hoffus a'r unplygrwydd amlwg' sy'n prysur arloesi natsieiddio gweinidogaeth pulpud yr

Annibynwyr a'r Bedyddwyr a pheri bod Rhufain yn noddfa i'w chyrchu 'er mwyn cadw rhyw fath o grefydd yn y wlad'. Dadleuodd ysgolwyr yr Oesau Canol—o ddifyrrwch, ond odid—faint o angylion a allai sefyll ar flaen nodwydd ddur; dangosasoch chwi—o anwybodaeth neu o ragfarn—faint o ysbrydion aflan a fedr sefyll ar *ddim*.

Ond mwy o lawer na'm heiddigedd naturiol dros ddidwylledd fy muchedd fel athro diwinyddol mewn coleg Ymneilltuol yw fy ngofid am achlysur yr ymgodymu hyn rhyngof a Mr Gruffydd. Y mae Mr Gruffydd wedi ymosod arnaf am na chytunaf i osod achos Lloegr o flaen achos Cymru. Pe bai Syr Henry Mather-Jackson wedi gwneuthur hynny, a'i gefnogi gan Arglwydd Raglan, ni synnwn. Awn i'w hwynebu a chynnig codwm â hwy yn llawen, gan wybod mai â gelynion hawliau Cymru yr ymladdwn. Ond mwy trist na thristwch yw gweld Mr Gruffydd yn yr un rhengoedd, yn ceisio cymryd arno na pherthyn iddynt, ond yn anelu ei saeth at yr un nod. Tristaf oll oedd darllen, yn yr un rhifyn o'r *Western Mail* ag yr ymddangosodd cyfieithiad o ymosodiad Mr Gruffydd arnaf, adroddiad o anerchiad i ysgolion a roddwyd ganddo ar y radio, 8 Chwefror:

> We Celts do most solemnly regard the British Empire as one of our achievements, though most of the people who created it happened at the time to speak a Teutonic and not a Celtic tongue.

Dyma, ynteu, neges Mr Gruffydd i ieuenctid Cymru. Tybiaf na fradychwyd achos yn llwyrach nag yn y geiriau hyn er adeg Julian y Gwrthgiliwr. Onid yw'n ofnadwy meddwl mai'r gân a glywodd awdur 'Y Tlawd Hwn' gan 'adar Rhiannon yn y perl gynteddoedd' oedd, ond odid, 'Britannia Rules the Waves' neu 'Land of Hope and Glory'?

Apeliasoch i'm herbyn at Michael D. Jones. Yr wyf yn gwbl fodlon. Boed felly.

Coleg Bala-Bangor J. E. Daniel

Baner ac Amserau Cymru, 5 Mawrth 1941

Pwyslais Diwinyddiaeth Heddiw

§ I

Yn gyntaf, wele ein diffiniad o Ddiwinyddiaeth Gristnogol— astudiaeth feddyliol, o fewn yr Eglwys ac i ddibenion yr Eglwys, o'r datguddiad y tystiolaethir iddo yn y Beibl achlân ond yn arbennig yn y Testament Newydd. Fe sylwir yn ebrwydd nad yw'r gair 'gwyddor' yn y diffiniad hwn. Er ein bod yn sôn am astudiaeth feddyliol a hefyd am wrthrych a astudir, nid ydym yn sôn am wyddor. Ac fe ddengys yr arwydd negyddol hwn eisoes gyda phwy y dymunwn ymrestru a pha draddodiad y dymunwn ei arddel. Safwn yn y llinell sy'n arwain o'r Testament Newydd, trwy Farcion (gyda gwyriad bychan), a Thertwlian ac Awstin a Sant Bernard a Luther a Chalfin a Kierkegaard a Barth. Nid ydym yn sefyll ar y llinell sy'n arwain trwy Origen ac Erigena ac Erasmus a Lessing a Schleiermacher a Ritschl. Safwn, o ddiwinyddion Cymru, gyda Thomas Jones o Ddinbych yn hytrach na chyda David Adams a Miall Edwards.

Pam, ynteu, na fynnwn ddiffinio Diwinyddiaeth Gristnogol fel gwyddor a phaham y mynnwn wahanu'r traddodiadau yn ôl a'i dehonglont hi fel gwyddor neu beidio? Yn gyntaf, am mai nodwedd bennaf unrhyw wyddor yw ei bod, yn ei maes ei hun, yn chwilio yn gwbl ddiduedd a diragfarn am wirionedd. Ymchwil ydyw a ŵyr ei chychwynfan, ond na faidd ddiffinio ei diwedd. Dilyn y ffeithiau, megis y dilynai Socrates gynt yr ymresymiad, i ba le bynnag yr elont. Dyma gyweirnod gweddi y clywais amdani: 'O Dduw, yr ydym yn chwilio ni wyddom am beth, ond pan ddeuwn o hyd iddo, fe'i hadnabyddwn', ond odid y weddi fwyaf Blatonaidd yn ystyr fanylaf y gair a weddïwyd erioed. Yr ysbryd hwn oedd gogoniant Groeg, a'r ysbryd hwn yw symbylydd pob gwyddor, ond nid oes iddo le mewn Cristnogaeth. Mewn Cristnogaeth, nid chwilio am wirionedd y mae dyn, ond credu iddo eisoes ei gael. Nid dyn sydd yma yn chwilio am Dduw, ond pechadur yn credu i Dduw chwilio amdano ef a'i gael. Diau 'na ddatguddiwyd eto beth a fyddwn', eto 'mi a wn i bwy y credais', a gwyddom gan hynny er na ddatguddiwyd beth a fyddwn y byddwn debyg iddo *Ef*. Nid yn ysbryd yr ymchwiliwr diragfarn a hunanddigonol y cychwynnodd Pererin Bunyan a'r Mab Afradlon ar eu taith tuag adref. Ys dywedodd G. K. Chesterton, *o* argyhoeddiad ac nid *ato* yr ymresyma'r diwinydd Cristnogol. Nid chwilfrydedd 'disinterested' y gwyddon, ond *y dewis sylfaenol hwnnw a elwir ffydd*, a'i symbyla i'w waith.

Soniasom am ysbryd hunanddigonol gwyddoniaeth. Fe arwain hyn at yr ail bwynt. Y mae gwyddoniaeth yn feistres ar ei mater, nid yn yr ystyr iddi ei feistroli, ond yn yr ystyr na chydnebydd unrhyw awdurdod uwch na hi ei hun. Diau fod ganddi ddeddf, ond hi ei hunan yw'r deddfroddwr. Nid oes ganddi gategorïau uwch nag a ddyfeisiodd hi, nac unrhyw amodau i'w parchu ond a osododd hi ei hun. Pan fynno wneuthur arbrofion—ac ar ei gallu i wneuthur arbrofion y mae gwyddoniaeth yn byw—hi sydd yn penderfynu eu natur a'u hamodau. Er ei phroffes i blygu i awdurdod 'ffaith', coeglyd yw ei moesymgrymu iddo, ac yn y diwedd, fel Napoleon gerbron y Pab, â'i dwylo ei hun y gesyd y goron ar ei phen. Ond yn wir, ni thâl y gymhariaeth hon ddim, oblegid, i raddau helaeth iawn, ei chread caeth hi ei hun yw'r 'ffeithiau' y proffesa ymgrymu iddynt.

§ II

Nid felly y dysgasom ni Grist, ac nid felly y syniwn am ddiwinyddiaeth Gristnogol. Am ei fod yn gredadun, y mae'r Cristion hefyd yn gaethwas. Oblegid credu ydyw ymddiried, 'Ffydd', meddai Calfin, 'yw gwybodaeth sicr a diogel o diriondeb Duw tuag atom, wedi ei sylfaenu ar wirionedd yr addewid rasol a wnaed yng Nghrist, a'i ddatguddio a'i selio ar ein calon trwy yr Ysbryd Glân'. Dyma ddefnydd na allwn byth ei feistroli na bod yn feistr arno. *Gwrando*, nid ymgomio, hyd yn oed â'n hunan gorau, a weddai yma. Tiriondeb Duw, wedi ei selio ar ein calon, trwy'r Ysbryd Glân—pa faes anaddasach i wyddor ddiduedd a hunanfeddiannol?

Trafod y mae'r diwinydd Cristnogol yr hyn a wnaeth Duw yng Nghrist, a gweini arno yn unig a fedr. Nid tasg i'w chyflawni ond tystiolaeth i'w chadw sydd ganddo. *Gwas* y Gair ydyw drwodd a thro. Dyna paham y dywedwn yn ein diffiniad mai o fewn yr Eglwys ac i'w dibenion hi yn unig y gellir ymarfer â'r ddisgyblaeth feddyliol arbennig a elwir yn Ddiwinyddiaeth Gristnogol. Nid cangen o Wyddor Cymharu Crefyddau na math o Seicoleg Crefydd chwaith yw hi. Fel ei Gwrthrych mawr Ei Hun, saif heb neb ar ei phwys, mewn dosbarth o un.

Dyna, ynteu, gais i ateb y cwestiwn paham na fynnwn ddiffinio Diwinyddiaeth Gristnogol fel gwyddor. Fe ddaw'r rheswm paham yr ystyriwn y mater o gymaint pwys, a phaham y mynnwn rannu'r traddodiadau yn ôl eu hagwedd at y mater hwn, bellach beth yn amlycach. Y mae gagendor amhontadwy rhwng Diwinyddiaeth fel gwyddor a Diwinyddiaeth fel gweini i'r Gair. Yr hyn sydd yn y fantol yma yw natur y datguddiad Cristnogol ei hun, ei hawl i fod yn arbennig a therfynol, a'r berthynas rhwng Duw a dyn a ragdybir ganddo. Os meddylir am Ddiwinyddiaeth fel gwyddor, yna, o raid, meddylir am ei gwrthrych fel y cyfryw wrthrych, i'w drin a'i drafod, ei gloriannu a'i rychwantu, fel y gwneir yn y rhelyw o'r gwyddorau. Edrychir ar Gristnogaeth fel un ymhlith crefyddau'r byd, yr enghraifft uchaf, o leiaf hyd yma, o'r teip hwnnw o brofiad a gweithgarwch dyn a elwir Crefydd. Gwahaniaethir yn ofalus rhwng Crefydd a'r crefyddau, a mesurir gwerth pob crefydd arbennig, gan gynnwys Cristnogaeth, yn ôl y radd y corfforir Crefydd ynddi. Gellir synio am Grefydd fel corff o ddrychfeddyliau neu fel math o brofiad neu fywyd. Y peth pwysig i'w gofio yw, pa safon bynnag a fabwysir, mai *safon* ydyw, h.y., mai ei phwrpas a'i gwerth yw ei chymhwyso at grefyddau arbennig. Fe ddaw diwinydd o'r teip hwn at Gristnogaeth, fel y daeth Harnack yn *Das Wesen des Christentums* (cyfieithiad Saesneg, *What is Christianity?*), gyda safon a gafwyd o rywle arall, gan amlaf, fel gyda Harnack ei hun, o grombil ei brofiad moesol a chrefyddol ei hunan, neu hyd yn oed o'i ddelfrydiaeth ei hun. Ond *efe* a luniodd y safon, *efe* sydd yn barnu ac yn dethol, *efe* yw'r awdurdod. Nid yr Efengyl sydd yn ei farnu ef, ond efe sydd yn barnu'r Efengyl. A chan hynny pan dderbynio'r cyfryw un gyfraith Crist, nid derbyn cyfraith *Crist* y mae, ond ei gyfraith ei hun, gan blygu nid i awdurdod uwch y *tu allan* iddo'i hun, ond i'w hunan, er i'r hunan hwnnw, bid siŵr, fod ei hunan gorau.

Y feirniadaeth derfynol ar y meddwl hwn yw'r hyn a ddywaid Sant Paul yn ei epistol cyntaf at y Corinthiaid, yr ail bennod, clasur epistemoleg Gristnogol. Yr Efengyl yw'r hyn '*ni* welodd llygad, ac *ni* chlywodd clust, ac *ni* ddaeth i galon dyn'; y dyn naturiol yw'r dyn *nad* yw'n derbyn y pethau sydd o Ysbryd Duw, ac na *all* eu hadnabod. Mewn geiriau eraill, oddi uchod, nid oddi isod, y mae'r datguddiad Cristnogol a'n dealltwriaeth ohono.

§ III

Ond, wrth gwrs, ni fyn Moderniaeth gydnabod hyn, na rhoi buddugoliaeth mor rhwydd inni. (Wrth Foderniaeth, fe olygir y traddodiad sy'n hanu o'r Goleuo neu'r *Aufklärung* ac o'r Mudiad Rhamantus, a Lessing a Schleiermacher yn brif enwau ynddo; a barhawyd yn Ritschl ac a ddaeth i Gymru gyda David Adams. Dyma draddodiad llywodraethol Ymneilltuaeth Cymru ers hanner canrif.) Yn fras, gellir crynhoi'r cyhuddiad uniongred i'w herbyn i'r frawddeg ei bod yn gosod dyn yn lle Duw. O'i helaethu golyga'r cyhuddiad hwn ei bod yn gosod darganfyddiad yn lle datguddiad, Crefydd yn lle Cristnogaeth, gwybod yn lle ffydd, dysgawdwr neu athrylith grefyddol neu gychwynnydd y mudiad Cristnogol yn lle'r Mab Ymgnawdoledig; mewn gair, gesyd gylch ein hawdurdod a'n gwŷs *ni* yn lle hawliau'r goron ddwyfol.

Ateb y Modernydd yw gwadiad plaen a syml o'r holl gyferbyn-iadau uchod, sydd mor hanfodol i'r traddodiad uniongred Protest-annaidd. *Un* proses ym mhob cylch, gan gynnwys cylch yr Efengyl Gristnogol, ydyw darganfyddiad a datguddiad, proses cyfled â phrofiad crefyddol dyn, ond a geir ar ei heithaf yn y profiad Cristnogol. Y mae ceisio gwahanu'r hyn a berthyn i Dduw a'r hyn a gyfrennir gan ddyn yn ddiystyr, oblegid y mae mewn dyn elfen ddwyfol, yn wir, gellir yn gwbl briodol ddywedyd fod pob dyn yn ei radd yn ddwyfol. Gan hynny, lle bynnag y ceir y ddawn arbennig honno a elwir yn athrylith ym myd crefydd, ceir gradd arbennig o ddwyfoldeb. Gosodwyd seiliau athronyddol y syniadaeth hon gan Hegel pan gyhoeddodd fod popeth, i'r graddau y bo'n real, yn ymgnawdoliad o Dduw, ac fe'i hategwyd gan y mwyaf o'r Hegeliaid Cymreig, Syr Henry Jones, yn yr ateb adnabyddus y dywedir iddo'i roi i un a'i cyhuddai o wadu dwyfoldeb Crist: 'Nid wyf fi yn gwadu dwyfoldeb neb dyn'.

Gwrandawer eto ar brif apostol y meddwl hwn, Schleiermacher. 'Y neb na wêl â'i lygaid ei hun wyrthiau o'r safbwynt a gymer i edrych ar y byd, y neb na chyfyd yn ei galon ddatguddiad o'i eiddo ei hun pan fo hiraeth ar ei enaid am fwynhau prydferthwch y byd a'i dreiddio gan ei ysbryd; y neb nad yw'n teimlo ym munudau mawr ei fywyd hwrdd rhyw ysbryd dwyfol a'i fod yn llefaru ac yn gweithredu o ysbrydoliaeth sanctaidd, nid oes ganddo grefydd.' Y mae'r eirfa Gristnogol draddodiadol yma yn ei chrynswth, a'i hachau yn dyrchafu hyd at y Beibl ei hun—gwyrth, datguddiad, ysbryd, dwyfol, ysbrydoliaeth, sanctaidd. Ond arall hollol yw eu hystyr bob un ohonynt. 'Nyni,' meddai Sant Paul, 'a dderbyniasom nid yr ysbryd sydd o'r byd, ond yr ysbryd sydd o Dduw.' 'Crefydd', medd Schleiermacher, 'yw ein trwytho a'n treiddio gan ysbryd y byd.' Eithr nid gwadiad uniongyrchol o eiriau Paul yw'r hyn a ddywaid Schleiermacher, ond peth llawer mwy peryglus, sef tanseiliad ohonynt, trwy unrhywio'r Ysbryd Glân ag ysbryd y byd. Dyma enghraifft dda o'r duedd honno a gafodd gymaint dilynwyr yng Nghymru i ddefnyddio geiriau'r Testament Newydd yn ystyr Rhamantiaeth ac Idealiaeth fodern.

Cyferbynier â'r syniad rhamantus hwn yr hyn a ddywaid Kierkegaard yn ei draethawd ar 'Y Gwahaniaeth rhwng Apostol ac Athrylith'. 'Sut', gofynnai, 'y mae esboniadaeth a dyfalu cyfeiliornus wedi llwyddo i daflu Cristnogaeth i ddryswch? Yn fyr ac yn fanwl, fel hyn: Trwy ddehongli arbenigrwydd paradocsaidd crefydd mewn termau esthetaidd, llwyddasant i sicrhau y gellir bellach ddarostwng pob term Cristnogol, sydd yn ei faes ei hun ag ystyr ac ansodd *arbennig*, i wasanaethu fel ymadrodd *spirituelle* a all olygu bron unrhyw beth. Pan ddiddymer y paradocs allan o Gristnogaeth a'i ddehongli'n ôl i'r esthetaidd, yna try'r apostol yn ddim mwy na dim llai nag athrylith, ac wedyn, ffarwél, Gristnogaeth. Ni bydd nemor wahaniaeth rhwng yr Ysbrydol a'r *spirituelle*, rhwng datguddiad a gwreiddioldeb, rhwng galwad Duw a thalent ddynol, rhwng apostol ac athrylith'. Dyna ddarluniad a dadleniad teg o'r 'confidence trick' a chwaraeodd Schleiermacher a'i ddilynwyr ar y credadun syml.

Cyffelyb o ran ei gymhellion sylfaenol yw ymdrech gŵr fel T. R. Glover yn ei *Jesus in the Experience of Men* i brofi 'Duwdod' Crist trwy ddangos effeithiau ei bersonoliaeth mewn *hanes*. Oni ddylem—felly yr ymresymir—ddefnyddio enw Duw i fynegi'r hyn y dangosodd yr Iesu mewn profiad ei fod? 'I ni, ar wahân i Iesu, nid yw Duw fawr mwy nag enw haniaethol. . . . Gosodwn y mater fel hyn. Pe siaradem heb flewyn ar ein tafod, dywedem na allai Duw wneuthur yn well na dilyn esiampl Iesu Grist. Ystyr hynny yw fod yr Iesu yn cyflawni ein syniad am Dduw.' At y geiriau hyn doder geiriau Miall Edwards yn *Bannau'r Ffydd*: 'Y mae duwdod Crist, gan hynny, yn golygu bod y gwerthoedd a gorfforwyd yn Ei gymeriad ac ansawdd Ei ewyllys yn ddwyfol ac yn datguddio natur y realiti Eithaf mor bell ag y gellir ei datguddio i ddyn'. Y casgliad anorfod yw mai enw ar fath arbennig o werthoedd, y gellir ategu eu presenoldeb trwy effeithiau mewn hanes yw'r gair Duw. Enw yw 'Duwdod' Crist ar ansodd moesol ac ysbrydol y *dyn* Iesu. Unwaith eto dilewyd y gwahaniaeth ansodd annherfynol rhwng Duw a Dyn.

Gwrandawer beirniadaeth Kierkegaard o'r ddysgeidiaeth hon. 'Ac yn awr am y prawf o hanes! ''Onid oes deunaw canrif er pan fu Iesu byw? Oni phregethwyd Ei enw ledled y ddaear a'i gredu? . . . Ac oni phrofodd hanes yn ddigonol pwy ydoedd—sef Duw?'' Na, ni phrofodd hanes hynny, ac nis prawf i dragwyddoldeb. . . . Y mae'n ddigon hysbys fod Cristnogaeth wedi newid cyflwr y byd a thrwytho â'i dylanwad bob maes o fywyd, nes dywaid pawb bellach eu bod yn Gristnogion. Ond beth y mae hynny yn ei brofi? Y mwyaf y gall ei brofi yw fod Iesu Grist yn ddyn mawr, ei fod, ond odid, y mwyaf o feibion dynion. Ond Ei fod yn Dduw? O'r braidd.

'Os cychwynnir ceisio profi Duwdod Crist trwy dybio mai dyn ydoedd, ac yna ystyried hanes y deunaw canrif a ganlynodd Ei fywyd, gellir yn ddiogel ymresymu: mawr, mwy, mwyaf, tu hwnt i bob mesur y mwyaf o feibion dynion. Ond os cychwynnir gyda'r dyb ei fod yn Dduw, yna yn ebrwydd fe dynnir llinell trwy'r deunaw canrif; ni chwanegant ddim, ni thynnant ddim ymaith; ni phrofant, ni wrthbrofant. Canys anfesurol uwch yw sicrwydd y ffydd sy'n tybio'r Duwdod hwn. Ac amlwg yw na all dyn gychwyn ond o'r naill neu'r llall o'r ddwy dyb hyn.

'Os cychwynnir o'r olaf, popeth yn dda. Ar y llaw arall, os cychwynnir o'r gyntaf, yna amhosibl, heb gyflawni'r trosedd rhesymegol *metábasis eis állo génos*, neidio'n sydyn i gasgliad a rydd i ni'r ansodd newydd ''Duw'', fel pe gallai canlyniadau bywyd dynol, wedi cyrraedd rhyw bwynt arbennig, brofi'n sydyn fod y dyn hwn yn Dduw. Os tynnir y casgliad hwn, yna rhaid ateb y cwestiwn yma: Pa swm o effeithiau, treigl faint o ganrifoedd sy'n ddigon i'r prawf hwn? . . . Er enghraifft, yn y flwyddyn 300 o oed Crist, ai dyma'r sefyllfa—y profwyd bod Crist, nid eto yn Dduw, ond o leiaf yn rhywbeth mwy na'r dyn mwyaf a fu byw erioed? . . . Ac felly fod y sicrwydd o'i Dduwdod yn cynyddu gyda phob canrif, nes meddwn ni heddiw sicrwydd nad oedd argyhoeddiad y canrifoedd bore, o'i gymharu ag ef, yn ddim amgen na dyfaliad gwan? Ateber y cwestiwn hwn neu gadawer iddo—daw i'r un man yn y bôn.'

I gloi yr adran yma o'n trafodaeth. Gwrthrych diwinyddiaeth Gristnogol yw'r datguddiad dwyfol yng Nghrist y tystiolaethir iddo yn y Testament Newydd. Ac wrth ddatguddiad, golygwn yr hyn a olyga'r T.N., nid corff o syniadau cyffredinol am Dduw a ddysgwyd gan Iesu Grist, na theip cyffredinol o brofiad crefyddol a amlygwyd yn arbennig, neu yn ddigyffelyb, yn Ei fywyd Ef; gan hynny, nid peth y mae gan y meddwl naturiol dynol na'r gallu i'w ganfod na'r hawl i'w fantoli; gan hynny hefyd, nid peth i'w 'brofi' trwy ddulliau hanesyddol na chwaith ag offer y seicolegydd; gan hynny drachefn, nid ffrwyth ein hastudiaeth o 'Iesu Hanes', na hyd yn oed o'i fywyd mewnol. Oblegid nid oes yn yr holl bethau hyn ddim o'r rhwystr a ragwelodd yr Iesu pan ddywedodd, 'Gwyn ei fyd yr hwn ni rwystrir ynof fi', na dim o'r tramgwydd a'r ffolineb a gaffai Iddewon a Groegwyr ym mhregethu'r Efengyl. Neges yr Efengyl yw, nid fod dyn wedi llwyddo, diau trwy ddylanwad ac ysbrydoliaeth ddwyfol, i fyw bywyd tebyg ei werthoedd i fywyd Duw, ond fod Duw wedi byw bywyd dyn. Gweithred yw'r datguddiad a gyhoeddir yn yr Efengyl, a'r gweithredydd yw Duw. Nid y Duw sydd, chwedl Rhamantiaeth ac Idealiaeth, yn 'organig i'r byd', ond y Duw a'i creodd, yr Arglwydd. Yr hyn a ofyn yr Efengyl yw, nid ymchwil bwyllog a phrawf digonol, fel pe bai hi i ymddangos gerbron brawdle dyn; pan bregethir yr Efengyl hon, fe'n gosodir ni gerbron brawdle Crist, a'r hyn a ofynnir gennym yw ffydd, credu'r hyn y *dywedir* wrthym fod *Duw* wedi ei *wneuthur* erom. Ni all Efengyl felly fod yn un enghraifft ymhlith llawer o Grefydd, oblegid 'nid oes iachawdwriaeth yn *neb* arall'; ni all chwaith fod yn rhan o ryw broses cynyddol o 'ddatguddiad' fel pe bai'n llinell wymon a farciai uchder y llanw ar adeg arbennig, oblegid y mae iddi ddyddiad a lle arbennig,

   Y gwaith gyflawnaist *un prynhawn*
   Ar fythgofiadwy *fryn*.

§ IV

Gan fod Diwinyddiaeth Gristnogol yn trafod yr hyn sydd o'i hanfod yn derfynol, yr hyn nad ysgydwir mohono, na thynnu oddi wrtho nac ychwanegu ato, am ei fod wedi ei wneud gan Dduw unwaith am byth; yn trafod gan hynny 'y ffydd a roddwyd unwaith i'r saint', gellid tybied y byddai yn y Ddiwinyddiaeth honno hefyd bethau nid ysgydwir, diffiniadau sy'n derfynol, megis y mae eu gwrthrych yn derfynol, ac na ellir gan hynny dynnu oddi wrthynt nac ychwanegu atynt. Dyma athrawiaeth anffaeledigrwydd yn ei dwy wedd, anffaeledigrwydd yr Eglwys ym mherson y Pab yn ôl dysgeidiaeth Rhufain, ac anffaeledigrwydd y Beibl yn ôl Ffwndamentaliaeth Brotestannaidd. Yr un yw hanfod y ddwy athrawiaeth fel ei gilydd, sef trosglwyddo awdurdod terfynol yr hyn a wnaeth Duw i'r mynegiant ohono yng ngeiriau dyn. Dan amodau arbennig, medd Cyngor y Fatican, 1870 (a chofier gaethed yw'r amodau hynny), 'fe nerthir y Pontiff Rhufeinig â'r anffaeledigrwydd hwnnw yr ewyllysiodd y Gwaredwr Dwyfol gynysgaeddu Ei Eglwys ag ef pan yw'n diffinio athrawiaeth mewn ffydd neu foesau, a chan hynny, y mae diffiniadau'r Pontiff Rhufeinig yn *anniwygiadwy* ohonynt eu hunain, ac nid trwy gydsyniad yr Eglwys'. Rhydd y Ffwndamentaliaeth Brotestannaidd, sy'n tarddu o un ochr o ddysgeidiaeth Calfin (nid Luther) yr un awdurdod i *lythyren* y Beibl. Geilw Calfin y Beibl yn 'llais Duw', dywaid i awduron yr Hen Destament ei ysgrifennu '*Deo intus dictante*', a disgrifia awduron y Testament Newydd fel *amanuenses* sicr a dilys yr Ysbryd Glân.

Ni ellir derbyn y naill ffurf na'r llall o'r ddysgeidiaeth yma. Golyga'r athrawiaeth Gatholig fod Duw, dan amodau a osodir gan yr Eglwys, wedi ymgysylltu â pherson arbennig, sef y Pab, yn y fath fodd ag i roddi iddo, fel meddiant terfynol, Ei awdurdod Ei Hun. Golyga'r athrawiaeth Ffwndamentalaidd fod Duw, yn derfynol a diamod, wedi ymgysylltu yn yr un modd â llythyren y Beibl. Dan yr amodau priodol gellir *diffinio'r* Pab fel llais Duw. Nid, sylwer, llais yn siarad *am Dduw*, ond llais Duw Ei Hun. Yr un modd, eithr y tro hwn, am mai â rhywbeth terfynedig yn y gorffennol y mae a wnelom, yn ddiamod, gellir *diffinio'r* Beibl fel Gair Duw. Nid, sylwer, tystiolaeth i Air Duw ('hwynt-hwy yw y rhai sydd yn tystiolaethu amdanaf fi') ond Gair Duw fel y cyfryw.

Rhaid gwrthod unrhyw athrawiaeth anffaeledigrwydd, gan hynny, am ddau reswm. Yn gyntaf, rhaid diogelu'r gwahaniaeth terfynol rhwng y meidrol a'r anfeidrol, Duw a dyn. Ni ellir cysylltu mynegiant (*predicate*) dwyfol â thestun dynol, heb wneuthur yr hyn a elwid yn athrawiaeth Person Crist yn 'gymysgu'r ddwy natur'. Ni *all* y meidrol gynnwys yr anfeidrol. Ac yn ail—sydd mewn gwirionedd yn rhan o'r cyntaf—rhaid diogelu rhyddid Duw. 'Fy ngogoniant ni roddaf i arall', boed ddyn, boed lyfr. Ni ellir clymu rhyddid Duw wrth *un* gair nac ysgrifen o eiddo dyn. Y mae yr Ysbryd yn chwythu lle y mynno, nid ar hyd y sianelau a osodir gan ddynion. Mewn gair, rhaid ymogelu yn anad dim rhag cymysgu'r trysor dwyfol a'r llestri dynol.

A ydym ynteu i gasglu nad oes dim perthynas rhwng yr hyn a wnaeth Duw a'r hyn a ddywedwn ni amdano? Na ato Duw. Byddem felly fel dall yn palfalu ar bared. Perthynas ddialectegol a thyndra dilacio ynddi yw'r berthynas rhwng datguddiad Duw a diffiniadau'r Eglwys. Ar y naill law, gŵyr yr Eglwys, fel Ioan Fedyddiwr, nad hi na'i chredoau yw'r Goleuni, ond gŵyr hefyd, lawn cyn sicred, fod yn rhaid iddi dystiolaethu am y Goleuni. Gŵyr ymhellach mai bloesg ac annigonol fydd ei thystiolaeth, ac 'na ddywaid tafod yn y byd, nac iaith ysgrifen ynddo'i gyd' yn iawn am wrthrych ei thystiolaeth. Serch hynny, o fewn terfynau ei meidroldeb, heb broffesu byth symud y cerrig terfyn, fe gred yr arweinir hi ym mhob argyfwng i fynegi ei ffydd, nid yn anffaeledig ond yn effeithiol, dan arweiniad yr Ysbryd Glân.

Fe welir felly mai'r gwahaniaeth hanfodol yw'r gwahaniaeth rhwng yr hyn y mae Duw yn ei wneuthur a'r hyn y mae'r Eglwys yn ei wneuthur; rhwng Ei ddatguddiad yn Ei Fab 'dan Bontius Peilat' a'r ffydd a bair yn y credinwyr ar y naill law, a phregethu a sacramentau a chredoau'r Eglwys ar y llall. Nid yw na phregeth na sacrament na chredo yn Air Duw ynddynt eu hun, geiriau dynol ydynt oll, heb unrhyw rym na gallu tu hwnt i ryw eiriau dynol eraill. Gwifrau ydynt i gario'r trydan dwyfol pan fynno Duw ac i'r neb a fynno.

Ceisir weithiau wahaniaethu rhwng crefydd a diwinyddiaeth, neu (gan Micklem yn *What is the Faith*) rhwng dogma a diwinyddiaeth, rhwng y sylfaen a'r goruwchadeilad, y canolog a'r ymylol, fel pe bai'n bosibl i ni, trwy ymddwyn yn briodol, a dilyn y ffordd hon yn hytrach na'r llall, ein dwyn ein hunain yn nes at Dduw. Pe bai Duw yn bwynt sefydlog y gellid dyfod yn nes ato trwy ddewis y llwybr cyntaf, byddai gradd o ystyr yn y gwahaniaethau hyn. Ond gan mai ni yw'r pwynt sefydlog—'pan oeddych *feirw* mewn camweddau a phechodau'—a Duw yw yr hwn sydd yn ein ceisio ni, yna mae'n amlwg mai'r hyn a wna Duw yw'r *unig* beth pwysig.

A chofio hyn, ni raid i ni, yn wir ni allwn, wahaniaethu rhwng crefydd a diwinyddiaeth, dogma a diwinyddiaeth. Y mae diwinyddiaeth yn rhan anwahanadwy o bob crefyddolder Cristnogol, ac nid yw'r llinell derfyn a esyd Micklem rhwng dogma, sef erthyglau canolog y Ffydd, a diwinyddiaeth, sef esboniad o'u golygiadau, yn sicr nac amlwg. Nid yw'r ddau, pe baent yn ddau, namyn mynegbyst yn cyfeirio oddi wrthynt eu hunain at Dduw.

Ond rhaid i fynegbost sydd i gyfeirio tuag at Dduw gyfeirio ato Ef ac at neb na dim arall. Gan hynny rhaid gwrthod unrhyw ddiwinyddiaeth sy'n sôn am Iesu Grist fel cynnyrch yr elfen ddwyfol mewn dyn. Duw, ac *nid* dyn. Gwader neu wanhau y cyferbyniad hwn, a phaid y mynegbost yn ebrwydd â chyfeirio tuag at Dduw. Yna, ymgnawdoliad terfynol ac anghyfryw, nid enghraifft o broses cyffredinol, er iddi fod yr enghraifft wychaf. Pwrpas y weithred hon, 'cymodi'r byd ag Ef Ei hun'. 'Canys mi a dderbyniais yr hyn hefyd a draddodais i chwi, farw o Grist dros ein pechodau ni, yn ôl yr Ysgrythurau.' Gan hynny, athrawiaeth ddwys o bechod sy'n gwybod y pwysau a fwriodd ddyn i lawr fel na *all* godi ohono ei hunan. Fe'i codir trwy yr hyn a wnaeth Duw y Tad yn Ei Fab ym Methlehem a Chalfaria a'r hyn a wna Duw yr Ysbryd Glân ynom pan gredom air y cymod. Yn yr hyn a wnaed 'dan Bontius Peilat' ac a wneir mewn llawer gardd mewn llawer Milan, mewn llawer capel yn Aldersgate Street, mewn llawer mynwent mewn llawer Talgarth, Duw yw'r Iachawdwr, ac Ef yw 'gwir awdwr a pherffeithydd y ffydd'. *Soli Deo gloria.* Gan hynny athrawiaeth y Drindod. Duw sydd yn datguddio, Duw a ddatguddir, a Duw a bair gredu Ei ddatguddiad—Duw y Tad, Duw y Mab, Duw yr Ysbryd Glân. Y mae'r Ymgnawdoliad a'r Drindod yn cydsefyll. Canlyniad anorfod dysgeidiaeth Schleiermacher a Ritschl oedd ymwrthod ag athrawiaeth y Drindod.

Yn arwyddion gwerthfawr o'r gweithredoedd nerthol hyn, credwn yr Enedigaeth o Forwyn a'r Bedd Gwag. *Gellir* credu'r Ymgnawdoliad heb yr Enedigaeth Wyrthiol, a'r Atgyfodiad heb y Bedd Gwag. Eithr nid cwestiwn y diwinydd Cristnogol yw sawl erthygl neu gymal o'r Credo y gall eu gwrthod heb beidio â bod yn Gristion. Ni fydd yn anodd i'r neb a gredo fod Duw wedi ymgnawdoli o gwbl, gredu hefyd iddo wneuthur hynny trwy Forwyn, nac i'r neb a gredo fod Duw wedi concro'r gelyn olaf, sef yr angau, gredu hefyd iddo ei ysbeilio o druan weddillion marwoldeb.

1942

Y Syniad Seciwlar am Ddyn

Er mai'r testun a osodwyd i mi oedd y syniad gwyddonol am ddyn, tybiais mai buddiolach i bwrpas y Gynhadledd hon fyddai cymryd golwg ehangach nag a awgrymid gan y gair 'gwyddonol'. Credwn mai'r hyn y disgwylid i mi ei drafod oedd y ffurfiau hynny o ddysgeidiaeth am ddyn sydd yn ei olygu fel bod hunanddigonol a'i hanfod, yn y pen draw, ynddo'i hun—'dyn mesur popeth'. A chofio hynny, ymddangosai'r gair 'gwyddonol' yn annigonol ac yn amwys; yn annigonol, am y gellid trafod rhai syniadau gwyddonol am ddyn heb gyffwrdd ag eraill, sydd ond odid yn llawer mwy a pheryclach eu dylanwad; yn amwys, oblegid y mae ystyr cwbl anseciwlaraidd i'r gair 'gwyddonol', ac ni charwn, er dim, wneuthur gwyddoniaeth a seciwlariaeth yn gyfystyron â'i gilydd o raid, er eu bod yn aml felly mewn ffaith. Gan hynny, fe drafodwn y dyn seciwlar yn ystyr letaf y gair, dyn *emancipatus a Deo*, dyn rhydd oddi wrth Dduw.

Wrth geisio diffinio'r dyn seciwlar, haws o lawer cychwyn gyda'r hyn a wad, yn hytrach na chyda'r hyn a haera. Yn hyn o beth y mae seciwlariaeth y canrifoedd diwethaf hyn yn debyg i Gnosticiaeth canrifoedd bore'r cyfnod Cristnogol—yn amryliw, symudliw, ac annelwig ei haeriadau, ond syml ac uniongyrchol ei gwadiad. A'r hyn a wedir ganddi yw gosodiad sylfaenol Cristnogaeth, y gosodiad a ailgyhoeddir gan yr Efengyl, o oes i oes. 'Fe'm lluniaist i Ti Dy Hunan,' medd Awstin; 'prif ddiben dyn yw gogoneddu Duw a'i fwynhau Ef yn oes oesoedd,' medd Catecism Byr Westminster; 'y Drindod Sanctaidd, y mae pob awdurdod yn deillio oddi wrthi, a phob gweithred ddynol i'w chyfeirio ati,' medd Cyfansoddiad newydd Eire. Y gosodiad sylfaenol hwn, mai o Dduw ac i Dduw yn unig y mae deall bywyd dyn, a wedir gan bob seciwlariaeth.

Ym mha ddull a gwedd bynnag y cais dyn ei ddeall ei hun ohono'i hun, boed hynny o'i orffennol a'i gychwyn, neu o'i ddyfodol a'i ddelfrydau, neu o ryw ddeddf yn gweithio yn ei natur a'i hanes, yno ceir seciwlariaeth. Nid yw sôn am 'Dduw' yn ddigon i osgoi hyn. Gall y seciwlarydd sôn am 'Dduw', ond nid y Creawdwr, yr Arglwydd, yr Achubwr, a olyga, ond ei hunan gorau mewn meddwl, gweithred, crefyddolder a diwylliant. I'r gwrthwyneb, fe ddywaid y Duw byw wrth ei athroniaeth, ei foesoldeb, ei grefydd a'i sefydliadau mai duwiau eraill ydynt 'ger Ei fron Ef,' a bod y neb a'u haddolo yn torri Ei orchymyn cyntaf Ef, onid yr ail hefyd.

Y mae'n werth aros ychydig gyda'r pwynt hwn. I'r seciwlarydd nid yw Duw yn Arglwydd, am nad yw na Chreawdwr nac Achubydd. Pan gydnebydd dyn mai Duw a'i gwnaeth ac nid ef ei hun, ac mai Duw a ddichon ei achub ac nid ef ei hun, fe gydnebydd Dduw yn Arglwydd, h.y., bod iddo hawl ddiamodol ar ei fywyd, hawl Un sydd, er iddo ymostwng i drigo trwy ras yn ei galon, eto y tu allan iddo ac yn dragwyddol uwch nag ef, gerbron yr hwn y mae megis llwch a lludw. Fe sonia am 'ragluniaeth fawr y nef' a bair i 'bob peth gydweithio er daioni i'r rhai sydd yn caru Duw', ac fe gân yn orfoleddus yn y mellt 'maddeuodd Duw fy mai'; fe weddïa 'Deled Dy deyrnas' ac fe obeithia am atgyfodiad y corff a'r bywyd tragwyddol. Ond i'r seciwlarydd nid yw geiriau fel hyn namyn ffanaticiaeth ddireswm, gweledigaethau gorffwyll yr hanner-pan a'r hunandwyllwr.

Creawdwr? Naw wfft i syniad nad oes dim yn ein profiad yn sylfaen iddo. Creadigaeth *allan o ddim*? O!'r amynedd meddwl a luniai'r fath ddychymyg cloff. Rhagluniaeth? Gofal a llywodraeth uniongyrchol a phersonol Duw yn Ei greadigaeth? Gall ein gwyddoniaeth hepgor syniad a dyr mor ddwfn o dan ei sylfeini. Maddeuant? Achubiaeth? Picellau gwenwynllyd a syrth yn ddiniwed oddi ar lurigau dur ein hunanddigonedd. Oblegid pa angen *maddeuant* sydd ar Gynnydd, a phwy a faidd gynnig *achubiaeth* i gyfiawnder gwreiddiol gwaed a phridd neu i reidrwydd y ddialecteg a ddwg yn ei iawn bryd un ai'r Gymdeithas Ddiddosbarth neu'r Idea Absoliwt? A gweddïo 'Deled Dy Deyrnas'? Fel pe bai unrhyw deyrnas ar wahân i dreigl hanes; fel pe na bai hanes ei hun *yn* ddyfodiad y deyrnas, ei theyrnas ei hun. Ac yn binacl ar yr ynfydrwydd i gyd, atgyfodiad y corff a'r bywyd tragwyddol: fel pe bai bywydau, ac nid Bywyd, yn 'anfarwol', a hyd yn oed pe bai rhyw fywyd hwnt i amser, fel pe bai gan y corff ryw gyfran ynddo. Na, yn erbyn y shibolethau hyn, cyhoedder gyda Blake 'Thou art a man, God is no more,' a chyda Swinburne 'Glory to Man in the Highest for Man is the "master of things"'. Ac os daw pethau i'r gwaethaf, a bod trefn natur yn lle bod yn gyfaill i ddyn, neu yn broses sydd yn ei gipio i fyny i'w pherffeithrwydd ei hun, yn elyn iddo ac yn arfaethu ei ddinistr—fe all o leiaf adeiladu ei hunanddigonedd, gyda Bertrand Russell 'on the foundation of unyielding despair'. (Nid damwain yw nad yn Gymraeg y ceir y datganiadau clasurol seciwlaraidd hyn. Fe sarhâ'r Cymry eu Duw a'i anghofio lawn cymaint â rhyw genedl arall, ond nis gwadant.)

Yn hanesyddol, plentyn y Dadeni a chyswynfab y traddodiad Groegaidd yw'r seciwlariaeth hon. Dywedwn 'cyswynfab' neu fab tybiedig y traddodiad Groegaidd o bwrpas. Oblegid nid oedd dim mewn ailddarganfod trysorau Groeg fel y cyfryw i esgor ar seciwlariaeth neu ddyneiddiaeth; fe'u cymathwyd lawer gwaith er dyddiau Origen ac Awstin hyd at Acwinas a Melanchthon a Chalfin â'r Efengyl. Fel mewn llawer cylch arall, fe ddargenfydd dyn yr hyn y daeth allan i chwilio amdano, ac y mae ei ateb eisoes wedi'i roddi yn ei gwestiwn. Yr oedd mor hawdd i Picodella Mirandola ddarganfod sylfeini dyneiddiaeth ag i Acwinas ganfod ategion yr Efengyl neu i Nietzsche olrhain amlinell y Gorddyn ym meddwl a llenyddiaeth Groeg. Plentyn y Dadeni, nid ei dad, ydyw'r 'traddodiad Groegaidd' y mae dyneiddwyr modern fel Gilbert Murray yn dal i'w gymell arnom fel 'gwir neges Groeg'.

Plentyn y Dadeni, meddwn, yw ein seciwlariaeth fodern, h.y., canlyniad yr ymchwydd aruthrol a ysgydwodd fywyd Ewrob yn y bymthegfed a'r unfed ganrif ar bymtheg, pan gododd balchder dyn yn erbyn y ddisgyblaeth grefyddol y ceisiasai'r Eglwys ei gosod ar fywyd y canrifoedd cynt. Diau i Eglwys yr Oesau Canol fyfyrio peth ofer pan dybiodd y gellid fferru bywyd megis yn y ffurf a gymerasai yn amgylchiadau economaidd a chymdeithasol arbennig y cyfnod hwnnw, a diau hefyd iddi gyfeiliorni trwy ei hystyried ei hun yn anniwygiadwy yn ei dehongliad o'r Efengyl. Ond, o leiaf, safasai dros rai pethau arhosol yn yr Efengyl. Yn arbennig maentumiai unoliaeth bywyd dan awdurdod yr Efengyl, a gwnaeth ymdrech deg i greu gwareiddiad cyfatebol. Yn y mater hanfodol hwn, nid oedd rhagor mewn egwyddor rhyngddi hi a'r Diwygwyr. Ni ddylai hyd yn oed y ffaith i'r Diwygwyr gytuno â'r egwyddor o *cuius regio eius religio* ('y brenin biau penderfynu crefydd ei wlad') ein camarwain i dybied eu bod yn bwriadu seciwlareiddio Cristnogaeth, oblegid ni wyddent hwy ac ni ddychmygent, mwy na'u gwrthwynebwyr Pabyddol, am wladwriaeth 'niwtral' mewn pethau crefyddol, fel yr eiddom ni. I'r Diwygwyr un oedd cymdeithas, ac wfftiasant y syniad o 'Eglwys Rydd mewn Gwladwriaeth Rydd' fel gwadiad o undod y gymdeithas Gristnogol.

Pan dorrodd y fflodiat ac ysgubo o'r dyfroedd ymaith yr awdurdod a'i cyfyngasai cyhyd, aeth popeth gyda'r llif. Bellach nid oedd unrhyw awdurdod y tu allan i ddyn y dylid plygu iddo, ef ei hun oedd yr awdurdod terfynol, ac wrth gwrs, nid oedd apêl oddi wrth ddyfarniadau y llys hwn lle'r oedd Dyn ar y fainc, a Duw yn y doc. Nid rhyfedd felly fod y Diwygwyr, a oedd newydd ddarganfod gras Duw ac anallu dyn, yn gweled yn y Dadeni berygl marwol i'r Efengyl a'i holl nerth. Ac mor ynfyd yw'r rhai a gais ddeall y Dadeni a'r Diwygiad fel dau flaguryn o'r un cyff!

Un o'r pethau gwerthfawrocaf a aeth gyda'r llif oedd unoliaeth bywyd. Cymerth yr holl feibion yr yhn a ddigwyddai iddynt o'r da ac aethant i wlad bell, cyn belled ag y gallent oddi wrth eu cartref, i fyw bob un ar ei liwt ei hun, ac wrth gwrs, yn afradlon! Collodd gwleidyddiaeth bob synnwyr o awdurdod moesol, soniodd y gwŷr busnes am ddeddfau haearn economeg ac ni wyddai'r gwŷr llên a'r artistiaid beth i'w wneuthur ohonynt eu hunain nes i rywun sibrwd y gair rhyddhaol 'Hunanfynegiant', yr union air, gyda llaw, ag a sibrydodd y sarff yng nghlust Efa.

Llwyddodd y Dadeni i rwygo bywyd Ewrob yn enw rhyddid ac annibyniaeth dyn. Chwarae teg iddo, tybiodd mai dymchwel i adeiladu o'r newydd yr ydoedd, yn well ac yn sicrach. Gellir adnabod nodwedd hanfodol meddwl y Dadeni ym mhob man wrth ei optimistiaeth braf a dibryder, ac yn enwedig wrth ei gred mewn rheswm ac addysg fel moddion anffaeledig dyrchafiad cymdeithas. Yn union fel y tybiodd Descartes y gallai'r rheswm pur ohono'i hun adnabod pethau fel y maent, felly y tybiodd gwŷr y Goleuo a'u dilynwyr heddiw, y gallai'r meddwl dynol, pes goleuid gan wybodaeth o'r wir athroniaeth, arwain cymdeithas o ogoniant i ogoniant, o berffeithrwydd i berffeithrwydd.

Ffurf arall, fwy empirig a 'gwyddonol' ar yr optimistiaeth hon yw'r gred mewn Cynnydd, sylfaenedig ar Ddarwiniaeth. Nid arhoswn yma gyda'r cwestiwn a oedd Darwin yn Ddarwiniad. Wrth Ddarwiniaeth fe olygwn y ddamcaniaeth fod llinell ddi-dor yn arwain o'r bywyd isaf hyd at ddyn, llinell o ddatblygiad a barheir nid y tu hwnt i ddyn ond ynddo gan warantu iddo trwy rym deddf berffeithrwydd mewn rhyw amser eto ymlaen. Ond sylwer fel y mae'r Ddarwiniaeth hon yn newid y syniad o ddyn. Math datblygedig o anifail ydyw dyn, ac yn union fel y gellir cael gwahanol fathau neu *species* o anifail arbennig, nid oes dim yn lluddias cael gwahanol *species* o ddynion. Edrychai hyd yn oed Aristotlys ar gaethweision fel math arall o ddyn y gallai gwŷr gwâr yn gyfiawn eu defnyddio a'u trin fel y mynnent—'offer byw' oedd ei air amdanynt. Ni wyddai Aristotlys ddim am athrawiaeth datblygiad, ac felly caethion yn unig a osododd o'r tu allan i ffiniau dynoliaeth. Bellach gwnaeth Darwiniaeth hi'n llawer haws i wneuthur hynny. Nid rhaid namyn dewis eich safon yn ofalus a gall unrhyw *Herrenvolk* gollfarnu'r genedl neu genhedloedd a fynno fel 'lesser breed, without the Law', h.y., heb Gyfraith yr *Herrenvolk*. Nid yn unig hynny, ond fe ellir trin dynion oddi mewn i genedl fel pe baent yn fath arbennig o anifeiliaid. Unwaith y collir y ddysgeidiaeth Gristnogol am ddyn, nid oes diwedd i'r hyn y gall dyn ei wneuthur i'w gyd-ddyn.

Ond efallai mai'r ffurf fwyaf poblogaidd a dylanwadol a gymerth hunanhyder dyn yn ein hoes ni yw'r athroniaeth wleidyddol Farcsaidd. Y mae'r deddfau rheidiol sy'n rheoli symudiad hanes yn arwain yn anorfod at y chwyldro mawr olaf, pan ddinistrir holl anghyfiawnder y gyfundrefn gyfalafol bresennol a thywys i mewn y ffurf olaf derfynol ar fywyd, y Gymdeithas Ddiddosbarth, lle y bydd cymaint sicrwydd a chydraddoldeb fel y gwywa olion olaf yr hen drefn, sef y Wladwriaeth a'i chyfryngau grym, yn llwyr. Y mae'n werth nodi y sieryd arweinwyr y proletariaid am ddosbarth y *bourgeoisie* yn union, *mutatis mutandis*, fel y sieryd arweinwyr yr *Herrenvolk* am, dyweder, yr Iddewon. Yr unig fath o ddyn yr ymddiddorant hwy ynddo yw dyn o ddosbarth arbennig, a'r unig beth a ystyriant o werth yn hwnnw yw'r modd yr ennill ei fara.

Yn hytrach na cheisio dymchwel y gwahanol syniadau hyn fesul un, ceisiwn chwilio am yr elfen gyffredin ynddynt, a chwilio fel Cristnogion. Gwelsom eisoes eu bod oll yn gwadu mai Duw yw diben a nod terfynol dyn. Ffordd arall o ddywedyd yr un peth yw mai oddi mewn i hanes y gwelant eu nod a'u diben, ac nad oes dim yn rhwystro dyn rhag cyrraedd y nod hwnnw, un ai fel rhan o broses rheidiol hanes, neu fel bod y mae ganddo'r holl adnoddau angenrheidiol o wybodaeth ac ewyllys i'w gyrraedd. Dyma, yn anad unman, y lle i Gristnogion ymaflyd codwm gyda'r athrawiaethau hyn. Nid oes a fynnom â'r cwestiwn pa faint o wirionedd neu o fudd na chwaith faint o gelwydd ac anfudd sydd ynddynt mewn cyfeiriadau eraill; digon i ni fydd eu cyfarfod ar y tir sylfaenol hwn; yma y sefir neu y syrthir.

Ond unwaith y deuir yn deg i'r afael, fe welir mor anodd yw cael gafael ar y gelyn. I'r rhai a gred mewn gwybodaeth ac addysg fel cyfryngau sicr dyrchafiad dyn, gallem ddangos fel y siomwyd y gobeithion disgleiriaf. Edrychai Condorcet ymlaen at adeg fuan pan fyddai dynion yn rhydd heb unrhyw arglwydd ond rheswm, a bwriadasai Descartes i'w 'Draethawd ar y Drefn Wyddonol' ddwyn y teitl 'Cynllun o Wybodaeth Gyffredinol, a ddichon ddyrchafu ein Natur i'w radd uchaf o Berffeithrwydd'. Ychydig ryfeddol a wnaeth hanes y tair canrif wedi Descartes a'r ddwy wedi Condorcet i gadarnhau'r ffydd hon. Ond wrth gwrs, fe ddaw'r ateb: 'Arhoswch dipyn yn hwy; rownd y tro nesaf y down i olwg yr hyfryd wlad; rhaid rhoi gwell cyfle i wybodaeth ac addysg; wedi codi oed gadael yr ysgol i 16, ac addysg uwchraddol a phrifysgol i bawb a'i dymuna, dyna pryd y daw pethau i drefn.'

Os *myn* dyn gredu mai anwybodaeth yw'r unig beth sy'n poeni dyn, yna pa fodd yr argyhoeddir ef?

Yr un modd gyda'r rhai a gred yn y Chwyldro Comiwnyddol fel porthladd dymunol antur y ddynoliaeth. Gellir dangos iddynt—a chwarae teg iddynt, buont yn pregethu hynny ers blynyddoedd eu hunain—na bu erioed y fath beth â chwyldro terfynol yn hanes dyn, fod pob un yn awr ei lwyddiant yn hau hadau ei farwolaeth, a pha achos fydd ganddynt dros gredu yr ymgeidw'r gwyfyn a'r rhwd rhag llygru'r chwyldro Comiwnyddol ac na thyr lladron trwodd a lladrata? Os dywedant, 'Ie, mae hynny'n ddigon gwir am chwyldroadau eraill, ond y waith hon fe fydd *coel*', beth a atebwn? (Sylwer nad dadl yn erbyn y Chwyldro Comiwnyddol yw hon, ond dadl yn erbyn tybio y gall ddod ag unrhyw ddigonedd terfynol i ddyn.) Os *myn* dyn gredu mai'r ffaith fod dosbarthiadau mewn cymdeithas yw'r unig neu'r prif beth sy'n poeni dyn, pa fodd y darbwyllwn ef?

A'r un modd drachefn gyda'r rhai sydd yn credu mewn Cynnydd. Os pwyntir allan iddynt yr holl lithriadau yn hanes dyn, atebant yn rhugl mai poenau tyfu ydynt, neu olion hen nwydau bwystfilaidd o lefel is o fywyd heb eto eu goroesi'n llwyr. Oni *welant* fod hylltod mwy o lawer nag a gydnebydd eu damcaniaeth yn y drygau a gydnebydd eu sylwadaeth, pa beth a wnawn, pa beth a *allwn* ei wneuthur? Ped apeliem at rasal Occam a cheisio derbyniad i'r ateb Cristnogol i'r broblem ar y tir ei fod yn rhoddi un esboniad yn lle llawer, fe apeliai'r Marcsydd at yr un awdurdod. Cyn sicred ag y gŵyr y Cristion mai'r Pechod sy'n Wreiddiol mewn dyn yw achos anorfod ei fethiant i gyrraedd unrhyw berffeithrwydd terfynol ohono'i hun, fe ŵyr y Marcsydd hefyd mai'r drefn gymdeithasol, sydd ar gael ei diwygio'n derfynol yn y Chwyldro Comiwnyddol, yw'r unig rwystr ar y ffordd. Ac er i ffeithiau diymwad brofi'n fuan, oni phrofasant eisoes yn wir, fod y dadansoddiad Marcsaidd o'r sefyllfa gymdeithasol a'r proffwydoliaethau Marcsaidd am gwrs ei datblygiad yn gwbl gyfeiliornus, eto, os *myn* dyn lynu wrth ei falchder a'i hunanhyder, buan y llunia ryw athrawiaeth arall, ryw ddehongliad arall o hanes a brawf i'w fodlonrwydd ef mai ef ydyw meistr ei dynged a chapten ei ddyfodol.

Diau fod lle i ddadlau yn erbyn seciwlariaeth ar ei thir ei hun, ac fe fydd hynny yn wastad yn rhan o waith amddiffyn yr Efengyl. Ond ni all fod yn gyfnewid am bregethu'r Efengyl, h.y., am osod dyn yng ngoleuni Ymgnawdoliad a Chroes Mab Duw, lle y gallo weled drosto'i hun fod ei bechod mor fawr fel na allai dim llai na gwneud y Gair tragwyddol yn gnawd, a'i ufudd-dod hyd angau'r Groes ei achub rhagddo. Nid oes neb wedi cael cyfle i ystyried *quanti ponderis sit peccatum*, faint yw pwysau pechod, onid aethpwyd ag ef i fynydd yr Olewydd ac i fryn Golgotha a'i wahodd i'w chwilio'i hun a gofyn ai trefn cymdeithas, neu ddiffyg gwybodaeth, neu olion bywyd is, ai ynteu ddrwg gwreiddiol sy'n tyfu trwy *bob* trefn gymdeithasol, yn cyd-dyfu gyda *phob* cynnydd mewn gwybodaeth, a goroesi *pob* datblygiad, a alwodd am yr Aberth rhwng yr hoelion dur.

1943

Gwaed y Teulu

'Efe a wnaeth o un gwaed bob cenedl o ddynion.'—*Actau xvii. 26 (a).*

Y bregeth glasurol—y bregeth—ar ddyletswydd y Cristion tuag at ei genedl, ac yn enwedig ar ddyletswydd y Cristion Cymreig tuag at y genedl Gymreig, yw pregeth y cenedlgarwr a'r Cristion mawr hwnnw, Emrys ap Iwan, ar 'Y Ddysg Newydd a'r Hen', a phe na wnâi'r tipyn hyn namyn hudo'r darllenydd i ailastudio'r bregeth honno yng nghyfrol gyntaf yr *Homilïau*, ni bydd yn ofer. Ac os gofyn rhywun paham ynteu y rhyfygwn megis i geisio peintio'r lili ddigymar honno, atebwn fod pob oes yn gofyn am ei phregethau ei hun yr un fel ag y cynhyrcha ei barddoniaeth a'i hemynau ei hun, er i'r rheini'n ddigon aml fod yn salach na champweithiau oesoedd eraill.

Ond y mae rheswm arbennig dros ailfeddwl perthynas y Cristion â'i genedl yn ein hoes ni. Y mae anawsterau yn wynebu'r Cristion heddiw na wybu cenhedlaeth Emrys ddim oll amdanynt. Nid yw byth yn ddigon mynegi egwyddorion cyffredinol yr Efengyl ar unrhyw bwnc, gan fod pob pregethu iawn yn *gyfarchiad*, y mae yn dywedyd rhywbeth *wrth rywun*, ac wrth y rhywun hwnnw yn amgylchiadau arbennig ei fywyd a'i sefyllfa ef ei hun. Gan mai drych yw'r bregeth i adlewyrchu'r gwirionedd tragwyddol i fyw llygad dyn, y mae'n rhaid ei throi megis i gyfeiriad y dyn a'i oddiweddyd yn y man lle mae, nid yn y man lle'r oedd ei dad na'i daid. Felly yn unig y gall *ef* weled.

Ac y mae'r Cymro heddiw yn sefyll yng nghanol amgylchiadau pur wahanol i Gymro oes Emrys ap Iwan. Ys gwir fod Kipling eisoes wedi sgrifennu ei *Recessional*, a Cecil Rhodes wedi ceisio cymhwyso ei syniadau yng nghefndiroedd Affrica a'r Sahib wrth gwrs eisoes yn gorfforiad llawn ohonynt yn yr India; eto ni freuddwydiai neb y blodeuai'r blagur diolwg hwnnw nes dwyn ffrwyth *'Blut und Boden'* ein hoes ni, ac y deuai hawl ddiamod y genedl hunanetholedig yn brif heresi Ewrop, ac y torrid, yn ei henw hi, y gorchymyn cyntaf a'r pwysicaf, 'Na fydded i ti dduwiau eraill ger fy mron i'. Y mae'n rhaid i'r neb a fynno sôn am ei ffyddlondeb i'w genedl ddangos yn eglur pa fodd yr ymgeidw rhag yr eilunaddoliaeth

166

hon. Rhaid yw iddo ddangos lle'r genedl mewn trefn *Gristionogol*; rhaid iddo ddangos *terfynau* ei hawl.

Ond, o'r ochr arall, terfynau ei *hawl* a'i hawl *ddwyfol*. Y mae digon o feddylwyr arwynebol yn barod i ymresymu, am fod terfynau i hawl cenedl, nad oes iddi hawl o gwbl, a chan mai trosedd yn erbyn Duw yw gwneuthur eilun ohoni, pechod yn ei erbyn Ef hefyd yw ei bodolaeth—am na ddylid ei haddoli, meddant, ni ddylid ei charu chwaith. Dynolryw, yn ôl y ddysgeidiaeth hon, yw unig wir wrthrych cariad y Cristion, a rhwystr i'r cariad hwnnw yw'r genedl a'i hawl arno. Buasai'r ddadl yn gysonach, er nad yn rymusach, pe cymhwysid y ddadl at hawliau dosbarth. Rhyfedd mor barod ydynt, yn enw Cristionogaeth, i warafun i'r genedl yr hyn a gydnabuant i'r dosbarth, heb sylwi bod y 'ddynolryw' os yw'n ehangach na'r genedl, yn llawer mwy felly na'r dosbarth.

Yn awr dalier dysgeidiaeth yr Apostol wyneb yn wyneb â'r amgylchiadau hyn. Sylwer mai am genhedloedd y sonnir yma, nid am unigolion nac am wladwriaethau. Nid cyfres o unigolion na chwaith sefydliad a greodd Duw, ond cenhedloedd, h.y., cymdeithasau. Gwahaniaether yn ofalus iawn rhwng yr unigol a pherson. Wrth yr unigol golygwn y syniad am y dyn hunanddigonol nad yw'n dibynnu yn ei hanfod ar unrhyw berthynas a all fod rhyngddo a'i gyd-ddynion na chwaith ar ei berthynas â Duw. Bu dau brif gymhelliad i'r syniad hwn, balchder y meddwl Stoicaidd a fynnai felly ddyrchafu dyn, a thrachwant y meddwl cyfalafol a fynnai ei ysglyfaethu. I'r naill, pethau i godi'n uwch na hwy yw perthnasau naturiol bywyd, i'r llall amddiffynfeydd i'w darostwng. (Etifedd y meddwl cyfalafol hwn yw'r Wladwriaeth gynlluniol hollalluog.)

Hanfod y darlun Beiblaidd o ddyn ydyw y person cymdeithasol. Nid atodiadau mympwyol a didoladwy yw ei amryfal berthynas â chymdeithas ond rhan anwahanadwy ohono. Dwfn iawn yw arwyddocâd yr ymadrodd 'Nid da bod y dyn ei hunan'. Fel pe bai'r Creawdwr ei Hun yn cydnabod nad oedd ei ddelw Ef yn gyflawn ar y dyn a wnaeth nes ei osod mewn cymdeithas. Un o'r mathau o gymdeithas y bwriadodd Duw i ddyn berthyn iddi, medd yr Apostol, yw'r genedl. Y mae hi, fel y teulu y mae'n ehangiad ohono, yn rhan o ffrâm ddwyfol-ordeiniedig bywyd dyn.

Y mae priodoldeb arbennig rhwng y ddelw ddwyfol a natur gymdeithasol dyn, oblegid nid yw Duw ei Hun yn undod moel, eithr bodola yng nghymdeithas Tad a Mab ac Ysbryd Glân. Megis ohono Ef yr enwir pob tadolaeth yn y nef ac ar y ddaear, felly ohono Ef yr enwir pob cymdeithas.

'*Efe* a wnaeth o un gwaed bob cenedl.' Dyna ben ar bob cais o eiddo'r Cristion i osod y genedl yn lle Duw. Anghrist yn unig a wnâi hynny. A gyfyd y peth ffurfiedig yn erbyn yr hwn a'i ffurfiodd neu a fyn y priddgist yr awdurdod na pherthyn ond i'r crochenydd? Creadur ydyw yntau hefyd, ac fel pob creadur yn ddarostyngedig i ddeddf yr hwn a'i gwnaeth. Nid ffynhonnell, ond sianel, nid arglwydd ond gwas.

'Efe a wnaeth o *un* gwaed bob cenedl', boed Iddew neu Roegwr, Ffrancwr neu Almaenwr, Sais neu Gymro. Dyna ben ar bob syniad o *Herrenvolk* neu *'lesser breeds without the Law'*. Canys dyna undod dyn unwaith am byth. Ond sylwer, serch hynny, sut. 'Dyn yw dyn ar bum cyfandir', medd Elfed, ond ni bu'r ffaith honno mor amlwg i bawb ag ydyw i Elfed a'r Cristion Cymraeg. Nid oedd mor amlwg, er enghraifft, i Aristotlys, meddyliwr mwyaf y Gorllewin, na chwaith i athronwyr fel Nietzsche a Hegel a'u gordderchfeibion, Natsïaid pob gwlad. Y mae'n amlwg i'r Cristion, ond nid, sylwer eto, fel yr oedd yn amlwg, dyweder i feddylwyr y Chwyldro Ffrengig a'u rhesymaeth. Iddynt hwy, gwirionedd y rheswm naturiol ydoedd, yn gynwysedig yn eu diffiniad hwy o ddyn fel bod rhesymol, yn ôl y traddodiad Groegaidd. Ond i'r Cristion gwirionedd datguddiad ydyw. Y mae dynion yn un am mai delw yr un Duw sydd ar eu creu, ac am mai marwolaeth Unig-anedig Fab y Duw hwnnw yw'r iawn dros eu pechodau. Y mae pob dyn yn frawd y bu Crist farw drosto. Mympwyol i raddau mwy neu lai yw pob diffiniad naturiol o ddyn, a gais ei ddehongli mewn rhyw dermau eraill amgen na'i berthynas â Duw; newidier y diffiniad ac fe newidir y cynnwys gan dderbyn rhai a gwrthod y lleill. Ond y mae diffiniad datguddiedig y Beibl yn anghyfnewidiol ac anniwygiadwy am mai diffiniad Duw ydyw, gan hynny, pan sonier am 'werth anfeidrol pob dyn', dylid yn wastad gofio nad ei werth annibynnol a olygir ond y gwerth a osodwyd arno gan y creu a'r marw dwyfol. Yn Nuw ac yn ei Fab yn unig y mae dynion yn un, ond yno y maent mewn gwirionedd yn un.

'Efe a wnaeth o un gwaed *bob* cenedl.' Nid ewyllys Duw oedd bod dynolryw yn unffurf a diamrywiaeth. Yn wir, os cywir ein casgliad nad oedd y ddelw ddwyfol yn gyflawn ar ddyn nes creu cymdeithas, am mai cymdeithas yw Duw ei Hun, nid rhyfedd mai yn amrywiaeth cenhedloedd gwahanol eu teithi a'u nodweddion yr ewyllysiodd

Duw i holl gyfoeth diriaethol ei syniad Ef am ddyn gael ei fynegi. Nid *idea* Blatonaidd a feddyliodd Duw, ond creu dynion a'r rheini'n genhedloedd. Un ddynolryw mewn llawer o genhedloedd. Nac anghofiwn ein bod trwy bwysleisio undod dynolryw nes dinistrio'i hamrywiaeth yn gwadu bwriadau Duw; yn arbennig ymgroeswn rhag cyhoeddi mai'r undod yn unig sydd yn ôl bwriad Duw—nid yw'r amrywiaeth namyn ein hatodiad annuwiol ac anufudd ni. Y mae'r unoliaeth na cheir mohoni ond ar draul amrywiaeth yn gymaint pechod yn erbyn Duw â'r amrywiaeth na fyn gydnabod undod. Y Duw a'u galwodd hwy o wlad yr Aifft, meddai Amos wrth genedl Israel, yw'r Duw hefyd a alwodd y Philistiaid o Caphtor a'r Syriaid o Cir. Nid oedd patrwm y cwrlid dwyfol yn gyflawn heb liwiau Philistia a Syria arno wrth ochr ysblander Jwda. Siaced fraith yw'r wisg a weodd Duw i'r ddynolryw, nid amgen. Nid drwg o beth fyddai i ni gofio bod lle ym myd Duw, beth bynnag am fyd dynion, i gyfraniad arbennig pob cenedl; nid da o beth fyddai i bawb droi'n Saeson neu'n Rwsiaid neu'n Americaniaid; eithr da yn hytrach fod Cymry yn ogystal â Saeson, Latfiaid yn ogystal â Rwsiaid, negro du yn ogystal ag Americaniaid gwyn.

Llawer dehongliad a gynigiwyd o dro i'w gilydd o hanes rhyfedd twr Babel. Y dehongliad ffasiynol, yn enwedig pryd mae 'cydgenedlaetholdeb' hanner-pan wedi rhedeg i gymaint rhysedd, yw mai cwymp y twr oedd trychineb mwyaf hanes, yn delweddu chwalu'r sanctaidd *Un* a rhoi'i le i'r aflan *Lawer*, ac nad oes well prawf o 'anaeddfedrwydd' ambell syniad am Dduw yn yr Hen Destament na'r hanes hwn lle y darlunnir Duw yn ei 'eiddigedd' yn dinistrio undod iaith a chymdeithas gan roi gorfod ar yr ugeinfed ganrif yng nghyflawnder yr amser i geisio cywiro'r cam trwy *Basic English* a'r Ymerodraeth nad yw'r haul byth yn machludo arni.

Onid oes ddehongliad arall posibl? Onid oes yma ddarlun o ddynolryw yn ceisio cadw ei hundod moel, ac felly yn ei hunanddigonedd yn troi yn erbyn Duw gan wneuthur eilun ohoni ei hun, yn union fel y gwnaeth cymdeithas nid annhebyg i adeiladwyr twr Babel, sef Ymerodraeth Rhufain pan geisiodd uno'r byd hysbys dan y duwiau '*Roma et Augustus*', sef ei gogoniannau hi ei hun? Er mwyn dyfod o'r ddynolryw yn ôl at lwybr ei fwriad Ef, chwalodd Duw yr au unoliaeth hon, megis y dywaid Paul i Dduw greu amrywiaeth cenhedloedd 'fel y ceisient yr Arglwydd', ac megis, mewn oesoedd diweddarach, y chwalodd unoliaeth bwdr Rhufain er mwyn cynhyrchu amrywiaeth gyfoethog yr Oesau Canol. Hyd yn oed yn y Pentecost cyntaf, nid siarad yr un iaith, ond peth hollol wahanol a llawer godidocach—deall ei gilydd er i'w hieithoedd fod yn wahanol yr oedd y gynulleidfa ryfedd honno—patrwm i bob Seiat Cenhedloedd—o Barthiaid, a Mediaid, ac Elamitiaid, a thrigolion Mesopotamia, a Jwdea, a Chapadocia, Pontus, ac Asia, Phrygia, a Phamffylia, yr Aifft, a pharthau Libya, yr hon sydd gerllaw Cyrene, a dieithriaid o Rufeinwyr, Iddewon, a phroselytiaid, Cretiaid, ac Arabiaid. A chredwn yn y Pentecost tragwyddol y bydd Bernard yno yn canu ei '*Jesu, dulcis memoria*', a Luther ei '*Ein' feste Burg ist unser Gott*', a Watts ei '*When I survey the wondrous Cross*', a Phantycelyn ei 'Iesu, Iesu, 'rwyt Ti'n ddigon', heb i Bernard anghofio ei Ladin, na Luther ei Almaeneg, na Watts ei Saesneg, na Phantycelyn ei Gymraeg, a heb i hynny rwystro mewn unrhyw fodd gynghanedd berffaith eu cyd-ddeall a'u cydganu.

1944

Karl Barth

Derbyniais y gwahoddiad i siarad am chwarter awr ar Karl Barth yn ddigon ysgafn a difeddwl, ond wedi dyfod i'r afael â'm pwnc ofnaf yn ddirfawr mai chwarter awr galed a fydd i mi ac i'm gwrandawyr. Nid yn unig y mae'n anodd dethol o gymaint toreth meddwl, ond oherwydd hynny byddaf yn sicr o godi gwrthwynebiadau na fydd obaith gennyf yn yr ychydig funudau hyn eu darbwyllo. Canys y mae Karl Barth yn debyg i'w Arglwydd o leiaf yn hyn, ei fod yn danfon nid tangnefedd ond cledd. Ef yw rhannwr mwyaf yr ysbrydoedd yn ein hoes ni. Ac y mae'r rhaniad yn rhedeg ar draws y rhaniadau enwadol, ac yn fy marn i yn bwysicach na hwy, gan ei fod yn cyffwrdd hanfod y ffydd Gristnogol. Ofer sôn am uno enwadau nes y ceir undeb ar natur y ffydd Gristnogol ei hun. Ofer sôn am gymhwyso'r Efengyl nes deall beth yw'r Efengyl sydd i'w chymhwyso, a sut y mae ei natur yn amodi ac yn effeithio ar ei chymhwysiad. Mewn geiriau eraill, rhaid diffinio'r ffydd Gristnogol, ac enw arall ar y gwaith hwn o ddiffinio yw diwinyddiaeth. Pan gyhoeddodd Karl Barth ei Esboniad ar y Rhufeiniaid, un ffordd a gymerth y gwrthwynebiad i dynnu ei golyn oedd trwy gydnabod yn hael fod Barth yn broffwyd mawr yn ddiau ond, fel pob proffwyd, heb fod yn hollol gyfrifol ar bob adeg. Gwrthododd Barth ymfodloni ar y gymeradwyaeth ddeufiniog a nawddogol hon, ac fe ymroes i ddangos y ddiwinyddiaeth oedd ymhlyg ym mhrif syniadau'r llyfr hwnnw. A byth er hynny ni pheidiodd â diwinydda. Eisoes y mae dau argraffiad o bum can tudalen yr un (yr ail wedi ei ailsgrifennu bron yn llwyr) o gyfrol gyntaf ei waith ar ddiwinyddiaeth yr Eglwys wedi ymddangos, ac y mae pum cyfrol gyffelyb eto yn aros eu hysgrifennu. Nid fel gwaith 'proffwyd' yr ebwch ffrwydrol darfodedig y myn Barth i'w waith ef gael ei gyfrif, ond fel darn o feddylwaith manwl a systematig, fel darn o ddiffinio diwinyddol Cristnogol. Mor arswydus i oes y *digests* yr ymddengys y chwe chyfrol ddiwinyddol hyn, ac mor llawen y croesewid hwy gan ein tadau, ac ond odid eu cyfieithu i Gymraeg.

Y mae pob diffinio, medd y rhesymegwyr, yn golygu negyddu; wrth ddywedyd beth yw peth, yr ydych yn yr un anadl yn dywedyd yr hyn nid yw. Ac weithiau y mae gwybod yr hyn nid yw peth yn help go sylweddol i ddeall yr hyn ydyw. Felly gyda Karl Barth. Bydd deall yr hyn yr adweithiodd yn ei erbyn a'i wrthod, yr hyn y dywedodd nad oedd Cristnogaeth, yn gymorth i ddeall beth yn ei farn ef ydyw.

Fel pob efrydydd diwinyddol arall yr adeg honno, aeth y myfyriwr ifanc o'r Swisdir i Brifysgol Marburg i eistedd wrth draed Wilhelm Herrmann, 'fy athro nas anghofiaf' chwedl Barth amdano. Herrmann oedd cynrychiolydd disgleiriaf ysgol Ritschl, y rhyddfrydiaeth fodernaidd honno a hanai o Schleiermacher, ac a ymddangosai fel pe bai wedi gosod ei holl elynion, gan gynnwys y Gristnogaeth draddodiadol, yn droedfainc i'w thraed. Edrydd un arall o hen fyfyrwyr Herrmann ei atgof o eiriau a lefarodd ei athro ar ddiwedd un sesiwn: 'Foneddigion, ond odid, ryw ddydd, pan gyfyd y dyfroedd at eich gyddfau, y daw rhyw air a leferais i wrthych i'ch cof, a helpu i'ch achub'. Ac yna chwanega'r disgybl, 'Fe ddaeth dydd pan gododd y dyfroedd hyd at ein gyddfau ond yn y llifeiriant hwnnw nid gair Herrmann na neb dyn arall a'n gwaredai. Rhaid oedd wrth Air gan Dduw'. Dyna hefyd brofiad Karl Barth. Ysgrifennwyd ei Esboniad ar y Rhufeiniaid yng nghlyw gynnau mawr ffrynt y Gorllewin, a chlywai hwy yn chwythu'n deilchion sylfeini'r rhyddfrydiaeth fodernaidd a ddysgasai gan Herrmann. Fe'i gyrrwyd i chwilio am sylfeini sicrach ac fe'u cafodd yn y Testament Newydd a'u cadarnhau gan ei astudiaeth o'r Tadau Protestannaidd, a'u hategu drachefn gan beth neu ddau a ddysgodd oddi wrth y Daniad gorffwyll ond ysbrydoledig hwnnw, Kierkegaard.

Beth ynteu oedd syniadau canolog y foderniaeth Ritschlaidd hon y gwnaeth David Adams ei enw trwy ei chyflwyno i Gymru ac y bu Miall Edwards yn brif ladmerydd ohoni yn ein plith? Ei syniad gwreiddiol yn ddiau yw'r syniad o ddwyfoldeb dyn a'i debygrwydd hanfodol i Dduw. Sylwer, nid rhyw ddyn delfrydol a fu neu a fydd rywbryd, ond dyn fel y mae, y dyn ffenomenaidd yr ydym ni oll yn gyfarwydd ag ef ac yn enghreifftiau ohono. 'Y mae mewn dyn,' meddai'r ysgol hon, 'allu cynhenid i dderbyn Duw.' 'Y mae Tragwyddoldeb ac Amser yn perthyn i'w gilydd. Gall Duw a dyn ymgyfarfod.' Gan hynny nid digwyddiad un waith am byth yw'r Ymgnawdoliad, ond yr enghraifft lawn o broses dwbl cyffredinol hanes, sef mudiad Duw tuag at ddyn a mudiad dyn tuag at Dduw. Canys hanes cynnydd mewn ymgnawdoliad yw hanes y cread. Beth yn wir yw'r holl greadigaeth ond ymgnawdoliad cynyddol o

Dduw, yn ôl gallu cynyddol y cread i'w dderbyn, rhyw gytgord a chydweithrediad rhwng Duw a dyn sydd yn cyrraedd ei anterth yn y dyn Iesu.

Y mae'n dilyn o hyn beth neu ddau. Gan fod hanes i gyd yn ddatguddiad o Dduw neu yn ymgnawdoliad ohono, ac nad oes felly unrhyw arwyddocâd difrifol iawn yn yr hyn a alwn ni yn bechod, y mae'r holl greadigaeth, ac ynddi hi wrth gwrs ddyn, yn teithio tuag adref, dyna ddeddf anorfod ei hanes. Nid yw pechod yn ddim ond anaeddfedrwydd y bydd amser yn sicr o'i symud, neu anwybodaeth y bydd addysg briodol yn sicr o'i ddileu. Y mae dyn yn hanfodol dda—nid yn dda iawn, nid yn berffeithiedig dda, ond yn bur dda. Y mae ganddo felly gyfraniad annibynnol ac anhepgorol i'w wneuthur i lwyddiant bwriadau Duw, yn union fel yr oedd ymgnawdoliad cynyddol Duw yn Iesu o Nasareth yn ymateb i'w gynnydd ef mewn profiad crefyddol. Fe wneir y cyfraniad hwn nid yn unig i'w iachawdwriaeth ei hun, ond hefyd i sefydlu teyrnas Dduw mewn hanes. Nid esbonir pa fodd y cysonir y gred mai yn Iesu o Nasareth y cyrhaeddodd proses ymgnawdoliad ei anterth â'r ffydd gadarn mai rhagddo y mae'r byd a'i hanes, hynny yw, yr un proses o ymgnawdoliad, yn dal i fyned. Y mae'n amlwg fod ffydd y diwinyddion hyn yn drech na'u syniadau, ac na allant oherwydd eu cariad at eu Harglwydd beidio â phriodoli iddo ryw arbenigrwydd terfynol na chaniatâ llythyren eu system. Mae llawer ohonom yn salach na'n diwinyddiaeth; diolch i Dduw fod llawer yn well na hi.

Dyna ynteu yn fras iawn y system optimistaidd y gwelodd Barth ei chwythu'n deilchion gan fagnelau cyflafan fawr y pedair blynedd. Yn awr nid ceisio cynnig hanes profiad crefyddol Karl Barth yr ydys, nac olrhain sut yn hollol nac ym mha drefn y datblygodd ei syniadau newydd. Rheitiach i ni yw ceisio eu gosod allan nid yn eu trefn enetig ond yn eu perthynas hanfodol a rhesymegol â'i gilydd.

Fe welir oddi wrth y braslun uchod o foderniaeth ryddfrydol mai dyn a'i alluoedd, ei Dduw-debygrwydd a'i Dduw-addasrwydd, yw cychwynfan yr ymresymiad. Calon a phrofiad dyn yw *locus* y datguddiad neu'r ymgnawdoliad dwyfol. Mesur y datguddiad yw mesur y profiad a geir, tu allan i'r profiad megis nid oes ddatguddiad. Ac y mae'r gallu i gael y profiad hwn yn allu cynhenid mewn dyn. Ynddo'i hun gan hynny y gorwedd amodau ei iachawdwriaeth.

Cychwyn Barth o gyfeiriad cwbl arall. Nid dyn a'i brofiad, ond Duw a'i Air. Yn erbyn y rhai a gais sylfaenu athrawiaeth o Dduw-debygrwydd ar ddysgeidiaeth y Beibl am greadigaeth dyn, sef i

Dduw ei greu ar Ei lun a'i ddelw Ei Hun, fe etyb Barth: (1) nad yw'r ddelw ddwyfol i'w phwysleisio mor drwm nes anghofio'r gair 'creu'. Duw yw'r Creawdwr, ac felly gan nad beth yw'r ddelw ddwyfol, ni all ddileu'r gwahaniaeth a'r annhebygrwydd hanfodol hwn, sydd yn gosod gwahaniaeth ansodd annherfynol rhwng Duw a dyn; (2) fod y ddelw honno, prun bynnag, wedi ei llwyr golli yn y cwymp, fel na all dyn mwyach na charu nac adnabod na gwneuthur ewyllys ei Greawdwr. Nid yw hyn, wrth gwrs, fel y mynnodd rhai, yn golygu bod dyn yn *gwbl* lygredig, yn yr ystyr o fod yn dalp digymysg o ddrwg; golyga yn hytrach fod holl weithgarwch dyn, boed dda neu ddrwg, yn sefyll dan arwydd yr anwybodaeth o Dduw, ac yn yr ystyr honno yn bechadurus.

Fe ddilyn gan hynny na all dyn ei achub ei hun. Oblegid collodd ei allu i dderbyn Duw, a hynny nid oherwydd ei feidroldeb, ond oherwydd ei bechod. Ofer disgwyl iddo aeddfedu i berffeithrwydd, canys nid aeddfeda afal pwdr i ddim ond pydredd mwy; ofer ei addysgu, canys ar ei ewyllys y mae'r nam—gosododd hunan yn lle Duw. Gall ei brofiad fod o ddiddordeb i seicolegwyr crefydd, ond nid oes ddim oll a wnelo â'i iachawdwriaeth.

Os yw i'w achub—ac nid oes ganddo hawl yn y byd i ddisgwyl hynny na chyfrif arno ar wahân i'r Efengyl—yna rhaid iddo gael ei achub gan un arall, gan yr un y pechodd i'w erbyn, neb amgen. Dywedir wrtho yn yr Efengyl fod hynny wedi digwydd ym mywyd a marwolaeth Iesu Grist ei Arglwydd. Nid Iesu Grist yr enghraifft drawiadol o ddoniau crefyddol eithriadol a (hyd yn hyn) digyffelyb, nid Iesu Grist uchafbwynt symudiad dyn tuag at Dduw, ond unig-anedig Fab Duw yn natur dyn, rhodd Duw i ddynion, nid rhodd dynion i Dduw.

Nid trwy ei brofiad y gŵyr hyn. Yr Eglwys sydd yn ei gyhoeddi iddo. Cynnyrch, nid achos, yw profiad crefyddol y Cristion. Ni waeth iddo heb na chwilio am brofion o'i wirionedd chwaith; nis caiff. Canys y mae pob prawf yn gweithio trwy ddwyn ffenomen arbennig dan ryw ddeddf gyffredinol. Ond nid enghraifft o ddosbarth yw Ymgnawdoliad a marw iawnol Mab Duw. Na, rhaid i ddyn gredu. Ond nid yw hynny yn gywir chwaith. Canys ni all gredu onis rhoddir iddo. Nid ei gyfraniad ef i'w iachawdwriaeth yw ei ffydd, canys y mae hithau, fel y gweddill oll, yn rhodd Duw iddo. Nid oes le i hanner-Pelagiaeth Moderniaeth yn nysgeidiaeth Karl Barth. Ymwybydd yn ddwys â holl oblygiadau hen arwyddair y Diwygiad, 'I Dduw yn unig y bo'r gogoniant'. Yn hyn o beth bu'n gysonach lawer na Brunner, a geisiodd ddiogelu rhyw gyfran, ni waeth pa mor fechan, i ddyn yn ei iachawdwriaeth ei hun.

Yn awr nid oes dim newydd yn hyn oll. Dyma hanfod yr Efengyl fel y ceir hi yn y Testament Newydd, fel yr ailgyhoeddwyd hi yn y Diwygiad Protestannaidd, ac fel y credir hi eto gan luoedd lawer o Gristnogion syml mewn llawer gwlad. Cymwynas fawr Karl Barth yw iddo ddwyn hen dramgwydd yr Efengyl yn ôl i'n byd hunanddigonol ni, heb ofni beth a ddywedai nac athronydd na gwyddon, gan edrych yn unig i'r hyn a ddywed yr Efengyl. Ni raid i eingion y gwirionedd ofni dim o'r gyrdd sydd yn disgyn arni; y mae yma eingion, ys dywedodd Beza am yr Eglwys, sydd wedi treulio llawer gordd, ac a'u treulia eto.

Nac anghofiwn mai cenadwri Karl Barth, cenadwri sy'n taro'n ddieithr onid yn chwithig ar glust llawer Cristion Cymreig heddiw, oedd testun llawenydd ein tadau ac ysbrydiaeth y godidocaf o'u hemynau. Ni chredaf y buasai Thomas Jones, Dinbych, yn fyr o gydnabod hynny. Oni roes yn un o'i emynau mwyaf grynodeb o hanfodion y Draddodiadaeth Newydd?

> Wel, arno bo'm golwg bob dydd,
>   A'i Aberth anfeidrol ei werth;
> Gwir Awdwr, Perffeithydd y ffydd,
>   Fe'm cynnal ar lwybrau blin serth;
> Fy enaid ymestyn ymlaen,
>   Na orffwys nes cyrraedd y tir,
> Y Ganaan dragwyddol ei chân,
>   Y Saboth hyfrydol yn wir.

1945

Teyrnged i
John Morgan Jones

Heddiw rhoesom John Morgan Jones i orwedd ym mynwent Glanadda, gyda Herber Evans a Thomas Rees, dyrfa ohonom o bob parth o Gymru, gweinidog a lleygwr, cyffredin ac ysgolhaig, disgybl ac athro, oll â'u briw dan eu bron o golli penadur o'n mysg. Fe ddaw'r amser pan ellir yn bwyllog ac mewn gwaed oer bwyso a mesur ei waith, a'i ddylanwad ar fywyd a meddwl Cymru, ond eto y bydd hynny. Fe ddaw haneswyr yr Eglwys i sôn am ehangder a dyfnder ei ddiddordeb yn nhwf a datblygiad meddwl ac ysbryd dyn, gweinyddwyr i ganmol y canfyddiad eglur a'r dadansoddiad awchlym a wnaeth ei farn o gymaint pwys yng nghynghorau'r Brifysgol a'r Enwad—heddiw rhoddwn ein teyrnged i'r cyfaill a'r dyn. Gyda'i farw ef, daw hefyd i ben gyfnod yn fy mywyd innau. Ugain mlynedd yn ôl, ar yr un diwrnod, fe'i hapwyntiwyd ef yn Brifathro a minnau yn athro yng Ngholeg Bala-Bangor; ymadawsom o fewn wythnos i'n gilydd, ef i'w wobr, minnau i waith newydd. Am holl ystod yr ugain mlynedd hynny bu ef yn llawen gyda'm llawenydd, yn drist gyda'm tristwch, bob amser yn ffrind ac yn amddiffynfa. Fe aeth darn o'm bywyd i'w fedd.

Ni bu erioed feddwl onestach yng Nghymru, neb bodlonach i ddilyn yr ymresymiad i ba le bynnag yr elai. Pleser ac adeiladaeth oedd dadlau ag ef. Ni wyddai ddim am y grefft o symud cerrig terfyn yn ddirgelaidd, er mwyn osgoi canlyniadau ei safbwynt. Ni ellid byth ei ddychryn, fel y gellir dychryn dynion llai, â bwgan canlyniadau. Unwaith y rhoddai ei law ar yr aradr, ni thrôi'n ôl er neb na dim. Dysgodd do ar ôl to o fyfyrwyr Coleg Bala-Bangor—rai i gytuno ag ef, eraill, ond odid, i anghytuno; ond bawb yn ddiwahaniaeth i barchu onestrwydd a diffuantrwydd meddwl. Niwlogrwydd meddwl a diffyg amcan yn ymguddio mewn cwmwl geiriau oedd ei gasbethau—sawl gwaith yn y Dosbarth Pregethu y tynghedodd ei fyfyrwyr i wybod a phenderfynu pa beth a fynnent ei ddywedyd a'i wneud yn eu pregeth? Eglur oedd fel disglair em.

Iberiad o'r Iberiaid yn ei bryd a'i wedd, ni bu neb annhebycach i'r syniad poblogaidd o'r Iberiad breuddwydiol barddonol.

Ychydig o farddoniaeth a glywais ar ei enau, nac mewn sgwrs nac o'r pulpud ganddo, a phrin oedd ei hapêl ato. Â dyn mewn cymdeithas, urddas ei ddynoliaeth, rhyddid ei bersonoliaeth yr oedd ei gydymdeimlad pennaf ef. Diwygiwr a chwyldroadwr mewn mwy nag un cylch ydoedd; diwygiwr nid yn ystyr deimladol y gair ond yn ei ystyr weithredol; yn hyn o beth perthynai'n bendant i'r traddodiad Annibynnol yn hytrach nag i'r hyn y gellir ei alw, o ddiffyg gwell enw, yn draddodiad Methodistaidd. Cydymdeimlad diderfyn â'r dyn ar lawr a gwanc a thrachwant am ei godi ar ei draed—ni allech fod yn ei gwmni am chwarter awr na theimlech y nwyd hon yn ei gynhyrfu. Nid oedd dim yn ddewisach ganddo na rhoi holl rym a miniogrwydd ei feddwl i agor ffordd o ymwared i druan fyfyriwr mewn perygl collfarn oherwydd anhyblygrwydd llythyren rhyw 'regulation' neu'i gilydd. Yr un modd, yn erbyn pob gormeswr cryf, cymerai blaid y gwan, plaid Iwerddon yn erbyn Lloegr adeg y *Black and Tans*, plaid y gweithiwr yn erbyn y cyfalafydd rheibus, plaid yr unigolyn yn erbyn y Wladwriaeth, er i honno fod yn Wladwriaeth Lafur. Drwgdybiai bob canoli ar draul rhyddid a chyfrifoldeb y gymdeithas fach a'r person unigol—a dyna, ond odid, hanfod yr efengyl Annibynnol yn ein hoes a'n cyfnod ni.

Ac at hyn oll yr oedd yn ddyn o'r addfwynaf. Hanesydd. Hanesydd Piwritaniaeth. Ni bu neb llai Piwritanaidd nag ef. Ni wybu ddim o'r sarugrwydd diheulwen hwnnw a gysylltir yn gyffredin â'r gair. Ni lwyddodd unrhyw lun ohono a welais i i guddio direidi caredig ei lygaid. Ni allai fod yn gas. Unwaith erioed y clywais iddo arfer geiriau celyd am neb, a hynny pan ofynnodd cyfaill iddo paham nad atebasai ymosodiad arno mewn papur lleol oherwydd ei agwedd at bolisi *Black-and-Tannery* y Llywodraeth: 'Nid wyf am wneud sylw,' meddai, 'o bob corgi bach sy'n cyfarth wrth fy sawdl'. O'r addfwyn yr addfwynaf, fel y gŵyr llawer cenhedlaeth o'i ddisgyblion. Ac ar ei wely angau, a'i lais wedi darfod a'i nerth wedi diffygio, ni phallodd y wên. Gwyn ein byd a'i gwelodd.

Dywedwn amdano yr hyn a ddywedwyd am addysgwr a Christion mawr arall, Syr Hugh Owen:

> Da wladwr duwiol ydoedd,
> A gŵr i Dduw o'r gwraidd oedd.

Y Tyst, 21 Mawrth 1946

Gwyrthiau

Ym mhob brwydr fe fydd rhyw fan, o gwmpas rhyw luman neu'i gilydd, lle bydd yr ornest yn dostach ac yn chwerwach nag yn unrhyw ran arall o'r maes. Mae hyn yn wir hefyd am fyd y meddwl a'r ysbryd. Mewn moesoldeb, e.e., o gylch y syniad o 'ryddid'; mewn gwleidyddiaeth o gylch y syniad o 'gynllunio', yr ymleddir ffyrnicaf. Yn y byd diwinyddol o gylch y syniad o 'wyrth' y bydd drymaf y bygylu. Ac nid rhyfedd hynny, canys ar yr agwedd a gymerir tuag at y syniad o 'wyrth', megis ar golyn, y try hefyd ein syniad am ddilysrwydd ac ystyr Cristnogaeth. Sylweddolir hynny'n rhwydd wrth gofio mai posibilrwydd neu amhosibilrwydd gwyrthiau yw asgwrn y gynnen rhwng un math o wyddoniaeth a chrefydd, ac ar y llaw arall mai pwnc gweddusrwydd neu anweddusrwydd gwyrthiau yw un o'r pethau sy'n gwahanu Traddodiadaeth oddi wrth Foderniaeth Gristnogol. Rhyfel ar ddwy ffrynt yw rhyfel y gwyrthiol: ar y naill law yn erbyn gwyddoniaeth fateryddol, ac ar y llall yn erbyn Moderniaeth Gristnogol.

Ond rhaid diffinio. Beth a olygwn wrth 'wyrth'? Nid y syniad rhamantaidd, sy'n diffinio gwyrth yn nhermau'r argraff a wna digwyddiad arbennig ar deimlad a phrofiad y neb a'i gwelo— diffiniad goddrychol a seicolegol yw hynny. Yn hytrach, fe'i diffiniwn yn ddiwinyddol a gwrthrychol fel 'ymyrraeth â natur gan Allu goruwchnaturiol'. Pan ddywedir fod rhywbeth yn wyrth, fe sonnir nid am ryw brofiad arbennig a gafodd rhywun yn rhinwedd rhyw deimladrwydd eithriadol nas medd y lliaws, ond am rywbeth a ddigwyddodd yn nhrefn hanes, ffaith gyhoeddus nid profiad preifat—'wedi hynny fe'i gwelwyd ef gan fwy na phum cant o frodyr ar unwaith'.

'Ymyrraeth â natur gan Allu goruwchnaturiol,' ynteu. Pan gyhoeddir fod y peth a'r peth yn wyrth, fe honnir i Allu goruwch-naturiol, neu'n fyr Dduw, mewn lle arbennig, ar adeg arbennig, ymyrraeth â threfn natur. Sylwer y maentumir tri pheth gan honiad felly: yn bennaf, fod y fath beth â threfn naturiol; yn ail, fod y fath beth yn bod â'r goruwchnaturiol, neu lefel wahanol ac uwch o fodolaeth; ac yn drydydd, y byddai ymyrraeth â natur yn weithred a weddai i'r Gallu goruwchnaturiol hwn, fel y byddai'n wiw ganddo wneuthur hynny dan amodau arbennig. Heb y tri amod hyn ni ellir gwyrth; ac y mae credu'r gwyrthiol yn golygu credu'r tri. Edrychwn arnynt beth yn fanylach: natur, Duw, ymyrraeth.

O graffu fe ganfyddwn fod y ddwy elfen gyntaf, sef natur a Duw, yn perthyn yn agos iawn i'w gilydd yn y diffiniad. Y pwynt hollbwysig yw ein bod yn cydnabod *dwy* lefel o fodolaeth, ac yn gwrthod yn bendant dderbyn y naill heb y llall. Ble bynnag y derbynnir y naill heb y llall, naill ai trwy wadu un ohonynt neu trwy eu cyddoddi, ni cheir gwyrth. Dyna paham na all na'r materolydd na'r idealydd neu'r pantheist ddygymod o gwbl â'r syniad o wyrth. Ni chydnebydd na'r naill na'r llall fodolaeth dwy lefel wahanol o fod; fel cariad pur, fe bery'r wyrth yn unig tra bo dau. Er eu hannhebyced mewn rhai pethau y mae materoliaeth a phob ffurf ar bantheistiaeth yn debyg yn hyn: ni chydnabyddant unrhyw wahaniaeth hanfodol rhwng lefelau bod. Y mae'r holl syniad o ymyrraeth gan hynny yn annealladwy iddynt.

Soniwyd uchod am y frwydr rhwng un math o wyddoniaeth a chrefydd. Brysiwn yn awr i chwanegu na all fod brwydr rhwng unrhyw fath o *wyddoniaeth* a chrefydd; yn unig pan gefna gwyddonwyr ar eu priod waith o astudio'r byd naturiol a throi yn athronwyr o fath arbennig, y cyfyd brwydr. Pan honnant nad oes unrhyw sylwedd y tu allan i'r byd naturiol a'i drefn haearnaidd, pan ddarostyngant ddyn a'i feddwl a'i ysbryd i fod yn ddim amgen na rhan o'r drefn honno, hynny yw pan drônt yn faterolwyr, dyna pryd y cyfyd y frwydr. Gochelwn ganiatáu iddynt fwrw cochl eu hawdurdod gwyddonol dros noethni eu materoliaeth.

Gochelwn hefyd ganiatáu dadl arall iddynt. Clywir yn ddigon aml ddadlau nad yw credu mewn gwyrthiau yn gyson â'r gred yn nhrefn natur. Ni bu erioed ddadl wannach. Y mae'r gred mewn gwyrth yn gofyn am gred yn y drefn naturiol. Onid e, pa fodd yn y byd mawr yr adnabyddem wyrth? Byd di-drefn, byd di-wyrth. Am y rheswm union a syml nad yw'n rhan o drefn natur i'r marw atgyfodi neu i ddyn gael ei eni o forwyn y gellir adnabod geni a marwolaeth Crist fel gwyrthiau. Profi rheol y mae pob eithriad. Lle bo popeth yn eithriad, nid yw dim felly.

Wrth gwrs y mae un peth i'w gofio ac i'w gydnabod, sydd yn dwyn perthynas â'r ddadl wyddonol hon, a dyma fo. Pe bai gwyrthiau yn digwydd mor aml ac mor annisgwyliadwy nes difetha'n llwyr ein ffydd yn ein gallu i ragfynegi'r dyfodol, yna byddai unrhyw fywyd dynol, boed bersonol neu gymdeithasol, yn amhosibl. Ni ddinistrid trefn natur, ond ni chaniateid iddi weithredu ond yn ysbeidiol, a byddai hynny'n farwol i ni ddynion. Eithr y casgliad i'w dynnu o'r ffaith hon yw, nid bod gwyrthiau yn anghyson â'r gred mewn trefn naturiol, ond na allwn oddef meddwl am fyd lle digwydd gwyrthiau yn fympwyol a diamcan. Ie, diamcan: dyna'r maen tramgwydd. Beth bynnag am resymeg noeth y peth, rhaid i ni ddynion, os credwn mewn gwyrthiau, gredu fod iddynt amcan, a'r amcan hwnnw yn ddealladwy i ni. Dyna paham na thrafferthwn hyd yn oed i ddechrau pwyso a mesur grym y dystiolaeth hanesiol i rai gwyrthiau tybiedig. Nid ymgysylltant ag unrhyw bwrpas dealladwy neu arwyddlon i'n bywyd ni.

Ond wedi ymdroi â'r is-ddadl hon, trown yn ôl at brif linell ein hymresymiad. Ymwrthyd materoliaeth â gwyrth, am nad oes iddi hi unrhyw sylwedd y tu allan i natur. Ymyrraeth o'r tu allan? Ond nid oes tu allan i natur, dim namyn tu mewn, ac y mae mor rhesymol credu bod natur yn ymyrraeth â'i thu mewn ei hun â chredu bod Beelzebub yn bwrw allan gythreuliaid.

Y mae'r un peth yn wir am bob math o bantheistiaeth neu ideal-iaeth absoliwt. Nid yn nhermau 'mater' a'i ddeddfau y dehongl hi unoliaeth Bod, ond yn nhermau'r hyn a eilw'n 'ysbryd'. Ond myn hithau lawn cymaint â materoliaeth mai un peth yn unig sy'n bod yn y pen draw ac mai agweddau rhannol ac felly anghywir ac annigonol ar yr un hwnnw yw gwahanol ffurfiau ein profiad. Y mae pob gwahaniaeth yn diflannu yn yr absoliwt. Hawdd iawn fyddai dangos mai dylanwad syniadau fel hyn, yn tarddu o athroniaeth Hegel, a yrrodd y syniad o wyrth dan gwmwl yng Nghymru yn y genhedlaeth ddiwethaf.

Hyd yma trafod brwydr gwyrth ar y naill o'r ddwy ffrynt, ffrynt yr athroniaethau gwrth-Gristnogol, y buom. Trown bellach at y ffrynt arall, lle'r ymosodir arni yn enw syniad 'uwch' am natur Cristnogaeth ei hun. O'i gyferbynnu â'r cyntaf, math o ryfel cartref rhwng Cristnogion â'i gilydd yw hwn. Maentumir y ddwy elfen gyntaf o'r diffiniad gan yr ysgol hon, sef bod natur, a bod Duw, a'u bod yn wahanol i'w gilydd; ond gwedir y drydedd elfen, sef addasrwydd y math o weithred a elwir yn wyrth i'r fath fod â Duw. Gan mai creadigaeth y Duw goruwchnaturiol yw natur a'i deddfau, yna rhaid credu ei bod yn berffeithgwbl a chwbl dan gamp, yn gyflawn ddigonol i bob galwad a allai ddod. Y mae sôn am wyrth, gan hynny, sef am ymyrraeth â threfn natur, yn gyfystyr â phriodoli annigonolrwydd i waith creadigol Duw, fel pe bai'r Creawdwr yn grefftwr anghelfydd dan raid ar adegau i glytio'i waith. Diau y gallai Duw gyflawni gwyrth, ond ni allai byth fod galw am hynny; byddai gwyrth yn agor agendor rhwng gallu Duw a doethineb Duw, a chan hynny'n rhwygo cyfanrwydd Ei natur. Geilw cysondeb Duw arnom i ymwrthod â'r gred mewn gwyrth. Unwaith, meddir, fe dybid mai'r gwyrthiau oedd yn profi gwirionedd Cristnogaeth. Bellach, fe welwn fod Cristnogaeth dan ddyled i hepgor y fath ategion amheus.

Pa fodd yr amddiffyn gwyrth ei hun yn erbyn y gelynion hyn? Yn gyntaf dim, fe ddengys yn eglur ar ba dir yr ymleddir y frwydr. Maentumir weithiau fod astudiaeth hanesiol yn gwrthbrofi gwyrthiau —nid unrhyw wyrth arbennig, cofier, ond gwyrth, fel y cyfryw. Pa un bynnag a oes Duw neu beidio, o leiaf, meddir, ni chyferfydd yr hanesydd ag ef mewn hanes. A cheisir trwy ddadleuon fel hyn roi'r argraff fod y neb a gredo mewn gwyrth yn *obscurantist*, yn rhedeg yn erbyn tystiolaeth hanes. Ond yr unig reswm na chyferfydd y math hwn o hanesydd â Duw mewn hanes yw, nid ei fod yn hanesydd da, ond ei fod yn dal athroniaeth arbennig. Nid ei astudiaeth o hanes, ond ei ragdybiau athronyddol ynglŷn â hanes a bair na chenfydd y gwyrthiol. O safbwynt astudiaeth hanes, y mae'r sawl a gredo mewn gwyrth ar gystal tir â'r sawl na chredo. Nid problem mewn hanes, ond problem mewn athroniaeth, yw gwyrth yn gyntaf oll.

Cyn gynted ag y gwelir nad brwydr sydd yma rhwng ffeithiau diymwad hanes a mympwyon crefyddwyr, ond rhwng athroniaethau a'i gilydd, fe esmwytheir y frwydr ac fe symudir yr amheuaeth fod amddiffyn gwyrth yn golygu aberthu didwylledd meddwl, a choelio'r anhygoel. Y mae'r ffordd yn rhydd bellach i ymladd â'r holl feddwl yn gystal ag â'r holl galon, a siawns wael sydd gan na materoliaeth na phantheistiaeth mewn dadl athronyddol. Ni fydd bwrw arfau yn y rhyfel hwnnw, ond ni fydd ofni colli'r frwydr chwaith, y boreddydd na'r prynhawn.

Ond beth am y rhai sydd am aberthu gwyrth er mwyn arbed cysondeb Duw? Pa beth a ddywaid gwyrth wrth yr eiddigedd sanctaidd hwn dros natur Duw?

Yn gyntaf, hyn: na allant ganfod cysondeb Duw ond mewn trefn ddeddfol a dieithriad, sydd yn gyfan ynddi'i hun. Mympwyol hollol yw'r fath dybiaeth. Paham na allasai Duw lunio trefn naturiol anghyflawn ynddi ei hun gydag adwyon a bylchau i'w cau o lefel uwch o fod? Megis na welir holl bosibiliadau mater nes i fywyd ymddangos, na holl bosibiliadau bywyd nes i ddyn ymddangos, felly hefyd gallasai Duw drefnu nad amlygai dyn chwaith ei holl bosibiliadau nes i'r goruwchnaturiol ymddangos yn ei fywyd. Nid clytio anghelfydd oedd codi mater i lefel bywyd, a bywyd i lefel ddynol; paham, ynteu, y mynnwn mai clytio anghelfydd fyddai ymddangosiad y goruwchnaturiol mewn hanes?

Yn ail, nid ydynt wedi rhoi ystyriaeth briodol i'r ffaith fod rhywbeth mawr wedi digwydd i greadigaeth Duw. Nid y greadigaeth a greodd Duw ar y dechrau yw'r greadigaeth y genir dynion iddi. Os yw pechod yn ffaith, ac os yw wedi amharu ar berthynas gynhenid natur â Duw, yna, os myn Duw ei hadfer ac ailgodi'r pwythau megis, lle collasai Adda hwy, nid rhyfedd fod galw am ymyrraeth neu wyrth. Wedi'r cyfan, pan fo un yn ceisio achub einioes gŵr ar fin boddi, ni thâl iddo arfer moesgarwch cyffredin y confensiynau cymdeithasol—byddai'r truan farw yn hir cyn eu cwblhau. Ac wedi y delo'r ddau i'r lan, nid yr achubedig a edliwia i'w achubwr ei ddiffygion cymdeithasol.

Ac yn drydydd, neges y Testament Newydd yw fod yr ymyrraeth honno wedi digwydd. Gallasai cysondeb Duw ei fynegi'i hun yn ddi-wyrth trwy adael i bechod dderbyn ei briod gyflog. Ond cysondeb arall yw cysondeb datguddiedig Duw, cysondeb cariad. Rhaid i iachawdwriaeth cariad fod yn wyrthiol. Dyna paham y mae'r Ymgnawdoliad yn gychwyn newydd na allasai na natur na hanes fyth ei roi ohonynt eu hunain. Er mwyn achub dyn, cychwynnodd Duw o'r newydd. A phwy na chydnebydd mai pris anfeidrol fach i'w dalu am y fath iachawdwriaeth yw cydnabod yn ostyngedig gyfiawnder yr ergyd i'n balchder dynol a rydd Adda'r Ail. Ni fynnem ddywedyd gyda rhai y profir yr Ymgnawdoliad gan wyrthiau eraill y Testament Newydd. Ond gwelwn yn eglur mai addas osgorddion y wyrth fawr yw'r gwyrthiau llai, a bod eu derbyn hwythau hefyd yn cryfhau ein gafael arni a chyfoethogi ein dirnadaeth ohoni.

1948

Duw a'r Anymwybod

Cytunais yn rhwydd â'r awgrym y byddai'r llyfr hwn[1] yn destun buddiol i sgwrs. Oblegid ei fater yw perthynas crefydd â'r seicoleg newydd. Ni chyfeiliornwn lawer pe dywedwn fod argraff bur gyffredinol ar led fod y seicoleg newydd wedi dadrithio crefydd yn derfynol, fod Freud wedi gwneuthur yr hyn y methodd Nietzsche ei wneuthur—lladd Duw. Ar ôl ergydion gwyddorau mater a gwyddorau bywyd, dyma wyddor y meddwl yn cwblhau dinistr Jerusalem megis, trwy ddangos sut y tyfodd y rhith yma yn y meddwl. Ni ddengys dim yn eglurach faint yr effaith a gafodd seicoleg ar y meddwl modern na'n cred ddiysgog nad rhaid ymboeni â gwirionedd unrhyw osodiad, neu werth unrhyw ymagweddiad os gellir dangos pa fodd a phaham y ffurfiwyd ef yn y meddwl. Ni wawriodd arnom y gall peth fod yn y meddwl am ei fod yn wir, ac nad yw esbonio'r modd y daeth yn amharu dim ar ei wirionedd. I ni, esbonio crefydd yw cael ei gwared, a hynny nid yn gymaint trwy ei gwadu â thrwy ei hanwybyddu. Oblegid nid oes dim *yno* megis i'w wadu na'i wrthod; tynnwyd colyn crefydd trwy ei hesbonio.

Nid yw Cristnogion, wrth gwrs, yn derbyn atitiwd fel hwn. Ymladdasant o'r blaen yn erbyn honiadau gwyddorau eraill eu bod wedi dinistrio sylfeini crefydd, a dyfod allan nid yn unig â'u ffydd heb ei dinistrio, ond a chanddynt well amgyffred ohoni oherwydd y frwydr; yn wir, yn aml iawn troesant y gelyn yn gyfaill. Ond y mae ganddynt ryw ymdeimlad anesmwyth mai gelyn anghymodlon, na ellir cytuno ag ef ar y ffordd nac yn unman arall, yw'r seicoleg newydd. Y mae arnynt angen cymorth yn y frwydr. A dyna, fe dybiaf, werth y llyfr hwn. Cais ddangos nad rhaid i'r seicoleg newydd fod yn elyn o gwbl. Os yw'n elyn i grefydd, yna am ei bod yn wyddonol yn cyfeiliorni, yn ôl ei safonau a'i data hi ei hun, y mae hynny. Pe deallai hi ei hun yn well, byddai'n gyfaill. Trwy gymharu syniadau Freud—a Freud yn bennaf sy'n gyfrifol am wedd wrthgrefyddol seicoleg yr anymwybod—â'r eiddo Jung, dengys yr awdur hyn yn eglur.

---

[1] Victor White O.P., *God and the Unconscious* (Llundain, 1953).

'Pan gaeir Duw allan o ystyriaeth dynion, yna gosodir yn anymwybodol rywbeth yn ei le,' medd Jung, a'i ategu gan hanes Ewrob yn ein hoes ni. Dyma awgrym eisoes bod angen cynhenid am Dduw neu am rywbeth i lanw ei le yn ein natur.

Dywedodd Jung mai o'r anymwybod y cyfyd y trachwant hwn am Dduw neu Annuw. Un o gategorïau sylfaenol a chwyldroadol seicoleg fodern yw'r anymwybod. Dealler: nid *gwybodaeth* o ffenomenau a gysylltir â'r anymwybod sy'n newydd—y mae llenyddiaeth yn llawn o dystiolaeth i'r wybodaeth hon; yr hyn sy'n newydd yw defnyddio categori yr anymwybod fel allwedd i'w hesbonio. Yn yr amser gynt fe'u priodolid i bob math o achosion naturiol a goruwchnaturiol, ac felly ni ellid astudiaeth drefnus ohonynt. Wedi llunio categori'r anymwybod, gellir bellach rywbeth tebyg i astudiaeth wyddonol. Wrth gwrs, nid yw'n gategori cwbl foddhaol; gan mai yn unig yn ei effeithiau canfyddadwy y gellir ei adnabod, ni wyddys ei faint na'i derfynau, ac felly ni ellir ei ddiffinio. Ond y mae'n rhaid wrtho pe na bai ond fel hypothesis i esbonio ac i'n helpu i ddelio â rhai o gyflyrau'r meddwl. Yr hyn sy'n bwysig yw ein syniad am gynnwys a natur yr anymwybod, beth bynnag am ei derfynau; pwysig, hynny yw, nid yn unig o safbwynt seicolegol, ond o safbwynt crefyddol, gan mai ym mherthynas y seicoleg newydd â Christnogaeth y mae ein diddordeb. Rhaid cydnabod, wrth gwrs, na all unrhyw seicoleg, boed a wnelo â'r anymwybod neu â'r meddwl cyfan, *brofi* dim ynglŷn â Duw; y cwbl a ddichon ei wneuthur yw, wedi y derbyniom Dduw, ein helpu i ddeall ac i olrhain ei ffyrdd yn y meddwl. Ond y mae rhagor rhwng seicoleg a seicoleg parthed cred grefyddol. Lle y gesyd y naill seicoleg feini tramgwydd ar lwybr ein ffydd, fe esmwythâ'r llall ein ffordd er y dylem bob amser ymgroesi rhag derbyn yr ail *yn unig* am y rheswm hwnnw, a thrwy hynny amharchu gwirionedd.

Ceir esiampl bwysig o'r gwahaniaeth hwn yn syniadau Freud a Jung am natur yr anymwybod a'i gynnwys. Anodd iawn, onid amhosibl, yw cysoni syniadau Freud am darddiad crefydd ag unrhyw ymdeimlad o'i gwerth, chwaethach o'i gwirionedd; gesyd Jung ar y llaw arall werth digyffelyb ar grefydd a'i golygu yn allwedd i iechyd llawn y meddwl.

Yn ôl Freud, nid oes dim yn yr anymwybod ond defnyddiau a wthiwyd i lawr yno o'r ymwybod; peth personol unigolyddol yw'r anymwybod megis yr ymwybod iddo. Y mae'r defnyddiau hyn oll yn agweddau neu ffurfiau ar y reddf rywiol sy yn y pen draw yn brif ysgogydd gweithrediadau dynol. Mynega'r reddf rywiol hon ei hun yn y plentyn yn y ffurf o ddymuno llosgach â'r fam. Gwrthodir hyn gan y farn gymdeithasol, ac felly fe drosglwyddir serch y plentyn at ei dad, a maes o law at Dduw fel tad mwy digonol na'r tad naturiol, h.y., crëir ffantasi 'grefyddol' yn lle'r diriaeth anfoddhaol. Nid yw crefydd felly namyn math o gyfnewid am y reddf ryw, neu, yn gywirach, un o'i heffeithiau, un o'r ffyrdd a gymer y meddwl i ddygymod â'i gymhellion dyfnaf ei hun mewn cylchfyd lle ni ellir eu gweithredu'n uniongyrchol.

Rhaid pwysleisio mai *effaith* yw crefydd, wedi ei *hachosi* gan y reddf ryw, a bod achosiaeth fecanyddol yn cydio'r naill wrth y llall. Gyda phob achosiaeth felly, o'r tu ôl megis y mae'r gallu yn gweithio fel yn y byd materol, ac anodd iawn peidio â dwyn penderfyniadaeth y byd hwnnw i mewn i'r meddwl.

Pan ddown at Jung, yr ydym mewn byd cwbl wahanol. Yn lle anymwybod Freud, heb gynnwys dim ond a osodwyd ynddo gan yr unigolyn, darganfu Jung yr anymwybod torfol; trwy astudiaeth fanwl o grefyddau a diwylliannau o bob math ac o bob oes, ynghyd â'i wybodaeth o gyflyrau meddwl y bobl a ddeuai ato i'w meddyginiaethu, daeth i ddeall nad rhyw *tabula rasa* (tabled ddiysgrifen) yw meddwl yr unigolyn, ond fod yn y meddwl unigol ddefnyddiau ac elfennau etifeddol. Megis ag yr etifedda dyn ei gorff, fe etifedda hefyd ei feddwl, a defnyddio'r gair meddwl i olygu'r *psyche* gyfan, ac yn enwedig yr anymwybod. Y mae yn y *psyche* unigol elfennau sy'n cydio'r unigolyn â phrofiadau hil. Sylwodd Jung fod y darluniau a'r symbolau sy'n codi'n naturiol o anymwybod dynion, er i'r symbolau hynny ddod o wahanol lefelau o ddiwylliant a chrefydd, ac er iddynt fod yn wahanol yn eu ffurf, yn *golygu* pethau tebyg, yn yr ystyr o ddwyn arwyddocâd cyffelyb. I'r ystyron a arwyddir gan y gwahanol symbolau hyn rhydd Jung yr enw 'archetype', prifdeip. Perthynant megis i ddefnydd crai ein natur, yn barod i'w mynegi mewn symbolau pan ddaw'r angen. Yn eu plith y mae prifdeipiau y Fam Fawr, y Tad, yr Ysbryd creadigol.

O edrych ar ddyn yn y goleuni yma, troir syniadau Freud wyneb i waered megis. Lle y gwelai ef y syniad o dadolaeth Duw, er enghraifft, fel cyfnewid am y tad naturiol, yn codi allan o anawsterau rhywiol bywyd y plentyn, gwêl Jung y tad naturiol ei hun fel symbol cyntaf y Dadolaeth Fawr ym mywyd y plentyn, yn codi, nid o anawsterau rhywiol y plentyn, ond o natur yr anymwybod torfol a gorfforir yn y plentyn. Nid ceisio datrys problem rhyw y mae'r plentyn, ond mynegi rhai o anghenion dyfnaf ei natur, ac nid ei natur ef yn unig ond y natur ddynol gyffredinol.

    Cymerer drachefn y reddf rywiol ei hun, y gosododd Freud gymaint pwys arni, yn enwedig yn ei mynegiant cyntaf fel yr awydd am losgach. Deil Jung mai'r gwir gymhelliad yw, nid y wanc am bleser, fel y myn Freud, ond yr awydd am ddychwelyd i'r groth, h.y. am ailenedigaeth. Wedi astudio'r ffeithiau, gwelodd Jung fod Freud wedi eu camddehongli a'u bod yn arwain at gasgliad hollol groes i'r eiddo ef. Nid dull o ailwisgo'n barchus yr awydd am losgach yw crefydd; yn hytrach y mae'r cynyrfiadau rhywiol a deimla plentyn, ac sydd yn gwbl ddiniwed ynddo, eu hunain yn symbol o awydd hanfodol dyn am gael bywyd a'i gael yn helaethach. Efallai mai geiriau'r Iesu wrth Nicodemus yw'r esboniad gorau o'r prifdeip hwn, megis y mae geiriau St. Pawl yn yr Epistol at yr Ephesiaid yn taflu goleuni ar brifdeip y Dadolaeth Fawr—'Tad ein Harglwydd Iesu Grist, o'r hwn yr enwir *pob* tadolaeth [nid 'yr holl deulu'] yn y nefoedd ac ar y ddaear'—er y dylid chwanegu nad prifdeip Jungaidd yw Tad ein Harglwydd Iesu Grist.

    Sylwer ar un gwahaniaeth pwysig arall rhwng y ddau safbwynt. Gwelsom wrth drafod Freud mai fel rhyw rym o'r tu ôl, tebyg i broses mecanyddol ym myd natur, y gweithia rhyw. Nid felly gyda Jung. Eisoes yr oedd Adler wedi ymadael â Freud oherwydd y pwnc hwn. Gwelodd bwysigrwydd yr hyn sy'n *tynnu* dyn, yn hytrach na'r hyn sy'n ei wthio, ei gymhellion yn hytrach na'i flysiau; ac felly gosododd yn lle nerth rhyw, yn gwthio o'r tu ôl, y wanc am allu, yn tynnu o'r tu blaen. Cytunodd Jung nad oedd gwthiadau rhyw yn ddigon, rhaid oedd wrth dynfa o'r tu blaen; ond gwrthododd ateb Adler mai'r wanc am allu oedd y dynfa honno. Rhoes ei ateb ei hun yn athrawiaeth yr 'archetypes'. Ei hystyr yn fras yw mai hiraeth yw hanfod natur dyn fel y ceir ef yn ei anymwybod, sef yn ei annelwig ddefnydd; saif ger ein bron fel creadur anghyflawn, fel y safai'r ysbrydion hynny gynt yn Fyrsil gan estyn eu breichiau mewn hiraeth am yr ochr draw. Ni allwn na chofiwn eiriau Sant Awstin, 'Ti a'n gwnaethost i Ti Dy Hunan, ac y mae'n henaid yn anesmwyth hyd onid ymorffwyso ynot Ti'. Ni all dysgeidiaeth Jung nac unrhyw seicolegydd arall brofi gosodiad Sant Awstin; ond dengys o leiaf fod tynfa natur dyn yn ei arwain at graig sydd uwch nag ef. Rhywbeth tebyg i hynny, medd awdur y llyfr, yw ystyr ymadrodd enwog Tertullian am yr *anima naturaliter christiana*, sef bod yr enaid neu'r *psyche* yn naturiol Gristnogol. Yr hyn a olygai Tertullian oedd, nid y gred a briodolir iddo gan foderniaid, sef bod rhyw ddaioni cynhenid mewn dyn sy'n hanfodol gydnaws â'r Efengyl, ond y dichon dyn, ond iddo edrych i mewn i'w enaid ei hun, ganfod y gwacter y cais yr Efengyl ei lanw a theimlo angen y bendithion a ddwg yr Efengyl.

Beth, ynteu, yw swm y cwbl a glybuwyd? Yn gyntaf, na all y Cristion ddisgwyl gan hyd yn oed seicoleg Jung brawf o'i ffydd, ond nad rhaid iddo ofni hyd yn oed gan seicoleg Freud wrthbrawf ohoni. Oblegid ni pherthyn na phrawf na gwrthbrawf o wirionedd crefydd i seicoleg. Dywedodd Jung ei hun nad oedd seicoleg yn gymwys i drafod gwirionedd neu realiti crefydd, ni all hi symud tu allan i faes y ffenomen, sef yr hyn a ymddengys; ac am yr un rheswm yn union nid oes gan Freud hawl i wadu posibilrwydd gwirionedd crefydd. Os oes Duw, ni ellir dweud na fedrai weithio trwy'r peirianwaith a ddisgrifir gan Freud, ond i ni wahaniaethu'n ofalus rhwng Freud y seicolegydd a Freud yr athronydd.

Ac yn ail, y gall y Cristion ganfod yn seicoleg Jung ategion i'w ffydd, trwy weled yn eglurach nag erioed yr hyn a alwodd Ann Griffiths yn 'addasrwydd' yr Efengyl, y modd y mae yn cyfarfod ag angen hanfodol dyn. Hawdd iawn credu mai'r Un a greodd ddyn oedd hefyd yr Un a'i gwaredodd, mae ôl yr un bysedd megis ar y ddau waith. Ac os felly, y mae'r Efengyl yn cyflawni, nid yn unig obaith yr Hen Destament a chenedl Israel, ond hiraeth dynoliaeth hefyd. Nid ofni seicoleg fel hon a ddylem ond ei chroesawu, ac edifarhau ein bod erioed wedi'n temtio i beidio â gweled ôl y llaw ddwyfol ar ei weithredoedd yn yr enaid dynol.

1954

Llyfryddiaeth ddethol o weithiau J. E. Daniel

D — *Y Dysgedydd*
EC — *Efrydiau Catholig*
E — *Yr Efrydydd*
F — *Y Faner ('Baner ac Amserau Cymru')*
H — *Heddiw*
T — *Y Tyst*

Lle na nodir enw cylchgrawn, golyga hynny, yn Gymraeg, *Y Ddraig Goch* ac yn Saesneg, *The Welsh Nationalist*

1. *Ysgrifau Crefyddol:*

'Ymddiddanion Malines, 1921-25, E, (Ebrill 1928), 183-6, (Mehefin 1928), 229-31, (Gorffennaf 1928), 183-86.
'Gair Duw a Gair Dyn', adolygiad o gyfrol Karl Barth, *The Word of God and the Word of Man*, E, (Mehefin 1929), 251-5.
'Diwinyddiaeth Cymru', adolygiad o gyfrol D. Miall Edwards, *Bannau'r Ffydd*, E, (Tachwedd 1929), 118-22, (Chwefror 1930), 173-5, (Mai 1930), 197-203.
'Eglwys Crist yn Hanfodol i Efengyl Crist', *Adroddiad Undeb yr Annibynwyr Cymraeg* (Abertawe, 1930), 107-11; cf. T, (12 Mai 1930).
'Pwyslais Diwinyddiaeth Heddiw', *Sylfeini'r Ffydd Ddoe a Heddiw*, John Wyn Roberts, gol. (Llundain, 1942), 81-92.
'Gwaed y Teulu', *Sylfeini Heddwch 2*, S. B. Jones ac E. Lewis Evans, goln. (Abertawe, 1944), 11-15.
'Karl Barth', D, (Ionawr 1945), 7-10.
'Y Syniad Seciwlar am Ddyn', *Cynllun a Sail* (n.p. 1946), 12-20.
'John Morgan Jones: Teyrnged', T, (21 Mawrth 1946), 3.
'Gwyrthiau', D, (Chwefror 1948), 32-6.
'Duw a'r Anymwybod', EC, (1954), 13-16.

2. *Ysgrifau Gwleidyddol*

i. 'Trwy'r Sbienddrych' yn *Y Ddraig Goch*

'Diarfogiad a Diogelwch', (Tachwedd 1932), 5.
'Iapan, Lloegr a Genefa', (Rhagfyr 1932), 5.
'Ahab a Gwinllan Naboth', (Chwefror 1933), 5.
'Gwahanglwyf Gwirfoddol', (Ebrill 1933), 5.

'America a Heddwch', (Mehefin 1933), 5.
'America a Chyd-Genedlaetholdeb', (Awst 1933), 5.
'Cwymp Genefa', (Tachwedd 1933), 5.
'Marwnad Genefa', (Ionawr 1934), 5.
'Cyfrifoldeb Lloegr', (Mai 1934), 5.
'India', (Gorffennaf 1934), 5.
'Poland a Locarno'r Dwyrain', (Medi 1934), 5.
'Polisi Tir Hitler', (Mawrth 1935), 5, 8.
'Medi'r Corwynt', (Mai 1935), 5, 8.
'Brawd Mygu yw Tagu', (Gorffennaf 1935), 5.
'Imperialaeth yn Rhith Cyfiawnder', (Hydref 1935), 5, 8.
'Heddwch yn y Glorian: Dau Ddewis Lloegr', (Rhagfyr 1935), 5.
'Lloegr a'r Eidal', (Chwefror 1936), 5.
'Cychwyn Newydd i Ewrop', (Ebrill 1936), 5.
'Tranc Abysinia: y Cwest', (Mehefin 1936), 5.
'Esbonio Helynt Sbaen', (Medi 1936), 5.
'Yr Eidal a'r Almaen', (Ionawr 1937), 5.
'Eire a Phalesteina—Cymhariaeth', (Chwefror 1938), 7.

ii. Colofn olygyddol *Y Ddraig Goch*

'Y Genedl Gymreig mewn Rhyfel', (Medi 1939), 4, 7.
'Niwtraliaeth Barn', (Hydref 1939), 4.
'Dros Pa Beth a Ymleddir?', (Tachwedd 1939), 4.
'Cenedlaetholdeb a Chydwybod', (Rhagfyr 1939), 4, 6.
'Ffinland', (Ionawr 1940), 4.
'Adolwg a Rhagolwg', (Mawrth 1940), 4, 8.
'Cabledd', (Ebrill 1940), 4.
'Safle'r Gwledydd Bychain', (Mehefin 1940), 4.
'Argyfwng', (Mehefin 1940), 2.
'Beth a Wnawn?', (Gorffennaf 1940), 2.
'Gwrthod Cyfle Arall', (Awst 1940), 2.
'Apêl', (Hydref 1940), 2.
'Amddiffyn Cenhedloedd Bychain', (Tachwedd 1940), 2.
'Diogelu Diwylliant Cymru', (Rhagfyr 1940), 2.
'Gwragedd a Phlant y De', (Ionawr 1941), 2.
'Gwaed Gwirion', (Chwefror 1941), 2.
'Teirnos Tân Abertawe', (Mawrth 1941), 2.
'Ysgolion Sir a'r *Air Training Scheme*', (Ebrill 1941), 2.
'Bwyd ac Arian', (Mai 1941), 2.
'Cydnabod Polisi Ymogelu'r Blaid', (Mehefin 1941), 2.
'Y Dr Thomas Jones', (Gorffennaf 1941), 2.
'Gwaith yr Haf', (Awst 1941), 2, 3.
'Iaith Carson', (Ebrill 1942), 2.

iii. Erthyglau blaen *Y Ddraig Goch*

'Buddugoliaeth i Bwy?', (Ionawr 1940).
'Y Barnwr Artemus Jones a Chenedlaetholwyr Cymreig', (Ebrill 1940).
'Y Rhyfel a Chymru: Tynged Gwledydd Bychain', (Mehefin 1940).
'Rhagrith Lloegr', (Gorffennaf 1940).
'Pam na cheir Heddwch?', (Awst 1940).
'Ystyriaethau wedi Blwyddyn o Ryfel', (Medi 1940).
'Tanseilio Gwareiddiad er mwyn Ennill Rhyfel', (Hydref 1940).
'Rhyfel dros Arianwyr Llundain', (Rhagfyr 1940).
'Bradwriaeth Aelodau Seneddol Cymru', (Ionawr 1941).
'Pwy yw Bradwyr Cymru?', (Ebrill 1941).
'Heddwch heb Fuddugoliaeth', (Mai 1941).
'Perthyn ein Gwlad i ni, ac fe'i Mynnwn!', (Mehefin 1941).
'Dim ond Gormes o'r Ddeddf hon', (Gorffennaf 1941).
'Nid oes y fath Wlad â Chymru!', (Awst 1941).

iv. Erthyglau cyffredinol yn *Y Ddraig Goch*

'Economeg y Blaid, I', (Ebrill 1934), 2.
'Economeg y Blaid, II', (Mehefin 1934), 7-8.
Ateb i'r Parchg R. H. Hughes, (Mai 1938), 11, 13.
Teyrnged i Saunders Lewis, (Awst 1939), 1.
'Cenedlaetholdeb a'r Wladwriaeth, I', (Medi 1939), 4.
'Cenedlaetholdeb a'r Wladwriaeth, II', (Hydref 1939), 3, 6.
'Cenedlaetholdeb a'r Wladwriaeth, III', (Tachwedd 1939), 5.
'Sedd y Brifysgol', (Rhagfyr 1942), 2-3.
'Breuddwyd Hudson Wledig', (Chwefror 1944), 1, 3.
'Paham y mae Iwerddon yn Newtral?', (Gorffennaf 1944).
'Gwersi Dyffryn Tennessee', (Tachwedd 1944), 1-2.
'Werin Cymru, Deffro!', (Mawrth 1945), 1.

v. Ysgrifau yn *The Welsh Nationalist*

'Some Reflections on the Imperialism of the English Labour Party', (October 1939), 1-2.
'Wales Expects Every Welshman to do his Duty—to Wales', (November 1939), 1.
'The New Crusade', (December 1939), 1.
'Bethlehem and Downing Street', (January 1940), 1-2.
'Allegiance', (February 1940), 1.
'The Demands of Moloch', (March 1940), 1.
'The Defender of Small Nations', (April 1940), 1.

Llyfryddiaeth Ddethol *191*

'Moloch's Victims', (May 1940), 1.
'Welsh Nationalism and the War', (June 1940), 1.
'Wales in the Firing Line', (July 1940), 1.
'England and the Small Nations: a Lesson', (August 1940), 1.
'Aims and Methods of the War', (September 1940), 1-2.
'Altruism, Welsh and English', (October 1940), 1, 3.
'Terra Incognita', (November 1940), 1.
'Coal', (December 1940), 1.
'For Socialists Only', (January 1941), 1, 3.
'Life and Language', (February 1941), 1.
'Aceldama', (March 1941), 1, 3.
'Peace and its Forelock', (April 1941), 1.
'Night Bombing', (May 1941), 1.
'Wales and Europe', (June 1941), 1.
'God-Churchill-Stalin Axis?', (July 1941), 1, 4.
'Wales—To Be Or not To Be?', (August 1941), 1.
'More-Brabazon and the Cat that Got Loose', (September 1941), 1.
'The Way the Wind Blows', (October 1941), 1.
'The Rising Tide', (February 1942), 1.
'The Case of Dr Tom Jones', (April 1942), 1.
'The Party of Wales', (June 1942), 1.
'Wales—Make or Break', (December 1942), 1, 4.

3. *Erthyglau Amrywiol Eraill*

Adolygiad ar gyfrol Ambrose Bebb *Llydaw*, E, (Gorffennaf 1929), 269-73.
'Myfyrdod Byr', H, (Mawrth 1938), 282-3.
'Llythyr Agored at W. J. Gruffydd', F, (5 Mawrth 1941), 8.
Cyfran ym mhamffled Saunders Lewis, *Plaid Cymru Gyfan* (Caernarfon, 1942).
Teyrnged i Ambrose Bebb yn *Yr Argyfwng*, (Llandybïe, 1955), 7-8.

4. *Cyfrolau*

Dysgeidiaeth yr Apostol Paul (Abertawe, 1933), 122.
Welsh Nationalism: What It Stands For (London, n. d. [1937]), 61.